高职高专经济管理类专业系列教材

会计基本技能

主　编　翟翠娟　张秀倩

副主编　黄　东　吕淑芳

西安电子科技大学出版社

内 容 简 介

　　本书面向应用，以就业为导向，全面介绍了财经类专业学生未来工作实际中需要具备的基本技能，并在每个技能项目后配有相应的达标练习。本书按技能划分项目，可以根据需要选择全部项目，也可以选择其中几个项目学习。

　　本书共有五个项目，分别介绍了会计书写技能、珠算运算技能、点钞与验钞技能、传票与账表计算技能、会计档案整理与保管技能。

　　本书可作为高等职业院校财经类专业技能教材，也可作为企业相关岗位培训辅导用书。

图书在版编目(CIP)数据

会计基本技能 / 翟翠娟，张秀倩主编. —西安：西安电子科技大学出版社，2016.9(2021.8重印)

ISBN 978-7-5606-4305-2

Ⅰ. ①会…　Ⅱ. ①翟…　②张…　Ⅲ. ①会计学—高等职业教育—教材　Ⅳ. ①F230

中国版本图书馆 CIP 数据核字(2016)第 225617 号

策　　划　高　樱
责任编辑　赵永萍　阎　彬
出版发行　西安电子科技大学出版社(西安市太白南路 2 号)
电　　话　(029)88202421　88201467　　　邮　　编　710071
网　　址　www.xduph.com　　　　　电子邮箱　xdupfxb001@163.com
经　　销　新华书店
印刷单位　陕西天意印务有限责任公司
版　　次　2016 年 9 月第 1 版　　2021 年 8 月第 2 次印刷
开　　本　787 毫米×1092 毫米　1/16　　印 张　14.5
字　　数　344 千字
印　　数　3001～5000 册
定　　价　29.00 元

ISBN 978－7－5606－4305－2/F

XDUP 4597001－2

如有印装问题可调换

前言

会计基本技能包括会计书写技能、珠算运算技能、点钞与验钞技能、传票与账表计算技能、会计档案整理与保管技能等，是财经类专业学生应具备的基本技能。

随着市场经济进一步发展，社会对从业者的综合职业能力提出了更高的要求，也对职业教育提出了新的要求。为了教学改革的需要，我们结合高等职业教育人才培养目标，强调以应用为主旨、以就业为导向，编写了本教材。

本书在编写过程中突出强调如下特点：

(1) 以项目为导向，以具体任务为引领，做到学做合一，实现理实一体化。

本书在体系上采用"项目化"的编写方法，每个项目提出了明确的学习目标，并将学习目标分解为专业能力、方法能力、社会能力和个人能力的子目标；每个项目除了学习目标外还明确了学习准备用具以及引导问题，轻松引入主题。

(2) 文字与图片结合，增强学生对技能的感性认识。

本书采用文字和图片结合的方式，力争实现图文并茂，让学生轻松掌握技能。

(3) 内容实用，突出能力。

根据高职毕业生就业岗位的实际需要，本书围绕职业能力培养，重视内容的实用性和针对性，体现职业院校课程的本质特征。

(4) 增加知识窗版块，拓展学生的文化视野。

在专业技能学习中我们在每个项目中都增设了"知识窗"，让学生在学习技能的同时了解技能背后的知识，丰富和拓展文化视野，提高自身的综合素养，传承优秀文化。

本书由保定职业技术学院翟翠娟、张秀倩担任主编，黄东、吕淑芳担任副主编。本书具体编写分工如下：项目一和项目二的任务四、任务五、任务六由翟翠娟编写；项目二的任务一、任务二、任务三与项目三由黄东编写；项目四由吕淑芳、尹春芳编写；项目五由张蓓、张秀倩编写。

由于编者水平有限，书中难免存在疏漏和不当之处，恳请广大读者批评指正，我们将进一步完善。

编　者

2016 年 7 月

目　录

项目一 会计书写技能

【学习目标】

专业能力：了解会计数字书写的意义；熟悉会计工作规范对会计书写的具体要求；能够写出正确、整齐、清楚、规范的阿拉伯数字和中文大写数字。

方法能力：能够运用书写技能分析和指出不规范的账表和票据，并独立完成修改；能够独立完成账表和票据的填写和开具；培养发现问题、独立学习新知识并运用新知识解决问题的能力。

社会能力：培养学生的团队合作意识和沟通能力。

个人能力：通过规范书写养成严谨认真、做事规范、追求完美的职业习惯。

【学习准备】

黑色或蓝色水笔；空白账表或练习纸。

【引导问题】

(1) 你能写出规范的阿拉伯数字吗？

(2) 你能完成大写金额的书写吗？

任务一 阿拉伯数字的书写技能

阿拉伯数字即小写数字 0，1，2，3，4，5，6，7，8，9。阿拉伯数字是当今世界各国普遍通用的数字，财务工作离不开数字，准确、规范地书写阿拉伯数字是财务人员应该具备的基本技能之一。

一、阿拉伯数字的书写要求

(1) 每个数字要大小匀称，笔画流畅，每个数字独立有形，不能连笔书写，要让使用者一目了然。

(2) 每个数字要排列有序，并且数字要有一定倾斜度。各数字的倾斜度要一致，一般要求上端一律向右顺斜 45°～60°。

(3) 每个数字要紧贴底线书写，但上端不可顶格，其高度约占全格的 1/2，要为更正错误数字留有余地。除 6，7，9 外，其他数字高低要一致。书写数字"6"时，上端比其他数字高出 1/4，书写数字"7"和"9"时，下端比其他数字伸出 1/4。

(4) 书写数字时，各数字从左至右，笔画顺序是自上而下，先左后右，并且每个数字大小一致，数字排列的空隙应保持同等距离，每个数字上下左右要对齐，在印有数位线的凭证、账簿、报表上，每一格只能写一个数字，不得将几个数字挤在一个格里，更不能在数字中间留有空格。

(5) 正确运用货币符号。阿拉伯金额数字前应当书写货币符号(如人民币符号"¥")或者货币名称简写和货币币种。货币符号与阿拉伯金额数字之间不得留有空白，凡在阿拉伯金额数字前面写有货币符号的，数字后面不再写货币单位(如人民币"元")。所有以元为单位(其他货币种类为货币基本单位，下同)的阿拉伯数字，除表示单价等情况外，一律在元位小数点后填写到角分。无角分的，角分位写"00"或符号"-"；有角无分的，分位应写"0"，不得用符号"-"代替。对于印有数位分隔线的凭证、账簿和报表等，由于有固定的格式，必须按照相对固定的位数填写，不需要加小数点和分节号，更不能错位。要从高位写起，而且后面的数字必须填写完整，不能留有空格。例如："人民币叁仟捌佰元整"，小写金额正确写法为"¥3,800.00"或"¥3,800.-"；"人民币伍仟玖佰捌拾壹元柒角整"，小写金额正确写法为"¥5,981.70"而不能写成"¥5,981.7-"。

手写阿拉伯数字书写示范见图 1-1。

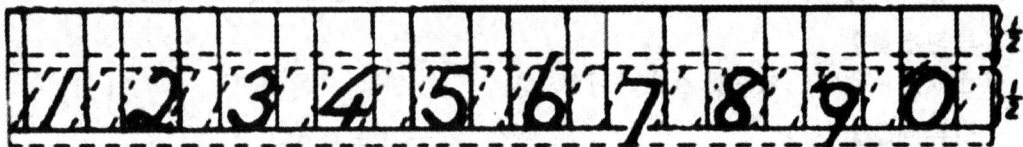

图 1-1　手写阿拉伯数字

二、阿拉伯数字书写错误的更正

在实际工作中由于种种原因难免出现数字书写错误，我们平时生活中出现数字书写错误可能会想到涂改、刮擦、粘贴或者使用化学物质进行更正。然而在会计工作中这些方法是绝对禁止的。那么出现数字书写错误应如何进行规范更正呢？

会计工作规范规定，如果在结账前发现登记账簿中文字和数字有错误(记账凭证没有错误)，应该采用画线更正法进行更正。

画线更正法的具体做法如下：

(1) 在错误的文字或数字上画一条红线，表示注销，画线时必须使原有字迹仍可辨认。

例如：记账人员在登记账簿时误把 3,286.54 写成了 3,2865.40。更正如下：

千	百	十	万	千	百	十	元	角	分
			3	2	8	6	5	4	0

(2) 将正确的文字或数字用蓝字写在画线处的上方。

千	百	十	万	千	百	十	元	角	分
				3	2	8	6	5	4
			3	2	8	6	5	4	0

(3) 由记账人员在更正处盖章，以明确责任。

千	百	十	万	千	百	十	元	角	分
			签章	~~3~~ 2	~~2~~ 8	~~8~~ 6	~~6~~ 5	~~5~~ 4	~~4~~ 0

【注意】　对于文字的错误，可以只划去错误的部分，并更正错误的部分；对于数字的错误，应当全部画红线更正，不能只更正其中的个别错误数字。

【例 1-1】　记账人员在登记账簿时误把 286.00 写成了 826.00。

正确更正如下：

千	百	十	万	千	百	十	元	角	分
				签章	~~2~~ 8	~~8~~ 2	~~6~~ 6	~~0~~ 0	~~0~~ 0

错误更正如下：

千	百	十	万	千	百	十	元	角	分
				签章	~~2~~ 8	~~8~~ 2	6	0	0

【知识窗】

阿拉伯数字的起源

提起国际上通用的阿拉伯数字，人们自然而然地就会联想到，它一定是由阿拉伯人首创且被阿拉伯民族一直沿用的。然而事实却大相径庭，包括"0"在内的十个数字符号实际上是由印度人发明的。大约在公元前 3000 年，古代印度人发明了包括"0"在内的十个数字符号，即 1，2，3，4，5，6，7，8，9，0。

大约在公元 760 年，印度一位旅行家来到阿拉伯帝国首都巴格达，把携带的一部印度天文学著作《西德罕塔》献给了哈里发(国王)曼苏尔。曼苏尔令人将其翻译成阿拉伯语，从此印度数字及印度的计算方法被介绍到了阿拉伯国家。

由于印度数字简单方便，所以阿拉伯人很快便使用起来，并把它传到了欧洲。与冗长繁杂的罗马数字相比，这种数字记法有很大优越性，于是在欧洲也得以普及。

1202 年，意大利出版了《计算之书》，系统介绍和运用了印度数字，标志着新数字正式在欧洲得到认可。由于是阿拉伯人将印度数字带来的，所以欧洲人一直称其为"阿拉伯数字"。

大约 13 到 14 世纪，阿拉伯数字传入中国。由于中国古代有一种数字叫"筹码"，写起来比较方便，所以阿拉伯数字当时在我国没有得到及时的推广运用。20 世纪初，随着我国对外国数学成就的吸收和引进，阿拉伯数字在我国才开始慢慢使用，现在已成为人们学习、生活和交往中最常用的数字了。

三、阿拉伯数字书写技能实训

【实训 1】 在如下空白账格中规范书写阿拉伯数字。

注意事项：用黑色水笔，大小一致，斜度一致，沿底线书写，高度为格子高度的1/2。

【实训 2】 根据下列中文大写数字金额写出阿拉伯小写数字金额。

(1) 人民币捌佰柒拾伍元四角五分。

(2) 人民币陆仟伍佰元整。

(3) 人民币壹拾万零伍仟元整。

(4) 人民币陆仟零叁万陆仟元整。

(5) 人民币叁万伍仟元零玖角陆分。

(6) 人民币壹拾伍万零壹元整。

(7) 人民币壹仟叁佰元零贰角整。

(8) 人民币壹万陆仟肆佰零贰元零贰分。

(9) 人民币叁分。

(10) 人民币陆万玖仟零伍拾元柒角整。

【实训 3】　技能比武：规范书写 0～9 这 10 个阿拉伯数字 30 遍。会计专业学生要求达到三级标准，非会计专业学生要求达到四级标准。小组成员比比看，看谁的级别高。(一级标准为 2.5 分钟，二级标准为 3 分钟，三级标准为 3.5 分钟，四级标准为 4 分钟。)

任务二　中文大写数字的书写技能

在经济活动中，需要填写各种财务票据、结算凭证、发票等会计资料，这些资料是办理支付结算和现金收付的重要依据，直接关系到支付结算的准确、及时和安全，同时也是银行、单位和个人据以记载经济业务和明确经济责任的一种书面证明。由于阿拉伯数字和中文简体字(一、二、三、四、五、六、七、八、九)的笔画简单，容易被涂改、伪造和篡改，所以填写票证等会计资料时，必须书写阿拉伯数字和中文大写数字，二者缺一不可。

一、中文大写数字的写法

中文大写数字包括零、壹、贰、叁、肆、伍、陆、柒、捌、玖、拾、佰、仟、万、亿等，而元、角、分、整(正)则是配合大写数字书写的汉字。

二、中文大写金额数字的书写要求

1. 中文大写金额数字用正楷或行书体书写

应使用壹、贰、叁、肆、伍、陆、柒、捌、玖、拾、佰、仟、万、亿、元、角、分、零、整(正)等易于辨认、不易涂改的字样，不得用零、一、二、三、四、五、六、七、八、九、十、另、毛等简化字代替，不得任意自造简化字。

2. "整(正)"字的用法

大写金额数字到元或角为止的，在"元"或"角"之后应写"整"字或"正"字，大写金额数字有分的，分字后面不写"整"字或"正"字。

【例 1-2】

(1) ¥3,400，中文大写金额写为：人民币叁仟肆佰元整。

(2) ¥3,400.30，中文大写金额写为：人民币叁仟肆佰元叁角整。

(3) ¥3,400.34，中文大写金额写为：人民币叁仟肆佰元叁角肆分。

3. 货币符号的写法

大写金额数字前未印有货币名称的，应当加填货币名称(如"人民币"三个字)，货币名称与第一个大写数字之间不得留有空白；凡数字前印有货币名称的，不再写货币名称。

4. 有关"零"的写法

阿拉伯小写金额数字中间有"0"时，中文大写金额要写"零"字。

(1) 阿拉伯小写金额数字中间有一个"0"时，中文大写金额要写"零"字。

【例1-3】 ¥3,505.35，中文大写金额应写成"人民币叁仟伍佰零伍元叁角伍分"

(2) 阿拉伯小写金额数字中间连续有几个"0"时，中文大写金额只写一个"零"字。

【例1-4】 ¥3,500,005.35，中文大写金额应写成"人民币叁佰伍拾万零伍元叁角伍分"。

(3) 阿拉伯小写金额数字万位是"0"或元位是"0"，或者金额数字中间连续有几个"0"；万位、元位也是"0"，但千位、角位不是"0"时，中文大写金额可以只写一个"零"字，也可以不写"零"字。

【例1-5】

¥3,500.00，中文大写金额应写成"人民币叁仟伍佰元整"。

¥205,000.56，中文大写金额应写成"人民币贰拾万伍仟元零伍角陆分"或"人民币贰拾万伍仟元伍角陆分"。

¥3,800.56，中文大写金额应写成"人民币叁仟捌佰元零伍角陆分"或者"人民币叁仟捌佰元伍角陆分"。

¥8,000,010.56，中文大写金额应写成"人民币捌佰万零壹拾元零伍角陆分"或者"人民币捌佰万零壹拾元伍角陆分"。

(4) 阿拉伯小写金额角位是"0"，而分位不是"0"时，中文大写金额元后面应写"零"字。

【例1-6】 ¥3,800.05，中文大写金额应写成"人民币叁仟捌佰元零伍分"。

5. 首位是"1"的写法

当阿拉伯数字首位是"1"时，中文大写金额前面必须写上"壹"字。如¥10.56，中文大写金额应写成"人民币壹拾元伍角陆分"。

6. 不许涂改

为了防止作弊，银行、单位和个人填写各种票据和结算凭证的中文大写金额一律不许涂改，一旦写错，则该凭证作废，需要重新填写。因此，会计人员在书写中文大写数字时必须认真，以减少书写错误的发生。

三、中文大写金额数字写法常见错误

中文大写金额数字写法常见错误见表1-1。

表 1-1 中文大写金额常见错误

小写金额	大写金额		
	错误写法	正确写法	错误原因
¥3,000.00	人民币叁仟元	人民币叁仟元整	少写了"整"字
¥130,003.00	人民币拾叁万零叁元整	人民币壹拾叁万零叁元整	少写了"壹"字
¥470.00	人民币肆佰柒拾零元整	人民币肆佰柒拾元整	多写了"零"字
¥620.80	人民币 陆佰贰拾元捌角整	人民币陆佰贰拾元捌角整	留空白了

四、票据的书写要求

根据《支付结算办法》的规定,在会计工作中,重要票据如支票、汇票和本票的出票日期必须使用中文大写。

为防止伪造票据日期,在填写月、日时,月为壹至玖和壹拾的,日为壹至玖、壹拾、贰拾和叁拾的,应在其前加"零"字,日为拾壹至拾玖的,应在其前加"壹"字。票据出票日期使用小写填写的,银行不予受理;大写日期未按要求规范填写的,银行可予受理,但由此造成损失的,由出票人自行承担。票据上的大小写金额、日期和收款人如果填写有误,必须作废重新填制,不能直接修改。票据上的签发人签章必须使用银行预留的印鉴,一般预留单位的财务专用章和单位法人名章,票据上的收款人必须填写单位全称或个人姓名,不能使用简称。

日期具体写法如下:

月份:	零壹月	零贰月	零叁月	零肆月	零伍月	零陆月
	零柒月	零捌月	零玖月	零壹拾月	壹拾壹月	壹拾贰月
日期:	零壹日	零贰日	零叁日	零肆日	零伍日	零陆日
	零柒日	零捌日	零玖日	零壹拾日	壹拾壹日	壹拾贰日
	壹拾叁日	壹拾肆日	壹拾伍日	壹拾陆日	壹拾柒日	壹拾捌日
	壹拾玖日	零贰拾日	贰拾壹日	贰拾贰日	贰拾叁日	贰拾肆日
	贰拾伍日	贰拾陆日	贰拾柒日	贰拾捌日	贰拾玖日	零叁拾日
	叁拾壹日					

【知识窗】

大写数字的历史渊源

大写数字的使用始于明朝。朱元璋因为当时的一件重大贪污案"郭桓案"而发布法令,其中明确要求记账的数字必须由"一、二、三、四、五、六、七、八、九、十、百、千"改为"壹、贰、叁、肆、伍、陆、柒、捌、玖、拾、佰(陌)、仟(阡)"等复杂的汉字,用以增加涂改账册的难度。后来"陌"和"阡"被改写成"佰、仟",并一直使用至今。

大明政权建立之初规定：每年全国各布政使司、府、州、县，都要派计吏到户部呈报地方财政的收支账目及钱粮数。各级政府之间及与户部之间的数字，必须完全相符。稍有差错，即被退回重报。由于地方与京城相距遥远，为节省时间，免去路途奔波之苦，各地便带上了盖有官印的空白账册。如被退回，则随时填写更正。又因为空白账册上盖有骑缝印，不能做别的用途，户部也就没有干预。

洪武十八年(1385)三月，户部侍郎郭桓特大贪污案东窗事发，震惊全国。郭桓勾结刑、礼、兵、工等六部小官员及各省官僚、地主，贪污税粮及鱼盐等，折米二千四百余万石。这差不多和全国秋粮实征的总数持平！除此之外，还侵吞大量宝钞金银。

贪官们就是利用空白账册做的文章，各部串通一气，大做假账。以此欺骗皇帝，鱼肉百姓。朱元璋龙颜大怒，下令把郭桓等六部的十二名高官及左右侍郎以下同案犯数万人，皆处死。系狱、充边、拟罪者不计其数。

为反贪支廉，朱元璋还制定了惩治经济犯罪的严格法令，并在财务管理上进行技术防范，实施了一些行之有效的措施。把记载钱粮数字的汉字"一、二、三、四、五、六、七、八、九、十、百、千"改为大写，用"壹、贰、叁、肆、伍、陆、柒、捌、玖、拾、佰(陌)、仟(阡)"，就是其中重要的一条。

朱元璋是个佃农出身的孤儿，他讨过饭，当过和尚，打过杂役，深知老百姓的疾苦。他对贪官污吏搜刮民脂民膏恨之入骨。因此，还制定了比对待敌人还狠毒的铁血手段——"剥皮囊草"，以此酷刑来镇压这帮蛀虫。规定：凡贪赃白银六十两以上的郡守、县令(含朝廷同级官员)，按贪款数额多少，判决枭首示众、凌迟处死直至诛灭九族。随后还要"剥皮囊草"——用贪官的人皮檀成草袋子，高悬于公堂旁边，是谓"敕法以峻型，诛一以警百"。明太祖此举可谓"铁血政策"。用现代人的眼光看，简直太野蛮残酷了，但反映了他对贪官污吏的切齿痛恨与不共戴天，老百姓无不拍手称快。

汉字中的数字原本没有大小写之分。"大写数字"实际上是"小写数字"的 10 个同音别字，"大写数字"原本另有其意，有一些沿用至今，另有一些在历史的长河中被遗失、忘却。

壹：专一，君子壹教，弟子壹学，亟成(《荀子·大略》)

译为：君子一心一意地教，学生一心一意地学，很快就会有成就。

贰：变节，叛变，女也不爽，士贰其行(《诗经·卫风·氓》)

译为：女子没有什么差错，男子行为却前后不一致了。

叁："参"的另一种写法，加入，接见。

肆：任意妄为。

伍：古有"五人为伍"之说。

陆：高出水面的而地势平坦的土地。

柒：漆树或漆料。

捌：聚拢谷物的没有齿的耙(有齿为耙，无齿为捌)。

玖：黑色的美石，投我以木李，报之以琼玖。——《诗经·卫风·木瓜》

译：(你)将木李投赠我，(我)拿琼玖作回报。

拾：捡。

五、中文大写数字书写技能实训

【实训1】　在下列空格中仿写楷体和行书体中文大写数字。

零						零					
壹						壹					
贰						贰					
叁						叁					
肆						肆					
伍						伍					
陆						陆					
柒						柒					
捌						捌					
玖						玖					
拾						拾					
佰						佰					
仟						仟					
万						万					
亿						亿					
元						元					
角						角					
分						分					
整						整					

【实训2】　根据小写金额写出大写金额。

(1) ¥12.50　　　　　大写金额：_____

(2) ¥138.65　　　　大写金额：_____

(3) ¥2,303.40　　　大写金额：_____

(4) ¥49,218.06　　　大写金额：_____

(5) ￥160,000.00 　　　　大写金额：＿＿＿＿＿＿＿＿＿＿＿＿＿＿＿

(6) ￥502,198.31 　　　　大写金额：＿＿＿＿＿＿＿＿＿＿＿＿＿＿＿

(7) ￥8,754,300.90 　　　大写金额：＿＿＿＿＿＿＿＿＿＿＿＿＿＿＿

(8) ￥65,998,251.61 　　大写金额：＿＿＿＿＿＿＿＿＿＿＿＿＿＿＿

(9) 860,004,000.00 　　大写金额：＿＿＿＿＿＿＿＿＿＿＿＿＿＿＿

(10) 405,067.08 　　　　大写金额：＿＿＿＿＿＿＿＿＿＿＿＿＿＿＿

　　【实训 3】 技能比武：规范书写中文大写数字从零到拾 10 遍，用时 5 分钟为达标。小组成员比比看，看谁写得最正确、清晰、整齐、流畅、规范和美观！

项目二 珠算运算技能

【学习目标】

专业能力： 了解珠算的起源和发展历程，熟悉珠算的种类和结构，掌握珠算运算的指法和坐姿，能够熟练运用珠算进行加减乘除运算。

方法能力： 通过珠算运算的学习和训练，提高眼手脑并用的能力；通过加减乘除运算的学习让学生自我揣摩它们之间的关系，领悟加减运算和乘除运算的内涵，从而提高运算效率并养成善于思考、发现问题的能力，独立学习新知识并提高运用新知识解决问题的能力。

社会能力： 通过小组竞赛培养学生的团队合作意识和沟通能力，并在学习中发现乐趣。

个人能力： 通过珠算练习养成认真专注、勤奋刻苦、追求完美的职业习惯。

【学习准备】

算盘、黑色或蓝色水笔、算题。

【引导问题】

(1) 你知道中国古代会计是如何算账的吗？

(2) 你了解珠算的种类和结构吗？

(3) 你能借助算盘完成加减乘除和传票的运算吗？

任务一 珠 算 认 知

珠算是我国科学文化的宝贵遗产，是中华民族聪明智慧的结晶。珠算作为我国古代科学技术的伟大发明，列入了"中国的世界之最"，并于 2013 年 12 月 4 日晚，在通过联合国教科文组织的审议后，珠算正式被列入人类非物质文化遗产名录，成为我国第 30 项被列为非遗的项目。

珠算是中国古代的重大发明，伴随中国人经历了 1,800 多年的漫长岁月。它以简便的计算工具和独特的数理内涵，被誉为"世界上最古老的计算机"。一千多年来，珠算在经济、文化、教育和科技等领域发挥了重要作用。

一、珠算的起源与发展

为了生产和生活的需要，人们很早就具有了觉察事物多少的能力，产生了数的概念。在数的基础上，人们逐渐掌握了记数方法和简单的计算技能。

原始计算工具比较简陋，通常是一些树枝、小竹棍等细长物，或者是石子等圆形物质。

从新石器时代在陶片上刻画的表示数目的"ⅠⅠ"等符号和用圆点表示数字的图形，可以证明这一点。陕西西安半坡出土的陶片上的数字符号和图形见图2-1。

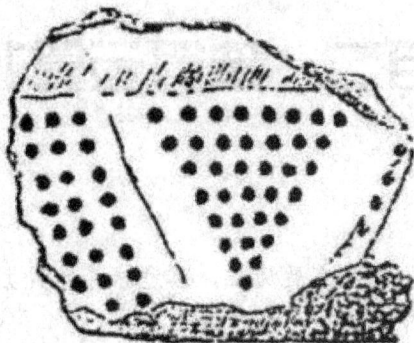

图 2-1　古陶片数字符号

古代中国人从开始使用未经过加工的自然物进行计算，到后来出现了专门用于计算的工具，使得中国的计算迈进了一大步。中国古代长期使用的两种计算工具分别为算筹和算盘。

（一）算筹和筹算

"筹"也叫"策""算筹"，是一把刻得很整齐的竹棍，直径约两三毫米，长度约十厘米，见图2-2。除竹制的以外，还有木、铁、玉石、骨、象牙制的算筹。把算筹装在袋子里或笔筒中随身携带，这就是古人说的"算袋"或"算子筒"。唐代曾经规定，文武官员都必须备有算袋，以提高决策的科学性。

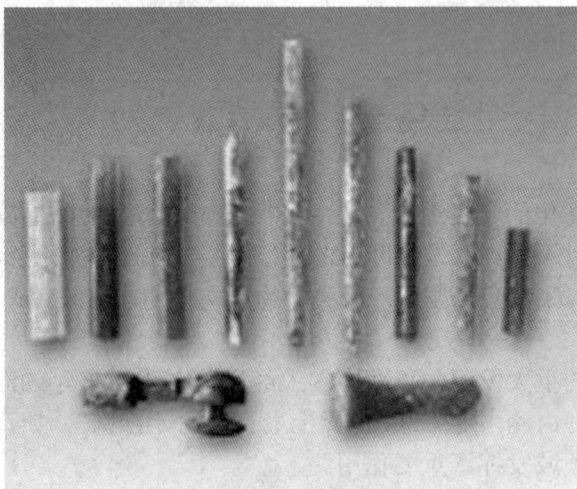

图 2-2　古代算筹

现在考古发掘出的算筹实物最早是汉代的。

1954年考古学家在湖南长沙左家公山出土的战国时代古墓中发现，内藏竹算筹40根，每根长12厘米。1971年考古学家从陕西千阳县一座出土的西汉古墓中发现一束在一个丝袋内(算筹袋)保存完好的兽骨算筹，长短不一，最长的13.8厘米，最短的12.6厘米，截面呈圆形,直径在 2~4 毫米之间。1973 年 9 月,湖北省江陵县凤凰山出土的十号汉代古木木牍,其中有一片记有"当利二月定算",这是文献中最早出现以筹码代替文字记数例子之一。1975 年在湖北江陵凤凰山汉墓中发现竹制算筹。1980 年从河北石家庄出土 30 根东汉骨算筹,长 7.8~8.9 厘米,截面为方形,边长约 0.4 厘米。此外,在陕西旬阳汉墓中出土象牙筹 27 根。1983—1984 年,湖北江陵张家山西汉古墓中出土竹算筹。

用算筹表示数,有纵式和横式两种方式。在纵式中,纵摆的每根算筹都代表 1,表示 6~9 时,则上面摆一根横的代表 5。横式中则是横摆的每一根都代表 1,其上面纵摆的一根代表 5。而且规定,个位和百位必须用纵式,十位和千位必须用横式,纵横相间,使各位界限分明,以免发生混乱。算盘中上面的一个子代表 5,下面的一个子代表 1,是从算筹延续下来的。我国古代用算筹记数,表示数的算筹有纵、横两种方式,见图 2-3。

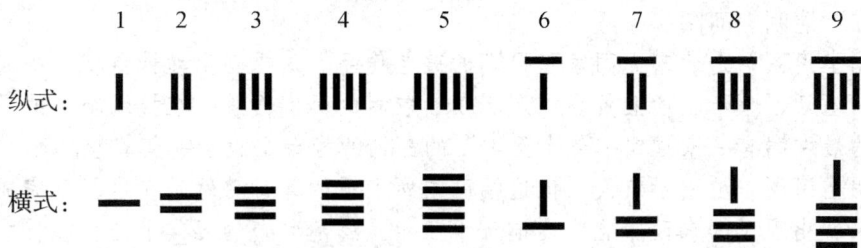

图 2-3 古代算筹

如要表示一个多位数字,即把各位的数字从左到右横列,各位数的筹式需要纵横相间,个位数用纵式表示,十位数用横式表示,百位、万位用纵式,千位、十万位用横式,空位表示零。

由于商品经济进一步发展,科学文化日益进步,对代数运算的要求越来越高,使用一把算筹已经很难适应大量的、日趋复杂的计算工作,于是一种新的计算方法——珠算和它的计算工具——算盘便应运而生。

(二)珠算的演变和发展

珠算是中国古代劳动人民的伟大创造,但它究竟起源于何时,由于珠算史料极其缺乏,珠算史家们说法不一。根据已有珠算史料,综合各家之言,可以得出以下结论:

1. 萌于商周

珠算是以珠做计数元件,用一定方式排列,用以表示数字,然后根据五升十进制原理进行计算。我国最迟在 3000 多年前的商代就已有了完备的十进制计数系统。目前发现的最早的用来计算的圆珠便是西周时期的陶丸。因此珠算的萌芽可远溯至 3000 多年前的商周时期。

2. 始于秦汉

最早出现"珠算"一词的是东汉徐岳所著《数术记遗》,书中一共记载了我国汉代以前的十四种算法及算具,即积算、太一、两仪、三才、五行、八卦、九宫、运筹、了知、成数、把头、龟算、珠算、计算。该书中对"珠算"方法的记载原文为"珠算:控带四时,经纬三才",这种"珠算"被称为"游泳算板",它与现在所使用的算盘有所不同,但其计算原理已是五升十进制，所以可视为现代算盘的前身。

3. 成于唐宋

现今所使用的这种算盘是何时开始出现的呢？根据现有史料推断，最迟在宋代已出现现在所使用的这种算盘。

史料一：巨鹿算珠

宋徽宗大观二年，即1108年，河北省巨鹿县故城因黄河泛滥而被淹没。1921年7月，前北平国立历史博物馆派员前往巨鹿三明寺故址发掘，获得王、董二姓故宅地下的木桌、碗箸、盆、石砚、围棋子、算盘子等二百多件，其中掘得算盘珠一颗，此珠木质，扁圆形，与如今通用的算盘珠大小相仿，只稍扁，这颗算珠现由北京历史博物馆收藏。

史料二：清明上河图

《清明上河图》是北宋大画家张择端的著名作品。这幅画生动地再现了当时东京汴京城内人民的生活、生产、商业贸易以及集镇、农村的真实面貌。在接近全图的最后部分，也即画卷的最左端有一家称作"赵太丞家"的药铺的柜台上放着一架算盘。

《清明上河图》虽出于宋代，但这幅画中所表现的算盘必然是在这张画完成相当长的年代以前早就出现了的东西。北宋之前五十三年是战乱频繁的五代十国，在社会动荡、民不聊生的情况下，还谈得上什么科学技术的发展呢？因此可以推断《清明上河图》中的算盘显然是在唐末以前便已经出现了。

4. 普及与推广于明清

古珠算法是以手拨算珠进行运算。古珠算只用这十个码衍化各种算法，为了便于掌握而编成口诀。到了明代(1368—1644)，吴敬、王文素、朱载堉、程大位等对古珠算法进行了总结、规范，应用领域由商贸到科研有了开拓和发展。

例如，程大位(1533—1606)在《算法统宗》里，主张上法诀加法、退法诀减法、留头乘法、归除法、盘上定位法等。明代规范珠算法的中心思想是提高机械化程度，尽可能达到不假思索地拨珠得数的自动化目的。

明代完善珠算机械化算法的直接结果就是使数学在大众中空前普及。运用珠算机械化算法，口诵歌诀，拨珠练习，即便不懂原理，也能掌握珠算法。不管公学、私塾和家教，以及商工店主授徒，都能够教学珠算法，即便小孩子也都能学会和掌握。这种珠算法一直延续到20世纪50年代，有些地方甚至用到如今。也正是这个缘故，珠算得以很快传播，以至传到海外。

朱载堉(1536—1611)把珠算用于科学研究，创串联(或并联)使用算盘的方法，设计了极其简捷的算法程序。在他的科学发现、发明和创造中，靠珠算完成了极其浩繁的计算，最终他发现了"十二平均律"，这是世界顶尖的发现之一。

(三) 珠算科技的现状

1. 国内珠算发展现状

新中国成立以来，党和政府非常重视珠算科学的发展。1979年2月13～17日，中国珠算协会筹备委员会在北京成立。参加筹备会议的有来自全国各地的珠算专家、学者和教师等 30 余人，财政部财政科学研究所所长许毅主持。会议推举华印椿等 11 人组成《珠算》杂志编委会。1979 年 6 月 16 日财政部《转发中国珠算协会成立的通知》称："经中国科学技术协会主席团于 6 月 1 日批准成立中国珠算协会，挂靠财政部。"要求各省、自治区、直辖市财政厅(局)组建各地珠算协会，作为中国珠算协会团体会员。

1984 年 11 月 21～23 日，中国珠算协会举办全国珠算技术广州邀请赛。25 个省市区和解放军、铁道 27 支代表队，162 名选手和领队、教练等共 216 人参加。

为了弘扬中国珠算文化，广泛宣传普及珠算科技知识，我国于 1990—1991 年举办全国首届珠算科技知识大赛，对珠算历史、学术理论、科普知识、算理算法、运算技术、珠算教学和技术训练等进行了一次空前的大宣传、大普及、大提高，使得珠算名声大振。

珠算教育历来受到国家重视，目前全国小学有十几万个教学班，几百万学生学习珠算技术。各类财经类以及设有财经类专业的大中专院校开设珠算技术课程，要求学生达到最低珠算技术普通五级水平。

随着计算机的普及及运用，珠算曾一度遭遇危机，但中国的珠算教育并未停下发展脚步，经过多年实践探索，它已发展成将儿童心理特点与珠算形象化运算相结合的"珠心算"教育模式。这一新的教育模式或将为珠算文化保护和传承带来新的生机。

多年实践证明，珠心算技术教育不仅能启迪儿童智力，提高儿童的计算能力，同时能培养儿童的非智力因素，是进行素质教育的有效方法和重要途径之一。

随着珠心算的推广，珠算文化的内涵和外延也在不断扩展，2013 年 12 月 4 日晚，在通过联合国教科文组织的审议后，珠算正式被列入人类非物质文化遗产名录，成为我国第 30 项被列为非遗的项目。

2. 国际珠算发展现状

中国珠算早在明代起流传到日本、朝鲜、越南、泰国等地。自 20 世纪 60 年代起，先后传到美国、英国、墨西哥、巴西、加拿大、坦桑尼亚等国家。在日本，"读书、写字、打算盘"成为日本国民基础教育的基本知识技能要求。早在 20 世纪 50 年代初，日本就建立了珠算组织。20 世纪 50 年代也是日本"珠算鉴定、竞赛兴盛的年代"。同时，日本还经常派出教师，带上算盘，到世界各地传授珠算，对珠算的宣传和普及卓有贡献。在日本珠算组织的宣传组织推动下，使电子计算机的故乡——美国也把珠算作为"新文化"引进。

美国一些教育家从经验中认识到，"使用计算器，只要一按电钮，不会九九口诀也能得出答数来。但是这在初等教育中是不适宜的，而毋宁说是明显有害的"。美国于 1977 年 8 月在加利福尼亚大学成立美国珠算教育中心。该中心主任列奥·理查德博士说："算盘帮助学生认数是个飞跃，算盘也在创造数学。""算盘也是一种世界语，不分肤色，一学就会。"

1977 年珠算从日本传入汤加，起初，珠算作为一门短期培训课程在师范学院开设，参加培训的都是小学教师。1986 年，在国王 Taufa'ahauTupou 五世的资助下，汤加珠算教育协会(TSEA)正式成立。成立初期，协会只在主岛的几所学校的三到五年级中开展试验性的珠算教学活动。现在，珠算教学已在 55 所学校中展开，且扩展到其他岛屿，共有 2000 多名小学生接受珠算教育。

20 世纪 70 年代，中日建交后，日本全国珠算教育联盟连年派代表团来访，参观并向外介绍中国的三算结合教学，对于促成中国珠算协会的成立也起了作用。1980 年 8 月，由中国、日本、美国、巴西等国的珠算教育工作者联合签署的《国际珠算教育者会议宣言》指出：努力普及珠算，通过珠算为人类造福，是珠算教育工作者的神圣使命。这是中国与世界各国开展珠算学术交流活动的开始。

2013 年中国华文教育基金会在国内举办了首个海外华文教师珠心算培训班，来自意大利、葡萄牙、西班牙、菲律宾等八个国家的华文教师到中国学习了珠心算。西班牙教育部决定把中国的珠算、珠心算和九九乘法表引进全国小学课程，并邀请中国珠心算教师团赴西班牙授课。在授课过程中，听课的西班牙人对中国的珠算产生了浓厚的兴趣，都表示如果有机会愿意进一步了解和学习中国珠心算。

二、认识算盘

(一) 算盘的结构

算盘的发明历史悠久，在长期的社会实践过程中，我国劳动人民创造出各种精美的算盘，尽管各种算盘在大小和形状上有些区别，但其基本结构不外乎由框、梁、档、珠四大部分组成。

现在人们普遍使用经过改进后的算盘，它增加了清盘器、记位点等(见图 2-4)。

(1) 框：指算盘四边的边框，用于固定算盘的梁、档和珠各部分，分为上框、下框、左框和右框。

(2) 梁：指算盘中间的横木，将算盘分为上、下两部分，使上、下珠表示不同的数值。

(3) 档：指用来串算珠的直杆，档除了用来串算珠外，还可以用来表示数位。

(4) 珠：即串在档上的算珠，用来表示数值。梁上面的算珠叫做上珠，梁下面的算珠叫做下珠。梁上面的算珠一个代表五，梁下面的算珠一个代表一。

(5) 清盘器：安装在算盘左上方，按一下清盘器能使上珠和下珠离梁，自动清盘，为下次计算作好准备。

(6) 记位点：梁上每隔三位的一个点叫记位点。它与阿拉伯数字书写时从个位向左每三位一个空格或每三位加一个分节号"，"相对应，以方便认定数字，如 123,754。

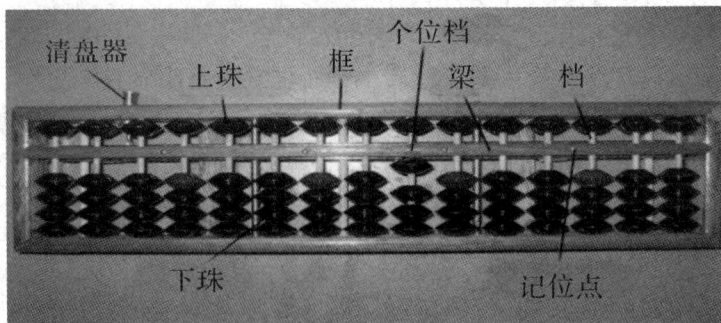

图 2-4　珠算结构图

（二）算盘的种类

目前常见的算盘大致分为以下三类：

1. 圆形七珠大算盘

圆形七珠大算盘见图2-5，是我国的传统算盘，算珠上二下五，又分为九至十五档等几种。算珠为圆形，体积较大，珠距较长，手指拨动算珠的幅度大，使用时响声大。

图2-5　七珠大算盘

2. 菱珠或圆珠中型算盘

菱珠或圆珠中型算盘见图2-6，是在七珠大算盘的基础上改进而来的。算珠上一下四，减少了算珠，缩短了档距，增加了档位，装有清盘器和垫脚，克服了七珠大算盘的缺点，是目前我国使用最广泛的一种算盘。

图2-6　菱珠中型算盘

3. 菱形小算盘

菱形小算盘见图2-7，是一种上一下四珠条形菱珠算盘，一般档位比较多，体积比较小，便于手握行动；档距较短，有利于提高速度。这种算盘目前正在大力推广，尤其是小学和幼儿园珠算教学运用广泛。

图2-7　菱珠小算盘

（三）打算盘的姿势

打算盘的技术性很强，它是靠眼、手、脑的密切配合来完成的。因此，要打好算盘，姿势要正确，否则不仅会影响计算速度和准确性，还会影响身体健康。

1. 坐姿

身体坐端正，头部稍低，两肩放平，自然撑开，腰挺直，两脚平踏地面，胸部不要紧靠桌子，一般保持 10 cm 左右，眼睛与算盘的距离 33 cm 左右，太近或太远都容易引起眼睛的疲劳。

2. 算盘的位置

一般来讲，大中算盘放在桌子正中央，与桌边平行，计算资料放在算盘的下面并且能够移动。

菱珠小算盘用左手握住算盘的左边，拇指在下边，其他 4 指在上边，食指放在清盘器右边，其他 3 指放在清盘器左边，握住算盘。计算资料放在算盘下面，计算时资料不动，左手负责移动算盘，使算盘与要计算的资料之间保持最近的距离，这样看数既准确又快捷。

3. 手指与算珠的位置

打算盘通常用右手，少数人可以做到左右手并用。打算盘时，手指与算珠的位置以拇指与算珠成 45°为宜，食指与中指略呈垂直。手指与距算珠的高度在 1 cm 左右，过高则手指会上下跳动，过低容易带珠，无论过高还是过低都会影响计算速度和准确性。

4. 手臂与桌面的位置

右手臂不要紧压桌面，要抬起接近平行，有利于右手移动运算。右手掌与手臂基本呈平面，不要呈钩状，手掌要在算盘上从左至右做近似直线的运动。

总之，打算盘的姿势正确，不但能使人在计算中轻松自如，心情愉悦，而且还能给人一种流畅、大方、美感的享受。

(四) 握笔姿势

1. 大算盘握笔法

大中算盘用右手的拇指、食指和中指三指拨珠，用无名指和小指握笔。

1) 掌心握笔法

这种握笔法见图 2-8，无名指和小指握住笔尖部分，笔杆从拇指和食指间穿出，使用拇指、食指和中指拨珠运算。

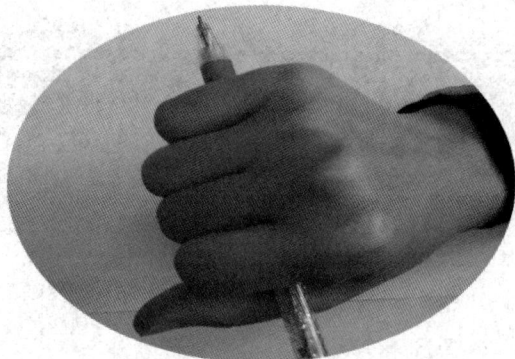

图 2-8 掌心握笔法

2) 无名指、小指握笔法

这种握笔法见图 2-9，笔尖从无名指和小指间穿出，笔杆从拇指和食指间穿出，使用拇指、食指和中指拨珠运算。

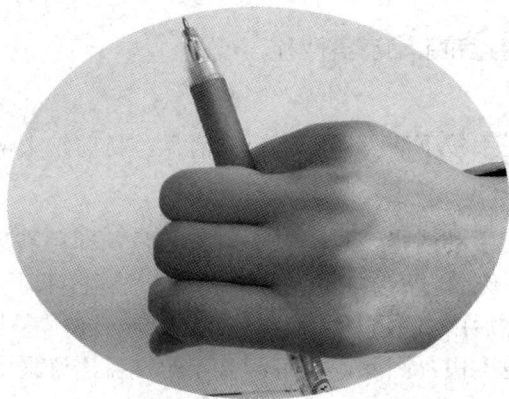

图 2-9　无名指、小指握笔法

2. 小算盘握笔法

小算盘在计算时用右手的拇指和食指拨珠，因此可以用剩下的中指、无名指和小指三个手指握笔。

1) 食指、中指握笔法

这种握笔法见图 2-10，笔杆以拇指、食指为依托，笔尖从食指、中指间穿出，用拇指、食指拨珠，其余三指向掌心蜷曲。

图 2-10　食指、中指握笔法

2) 三指握笔法

中指、无名指和小指握住笔尖部分，笔杆从拇指和食指间穿出，用拇指、食指拨珠运算。

3) 无名指、中指握笔法

这种握笔法，笔尖从无名指和小指间穿出，用无名指和中指将笔握住，笔杆从拇指和食指间穿出，使用拇指、食指拨珠运算。

（五）清盘法

在计算前或计算终了时，要将算盘上各档靠梁的算珠全部离梁，使算盘成为空盘的动作叫清盘。

清盘的方法有自动清盘和手动清盘两种。

1. 自动清盘

有清盘器的算盘，左手按下清盘器即可自动清盘，目前绝大部分使用自动清盘。

2. 手动清盘

没有清盘器的算盘要手动清盘，可以采用双指清盘，即用右手的食指和拇指夹着梁，从右到左向前冲，使上下珠同时离梁；也可以采用单指清盘，即用左手把算盘立起再放平，这样下珠就全部离梁，然后用右手的食指沿着梁从左向右冲，将上珠全部离梁。

双指清盘动作少，速度快，因此，没有清盘器的算盘建议采用双指清盘。

三、珠算的拨珠指法

拨珠指法是指用手指拨动算珠的方法。算盘是用手指拨动算珠完成计算的，指法的正确与否直接影响计算的准确性和速度。因此，初学者要严格要求自己，学习并掌握正确、规范的拨珠指法。

拨珠指法分为单手拨珠法和双手拨珠法。单手拨珠法又有两指拨珠法和三指拨珠法，双手拨珠法又有三指拨珠法和四指拨珠法。

（一）拨珠手指及分工

1. 大算盘和中型算盘指法

通常采用三指法，拇指、食指、中指拨珠，无名指和小指屈向掌心握笔。

(1) 单指独拨。拇指、食指、中指任何一个手指单独拨珠的方法叫单指拨珠。

拇指负责拨下珠靠梁，如拨入 1，2，3，4；食指负责拨下珠离梁，如 4-1，4-2，4-3，4-4；中指负责拨上珠靠梁和离梁。

单指拨珠熟练到一定程度必然发展成为联拨，联拨可以提高计算速度。

(2) 两指联拨。拇指与中指、拇指与食指、食指与中指相互配合进行拨珠的方法叫两指联拨，其基本指法如下：

双合：拇指、中指在同一档或前后档同时拨珠靠梁。

双分：食指、中指在同一档或前后档同时拨珠离梁。

双上：拇指、中指在同一档或前后档同时向上拨珠。

双下：中指、食指在同一档或前后档同时向下拨珠。

扭进：拇指在前一档向上拨珠的同时，食指在后一档向下拨珠。

扭退：食指在前一档向下拨珠的同时，拇指在后一档向上拨珠。

(3) 三指联拨。拇指、食指、中指三个手指同时拨珠的指法叫三指联拨，其基本指法如下：

三指进：食指、中指同时在本档拨上、下珠离梁时，拇指在前一档拨下珠靠梁。

三指退：食指在前档拨下珠离梁时，拇指、中指同时在本档拨上、下珠靠梁。

2. 小算盘指法

通常采用两指法，两指法指拇指和食指拨珠，其他手指屈向掌心握笔。

(1) 单指独拨。其基本指法如下：

上推：用拇指拨下珠靠梁，如拨入1，2，3，4。

下拨：用食指拨上珠靠梁；用食指拨下珠离梁，如拨4-1，4-2，4-3，4-4。

上挑：在用食指拨下珠离梁的同时拨上珠离梁，如拨5-5，6-5，7-5等。

(2) 双指联拨。其基本指法如下：

双合、双分：拇指、食指在同一档或前后档同时拨珠靠梁或离梁。

双上、双下：拇指、食指在同一档或前后档同时向上或向下拨珠。

扭进：拇指在前一档向上拨珠的同时，食指在后一档向下拨珠。

扭退：食指在前一档向下拨珠的同时，拇指在后一档向上拨珠。

3. 三指拨珠法

在采用单手拨珠法的三指拨珠时，拇指、食指、中指要严格分工，具体是：

拇指：专拨下珠靠梁；

食指：专拨下珠离梁；

中指：专拨上珠靠梁与离梁。

(二) 单手拨珠法

单手拨珠法是用左手握盘、右手拨珠的一种拨珠方法，相对于双手四指联拨法，单手拨珠法也称传统拨珠法。单手拨珠法有两指和三指两种拨珠方法。

1. 两指拨珠法

两指拨珠法是指用右手的拇指与食指相互配合进行拨珠，而中指、无名指和小指向掌心自然弯曲的一种拨珠方法，基本指法如下：

双合、双分：拇指、食指在同一档或前后档同时拨珠靠梁或离梁。

双上、双下：拇指、食指在同一档或前后档同时向上或向下拨珠。

扭进：拇指在前一档向上拨珠的同时，食指在后一档向下拨珠。

扭退：食指在前一档向下拨珠的同时，拇指在后一档向上拨珠。

2. 三指拨珠法

三指拨珠法是指用右手的拇指、食指、中指拨珠，而无名指、小指向掌心自然弯曲的一种拨珠方法，其指法及分工如下：

(1) 单指独拨。拇指、食指、中指任何一个手指单独拨珠的方法叫单指拨珠。

单指拨珠熟练到一定程度必然发展成为联拨，联拨可以提高计算速度。

(2) 两指联拨。拇指与中指、拇指与食指、食指与中指相互配合进行拨珠的方法叫两指联拨，其基本指法如下：

双合：拇指、中指在同一档或前后档同时拨珠靠梁。

双分：食指、中指在同一档或前后档同时拨珠离梁。

双上：拇指、中指在同一档或前后档同时向上拨珠。

双下：中指、食指在同一档或前后档同时向下拨珠。

扭进：拇指在前一档向上拨珠的同时，食指在后一档向下拨珠。

扭退：食指在前一档向下拨珠的同时，拇指在后一档向上拨珠。

前后合：拇指拨前档下珠靠梁的同时，用食指拨本档上珠靠梁，如 15，25，35，45 等。

前后分：拇指拨前档下珠离梁的同时，用食指拨本档上珠离梁，如拨 99 - 15，99 - 25，99 - 35，99 - 45 等。

前后上：拇指拨前档下珠靠梁的同时，用食指拨本档上珠离梁，如拨 5 + 5，17 + 5，29 + 5 等。

前后下：拇指拨前档下珠靠梁的同时，用食指拨本档上珠靠梁，如拨 10 - 5，23 - 5，41 - 5 等。

(三) 拨珠技巧

拨珠要做到轻盈敏捷、协调连贯、进退有序、干净利落。具体要领如下：

(1) 严格手指分工。初学者一定要严格规范指法，拨珠时切忌用自己认为好用而实际错误的指法拨珠，一旦养成习惯，很难改正，会影响拨珠速度，不用的手指一定要屈向掌心，以免影响视线或带动算珠。

(2) 用力要均匀。用力过猛会导致算珠弹回，用力不足会使被拨的算珠不能到位，这两种错误都会影响计算的准确性和拨珠速度，因此初学者要养成用力均匀的好习惯。

(3) 手指和算盘的角度。拨珠时，右手的食指和算盘应呈垂直的角度，拇指与算盘成 45° 角，手指进入算珠间的深度恰当，以免连珠。

(4) 握笔拨珠。初学者一定要养成握笔拨珠的习惯，做到算盘和笔不分家，以便提高运算速度。

(5) 按数拨珠。练习拨珠时，要按数拨珠，切忌随意乱拨。

总之，只要按照规范的坐姿和指法加强练习，一定会提高运算的准确性和运算速度。

【知识窗】

中国珠算博物馆

中国珠算博物馆于 2004 年 12 月 6 日开馆，2007 年 12 月底由国务院办公厅批准冠名。该馆位于江苏省南通市，坐落在风光绮丽的濠河之畔，由南通市人民政府和中国珠算协会共同兴建，是世界上最大的珠算专题博物馆。

博物馆占地 30 亩，建筑面积 6,000 平方米，主体建筑新颖独特、错落有致，分博古鉴今馆(展厅)、开心启智园(少儿珠心算学校)和滨河风情区(景观)三部分，集展示、研究、教学、交流、旅游等功能于一体。环城而绕的濠河被誉为"少女脖子上的翡翠项链"，中国珠算博物馆成为其中最耀眼的一颗明珠。

该馆舍具有如下功能：

展示、教育的平台——当你拾阶而上步入展厅时，精美的展品、古朴的色调、浓郁的文化氛围，让你在时空的嬗变和历史与未来的交融中感受珠算的悠久历史与深厚的底蕴，了解珠算在社会经济发展中的地位和作用，惊叹算盘精品的美轮美奂，看到珠算对世界文明作出的伟大贡献。馆内设有珠算史厅、算盘精品厅和紫檀算盘厅。珠算史厅通过精美的展品、古朴的色调，展现了中国珠算的悠久历程与深厚底蕴；算盘精品厅内陈列着大小、形状、质地各异的古今算盘，让观众感受到中国算盘精品的美轮美奂与算盘文化的博大精深；紫檀算盘厅内造型古朴、结构独特的巨型紫檀算盘集算盘制作和紫檀工艺于一身，无不向世人彰显着中国传统文化的灿烂与辉煌。

学习、科研的基地——与展厅毗连的南通少儿珠心算学校，有宽敞明亮的教室，有设备先进的多媒体教学系统，有可容纳二百人的竞赛厅，这里又是中国珠算协会少儿珠心算培训基地。

旅游、休闲的场所——在馆区内，你可以漫步"河畔步道"，欣赏濠河两岸的旖旎风光，也可以歇足"印月潭"，享受雨后垂钓的休闲之乐，更可以小坐"心怡榭"，一品香茗，感悟人生之真谛。

2008 年 10 月底,国家旅游局发文批准中国珠算博物馆晋升为国家级 AAAA 旅游景区,为南通环濠河风景区增添了一道亮丽风景。

珠算作为中国传统文化的代表和精髓，已经成为中华民族悠久历史和灿烂文明的宝贵见证物。中国南通珠算博物馆的诞生，是中国珠算发展史上具有特殊意义的大事，它更好地承担起了传承中国珠算文化的历史重任，并将为保存、研究珠算历史及继承、发扬珠算文化起到积极而重要的作用。

目前除南通珠算博物馆外，还有安徽省黄山市程大位故居珠算博物馆、山西省祁县珠算博物馆和浙江省临海市国华珠算博物馆。

四、拨珠指法技能实训

【实训 1】 单指独拨练习。

(1) 拇指：

(1)	(2)	(3)	(4)
1,234,213 + 210,131	1,034,212 + 1,410,231	4,321,123 + 123,321	123,421 + 212,023

(5)	(6)	(7)	(8)
111,222 + 222,111	333,222 + 111,222	123,321 + 321,123	112,322 + 332,121

(2) 食指：

(1)	(2)	(3)	(4)
431,321	345,678	718,388	826,398
－ 212,121	－ 230,123	－ 112,213	－ 121,342

(5)	(6)	(7)	(8)
433,221	567,889	341,242	334,221
－ 433,221	－ 12,334	－ 321,222	－ 334,221

(3) 中指：

(1)	(2)	(3)	(4)
505,505	500,500	5,050,505	550,550
＋ 50,050	＋ 55,055	＋ 505,050	＋ 5,005

(5)	(6)	(7)	(8)
555,555	505,505	5,505,505	555,555
－ 555,555	－ 5,505	－ 505,505	－ 505,505

【实训2】 两指联拨练习。

(1) 双合：

(1)	(2)	(3)	(4)
9,090,706	980,760	60,708,090	990,800,700
＋ 908,070	＋ 7,008	＋ 6,070,809	＋ 9,088,077

(5)	(6)	(7)	(8)
15,253,545	45,352,515	150,250,350	453,525,150
＋ 152,535,450	＋ 1,525,350	＋ 512,535,540	＋ 525,352,515

(2) 双分：

(1)	(2)	(3)	(4)
678,678	987,876	999,888	85,996,675
－ 678,678	－ 987,876	－ 777,666	－ 25,891,525

(5)	(6)	(7)	(8)
96,456,575	152,535,450	999,888	887,996
－ 35,252,515	－ 152,535,450	－ 888,777	－ 776,886

(3) 双上：

(1)	(2)	(3)	(4)
555,666	657,865	55,555,555	66,778,855
－ 111,222	－ 234,421	－ 11,223,344	－ 22,334,411

(5)	(6)	(7)	(8)
567,678	152,535,450	608,596	71,525,856
＋ 555,555	＋ 50,505,050	＋ 505,555	＋ 50,505,555

(4) 双下：

(1)	(2)	(3)	(4)
321,321	314,412	112,334	231,432
＋ 234,234	＋ 342,143	＋ 443,221	＋ 434,242

(5)	(6)	(7)	(8)
121,324	211,344	21,361,123	62,320,321
－ 55,555	－ 55,555	－ 5,505,555	－ 5,555,055

(5) 扭进：

(1)	(2)	(3)	(4)
444,444	333,333	222,222	111,111
＋ 666,666	＋ 777,777	＋ 888,888	＋ 999,999

(5)	(6)	(7)	(8)
1,234,321	678,976	486,753	293,689
＋ 9,876,789	＋ 987,989	＋ 989,807	＋ 868,976

(6) 扭退：

(1)	(2)	(3)	(4)
111,110	123,110	120,456	101,000
－ 98,776	－ 89,786	－ 98,087	－ 98,976

(5)	(6)	(7)	(8)
103,450	90,807,060	300,700,	23,720,516
－ 69,097	－ 9,080,706	－ 89,967	－ 9,896,678

【实训 3】　三指联拨练习。

(1) 进位：

(1)	(2)	(3)	(4)
666,666 +　444,444	777,777 +　333,333	888,888 +　222,222	999,999 +　111,111
(5)	**(6)**	**(7)**	**(8)**
98,769,876 +　12,341,234	69,867,687 +　12,243,434	96,867,687 +　14,243,434	76,899,876 +　44,321,234

(2) 退位：

(1)	(2)	(3)	(4)
100,000 －　12,334	102,300 －　24,473	102,030,100 －　40,302,010	40,302,010 －　4,030,201
(5)	**(6)**	**(7)**	**(8)**
123,012 －　34,123	12,013,120 －　3,424,431	11,223,020 －　2,334,142	20,301,100 －　3,412,321

【实训 4】　综合拨珠练习。

(1)	(2)	(3)	(4)
11,111,111	22,222,222	123,456,789	20,124,326
+33,333,333	+66,666,666	+987,654,321	+24,215,621
−11,111,111	−88,888,888	−123,456,789	+11,226,668
−22,222,222	+55,555,555	+678,901,234	−33,224,321
+44,444,444	−33,333,333	+666,778,899	−6,778,899
−55,555,555	+44,444,444	−667,788,999	+8,977,069

任务二　　珠算基本加减运算技能

　　珠算加减法是整个珠算技术的基础，在实际工作中应用广泛。珠算加减算是珠算乘除法运算的基础，加减算运算的熟练程度直接决定珠算乘除以及其他运算技能的高低。因此，熟练掌握加减法对提高计算工作的效率起着非常重要的作用。

我国珠算加减法的核心是五升十进制,在加法运算中伴随减法运算,而在减法运算中又贯穿加法运算,加中有减,减中有加。

一、加减法运算规则

珠算加减法运算顺序与笔算相反,从高位算起,由左及右,由高位到低位,按照一定规则进行。

1. 固定个位

在进行加减运算前,必须先确定个位档的位置,以防错位,并由此确定数的位数。确定个位档时,最好在个位档的右边留出两档或者更多作为小数的位置。通常可以选择算盘梁上右边第一个记位点作为小数点,记位点的左一档为个位档见图 2-11。这样有利于缩短算数与算盘的距离,便于看数,同时也给位数多的数预留足够的位置。

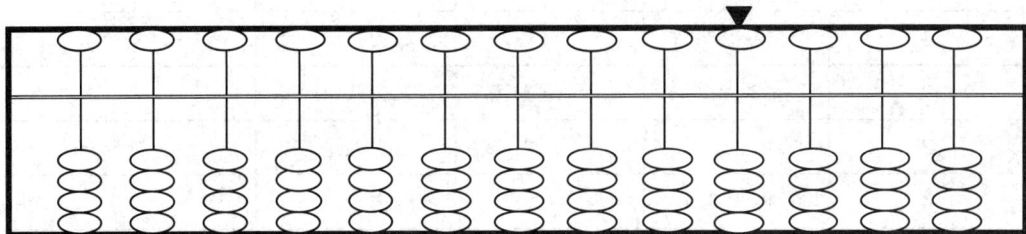

图 2-11

2. 位数对齐

每个数字与算盘上的档位对齐,个位数对个位数,十位数对十位数,以此类推。位数对齐是保证运算结果准确的关键。

3. 从高到低

珠算加减法的运算顺序,一般自左至右,即从高位到低位运算。比如,3,256 + 7,895,先加 3 和 7,然后 2 和 8,5 和 9,6 和 5,从高到低的运算顺序与我们日常读书的习惯相吻合,有利于初学者学习,容易识数。但是当我们熟练掌握加减算后,就不必再遵循从高到低的运算顺序了。为了提高运算效率,在技能比赛和定级考试时,通常会采用来回打的方式进行加减法的运算,即第一轮从左向右,第二轮便从右向左,依次交叉进行运算。

4. 同位相加减

在进行加减运算时,被加数和加数、被减数和减数按同位对齐,然后同位数与同位数相加减,得出它们的和或差。

例如,3,572 + 416,运算时将 5 和 4,7 和 1,2 和 6 进行求和,最后得出结果 3,988。又如,325 – 15,运算时将 2 和 1,5 和 5 分别相减,得出差 310。

二、加减法运算方法

加减法基本运算方法主要分为口诀加减法和无口诀加减法两种。通常初学者借助口诀完成加减法运算，在掌握加减法的计算方法后，要逐步忘掉口诀，摆脱口诀，最后形成条件反射，见数拨珠，只有这样才能提高运算速度，实现运用珠算进行运算的最终目的。

(一) 珠算口诀加法

加法口诀(见表 2-1)是根据各个数字在相加时的不同情况编写出来的，是用来指导拨珠动作的要诀。珠算加法口诀可以分为两大类，四种情况，分别为直接的加，凑五的加，进十的加和破五进十的加，共 26 句口诀。

加法口诀中第一个字表示加数，后面的字表示拨珠的动作。口诀术语中的"上"表示拨下珠靠梁，"下"表示拨上珠靠梁；"去"表示拨上、下珠离梁；"进"表示向前档(左边一档)拨入一颗下珠。

表 2-1　珠算加法口诀

	不 进 位 加		进 位 加	
	直接的加	凑五的加	进十的加	破五进十的加
1	一上一	一下五去四	一去九进一	
2	二上二	二下五去三	二去八进一	
3	三上三	三下五去二	三去七进一	
4	四上四	四下五去一	四去六进一	
5	五上五		五去五进一	
6	六上六		六去四进一	六上一去五进一
7	七上七		七去三进一	七上二去五进一
8	八上八		八去二进一	八上三去五进一
9	九上九		九去一进一	九上四去五进一

【例 2-1】　1,502 + 7,342 = 8,844。

运算过程：

(1) 选定个位档固定下来，此个位档作为以后加减法运算的个位档。

(2) 将被加数 1,502 依次拨入算盘。

(3) 珠算手法和口诀：

① 千位档 1 加 7，口诀"七上七"，直接拨 7 靠梁；

② 百位档 5 加 3，口诀"三上三"，直接拨 3 靠梁；

③ 十位档 0 加 4，口诀"四上四"，直接拨 4 靠梁；

④ 个位档 2 加 2，口诀"二上二"，直接拨 2 靠梁。

(4) 将算盘上的得数 8,844 从高位到低位写下来。

【例 2-2】　3,323 + 4,234 = 7,557。

运算过程：

(1) 选定个位档。

（2）将被加数 3,323 依次拨入算盘。

（3）珠算手法和口诀：

① 千位档 3 加 4，口诀"四下五去一"，下珠不够，拨上珠靠梁同时，将下珠中多加的 1 离梁；

② 百位档 3 加 2，口诀"二下五去三"，下珠不够，拨上珠靠梁同时，将下珠中多加的 3 离梁；

③ 十位档 2 加 3，口诀"三下五去二"，下珠不够，拨上珠靠梁同时，将下珠中多加的 2 离梁；

④ 个位档 3 加 4，口诀"四下五去一"，下珠不够，拨上珠靠梁同时，将下珠中多加的 1 离梁。

（4）将算盘上的得数 7,557 从高位到低位写下来。

【例 2-3】 78.16 + 42.94 = 121.10。

运算过程：

(1) 选定个位档。

(2) 将被加数 78.16 依次拨入算盘。

(3) 珠算手法和口诀：

① 十位档 7 加 4，口诀"四去六进一"，两数相加满十，本档算珠不够，从本档 7 中拨 10 与加数 4 的差 6 离梁，同时百位档加 1；

② 个位档 8 加 2，口诀"二去八进一"，从本档 8 中拨 10 与加数 2 的差 8 离梁，同时十位档加 1；

③ 十分位档 1 加 9，口诀"九去一进一"，从本档 1 中拨 10 与加数 9 的差 1 离梁，同时个位档加 1；

④ 百分位档 6 加 4，口诀"四去六进一"，从本档 6 中拨 10 与加数 4 的差 6 离梁，同时在十分位档加 1。

（4）将算盘上的得数 121.10 从高位到低位写下来。

【例 2-4】 5,675 + 9,867 = 15,542。

运算过程：

(1) 选定个位档。

(2) 将被加数 5,675 依次拨入算盘。

(3) 珠算手法和口诀：

① 千位 5 加 9，口诀"九上四去五进一"，两数相加满十，下珠不够减加数 9 与 10 的差 1，所以借助上珠 5，去 5 上 4，同时向万位档进 1；

② 百位档 6 加 8，口诀"八上三去五进一"，两数相加满十，下珠不够减加数 8 与 10 的差 2，所以借助上珠 5，去 5 上 3，同时向千位档进 1；

③ 十位档 7 加 6，口诀"六上一去五进一"，两数相加满十，下珠不够减加数 6 与 10 的差 4，所以借助上珠 5，去 5 上 1，同时向百位档进 1；

④ 个位档 5 加 7，口诀"七上二去五进一"，两数相加满十，下珠不够减加数 7 与 10 的差 3，所以借助上珠 5，去 5 上 2，同时向十位档进 1。

（4）将算盘上的得数 15,542 从高位到低位写下来。

（二）珠算口诀减法

口诀减法是借助减法口诀完成减法运算的一种传统珠算减法。珠算口诀减法包括直接的减、破五的减、退十的减和退十补五的减，共 26 句口诀。珠算减法口诀如表 2-2 所示。口诀中第一个字表示减数，后边的字表示拨珠动作。口诀术语中的"上"表示拨下珠靠梁，"去"表示拨珠离梁；"退十"表示向前档（左边一档）拨去一颗下珠；"还"表示退去左档的数后应在本档加上。

表 2-2　珠算口诀减法

	不 退 位 减		退 位 减	
	直接的减	破五的减	退十的减	退十还五的减
1	一去一	一上四去五	一退十还九	
2	二去二	二上三去五	二退十还八	
3	三去三	三上二去五	三退十还七	
4	四去四	四上一去五	四退十还六	
5	五去五		五退十还五	
6	六去六		六退十还四	六退十还五去一
7	七去七		七退十还三	七退十还五去二
8	八去八		八退十还二	八退十还五去三
9	九去九		九退十还一	九退十还五去四

【例 2-5】　9,287 – 3,171 = 6,116。

运算过程：

(1) 选定个位档。

(2) 将被减数 9,287 拨入算盘。

(3) 珠算手法和口诀：

① 千位档 9 减 3，直接拨下珠 3 离梁，口诀"三去三"；

② 百位档 2 减 1，直接拨下珠 1 离梁，口诀"一去一"；

③ 十位档 8 减 7，直接拨 7 离梁，口诀"七去七"；

④ 个位档 7 减 1，直接拨下珠 1 离梁，口诀"一去一"。

(4) 将算盘上的得数 6,116 从高位到低位写下来。

【例 2-6】　6,587 – 2,143 = 4,444。

运算过程：

(1) 选定个位档。

(2) 将被减数 6,587 拨入算盘。

(3) 珠算手法和口诀：

① 千位档 6 减 2，下珠不够，拨下珠 3 靠梁，同时拨上珠离梁，口诀"二上三去五"；

② 百位档 5 减 1，下珠不够，拨下珠 4 靠梁，同时拨上珠离梁，口诀"一上四去五"；

③ 十位档 8 减 4，下珠不够，拨下珠 1 靠梁，同时拨上珠离梁，口诀"四上一去五"；

④ 个位档 7 减 3，下珠不够，拨下珠 2 靠梁，同时拨上珠离梁，直接拨下珠 1 离梁，口诀"三上二去五"。

(4) 将算盘上的得数 4,444 从高位到低位写下来。

【例 2-7】 1,235 – 897 = 338。

运算过程：

(1) 选定个位档。

(2) 将被减数 1,235 拨入算盘。

(3) 珠算手法和口诀：

① 百位档 2 减 8，不够减，在千位档拨 1 颗下珠离梁，即借 1(前一档 1，本档位 10)，减去 8 为 2 加在本档，口诀"八退十还二"；

② 十位档 3 减 9，不够减，在百位档拨 1 颗下珠离梁，即借 1(前一档 1，本档位 10)，减去 9 为 1 加在本档，口诀"九退十还一"；

③ 个位档 5 减 7，不够减，在百位档拨 1 颗下珠离梁，即借 1(前一档 1 本档位 10)，减去 7 为 3 加在本档，口诀"七退十还三"；

(4) 将算盘上的得数 338 从高位到低位写下来。

【例 2-8】 2,434 – 689 = 1,745。

运算过程：

(1) 选定个位档。

(2) 将被减数 2,434 拨入算盘。

(3) 珠算手法和口诀：

① 百位档 4 减 6，不够减，在千位档拨 1 颗下珠离梁，即借 1(前一档 1 本档位 10)，减去 6 为 4 加在本档，下珠不够 4 个，动用上珠靠梁，同时在下珠中拨去多加的 1，口诀"六退十还五去一"；

② 十位档 3 减 8，不够减，在百位档拨 1 颗下珠离梁，即借 1(前一档 1 本档位 10)，减去 8 为 2 加在本档，下珠不够 2 个，动用上珠靠梁，同时在下珠中拨去多加的 3，口诀"八退十还五去三"；

③ 个位档 4 减 9，不够减，在十位档拨 1 颗下珠离梁，即借 1(前一档 1 本档位 10)，减去 9 为 1 加在本档，下珠不够 1 个，动用上珠靠梁，同时在下珠中拨去多加的 4，口诀"九退十还五去四"；

(4) 将算盘上的得数 1,745 从高位到低位写下来。

思考：我们学习了被减数不够减从前一档借 1 来减，但是如果前一档是"0"，前几档才有数字，我们应该如何计算呢？

小技巧：隔几档借 1，就在空档上加几个 9，并在减数的本档加上 10 与减数的差。

【例 2-9】 30,013 – 89 = 29,924。

运算过程：

(1) 选定个位档。

(2) 拨被减数 30,013 入算盘。

(3) 珠算手法和口诀：

① 十位档 1 减 8 不够减，从百位档借 1，百位档和千位档均为 0，只能从万位档借 1，千位和百位档直接拨 9，十位档用借来的 10 减去 8 剩 2，拨 2 靠梁；

② 个位档 3 减 9 不够减，从十位档借 1 本档加 1，口诀"九退十还一"。

(4) 将算盘上的得数 29,924 从高位到低位写下来。

(三) 珠算无口诀加减法

传统的珠算加减法通常运用口诀指导拨珠进行运算，但在实际计算中，如果熟练掌握了"五升十进"制原理，通过对 5 和 10 的分解和合成，利用凑数和补数的概念，可以做到不用口诀进行加减运算，即无口诀加减法。

1. 补数和凑数

两数之和得十的数对一共有五对，这五对数字我们称做"一位数的互为补数的数对"。它们是：1 和 9，2 和 8，3 和 7，4 和 6，5 和 5。

补数我们可以定义为：如果两个数字的和为 10 或者 10 的 n 次方，则称两数互为补数，其中一个数为另一个数的补数。

例如，3 和 7，13 和 87，981 和 19 互为补数。

在珠算运算中，通常还会涉及"凑数"，即两个数字之和为 5 时，这两个数互为凑数。凑数的出现完全是因为珠算的上珠为 5，而下珠在运算中够 5 时需要升到上珠，用上珠来表示，这样就出现了凑数，如 1 和 4，2 和 3。

对于补数和凑数，我们不仅要熟练地找出任何一个数的补数和凑数，同时还要熟练地合成和分解。在珠算运算中，无论加减法还是乘除法都离不开补数和凑数。

2. 直加直减

在被加数档上可以直接加入加数或在被减数档上可以直接减去减数的运算，是珠算加减法中最简单的一种。

运算规律：加看外珠，够加直加；减看内珠，够减直减。靠梁的算珠为内珠，靠框的算珠为外珠。表 2-3 所示为珠算无口诀加减法。

表 2-3　珠算口诀加减法

直加类具体数值			直减类具体数值		
1 + 1	5 + 1	1 + 5	4 - 1	6 - 1	6 - 5
1 + 2	5 + 2	2 + 5	4 - 2	7 - 1	7 - 5
1 + 3	5 + 3	3 + 5	4 - 3	8 - 1	8 - 5
2 + 1	5 + 4	4 + 5	4 - 4	9 - 1	9 - 5
2 + 2	6 + 1	1 + 6	3 - 1	7 - 2	7 - 6
3 + 1	6 + 2	2 + 6	3 - 2	8 - 2	8 - 6
	6 + 3	3 + 6	3 - 3	9 - 2	9 - 6
	7 + 1	1 + 7	2 - 1	8 - 3	8 - 7
	7 + 2	2 + 7	2 - 2	9 - 3	9 - 7
	8 + 1	1 + 8	1 - 1	9 - 4	9 - 8

【例2-10】 231 + 652 = 883。

① 定好个位档，拨被加数231入算盘。

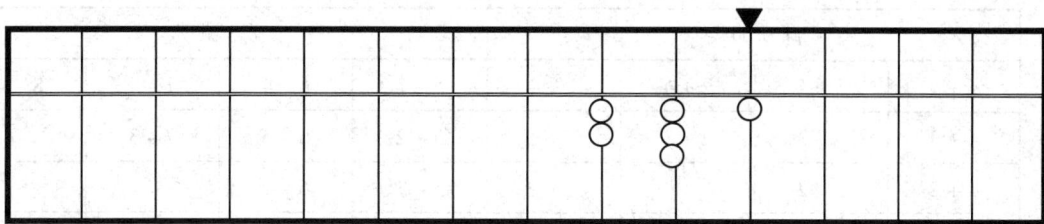

② 对齐位数从百位起一次拨入加数652，得出结果883。

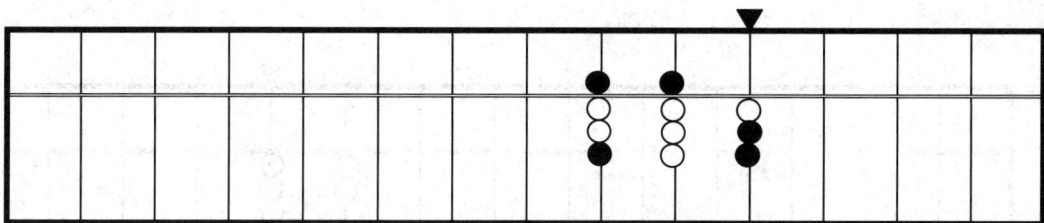

【例2-11】 88 - 35 = 53。

① 定好个位档，拨被减数88入算盘。

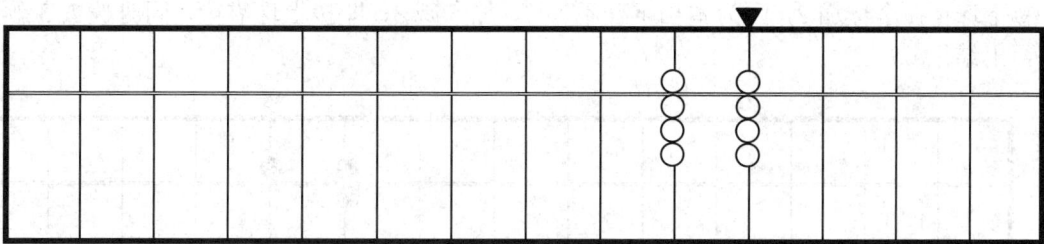

② 对齐位数从十位起一次拨去减数35，得出结果53。

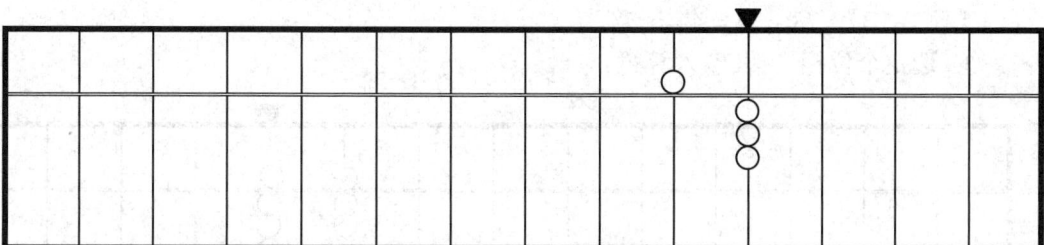

3. 满五加、破五减

满五加指当下珠不够加时，需要拨入本档上珠的运算。运算规律为：下珠不够，加5减凑。

破五减指当下珠不够减时，需要拨去本档上珠、破五才够的运算。运算规律为：下珠不够，减 5 加凑。表 2-4 所示为满五加、破五减运算规律。

表 2-4　满五加、破五减运算规律

满 5 加类				破 5 减类			
4 + 4	3 + 4	2 + 4	1 + 4	5 – 1	6 – 4	7 – 4	8 – 4
4 + 3	3 + 3	2 + 3		5 – 2	6 – 3	7 – 3	
4 + 2	3 + 2			5 – 3	6 – 2		
4 + 1				5 – 4			

【例 2-12】　23 + 42 = 65。

① 选定个位档，拨 23 入算盘。

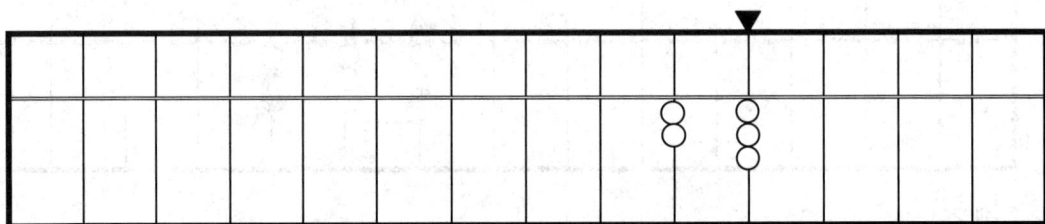

② 对齐位数在十位加 4，因为本档下珠不够 4，加 5 减 1，即拨上珠靠梁，同时拨去 1 颗下珠；在个位加 2，因为本档下珠不够 2，加 5 减 3，即拨上珠靠梁，同时拨去 3 颗下珠，得出结果 65。

【例 2-13】　78 – 34 = 44。

① 选定个位档，拨 78 入算盘。

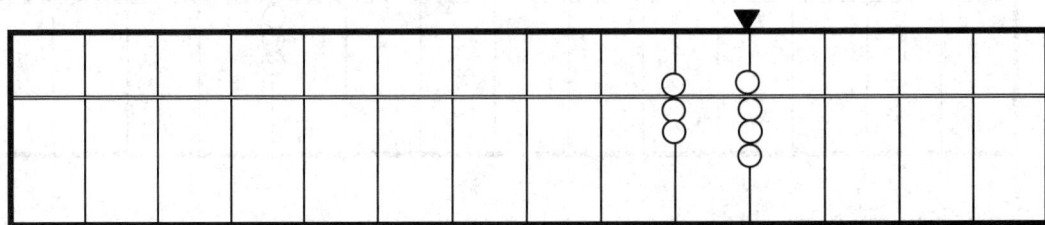

② 对齐位数在十位减 3，因为本档下珠不够 3，减 5 加 2，即拨上珠离开梁，同时拨一颗下珠靠梁；在个位减去 4，因为本档下珠不够 4，减 5 加 1，即拨上珠离梁，同时拨 3 颗下珠靠梁，得出结果 44。

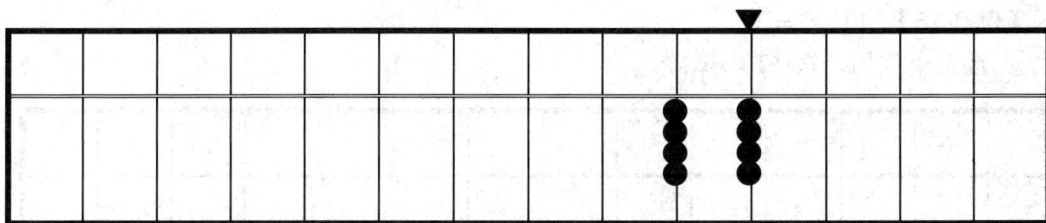

【注意】 此类加减运算的关键是要明确凑数的概念,同时加强练习并配合熟练联拨动作。

4. 进位加、退位减

进位加指两数相加,本档满 10、需进位的加算。运算规律是:本档满十,减补进一。
退位减指两数相减,本档不够减、需退档才够减的减算。运算规律是:本档不够,退一加补。

表 2-5 所示为进位加、退位减运算规律。

表 2-5 进位加、退位减运算规律

进 位 加 法				退 位 减 法		
5 + 5	7 + 3	8 + 8	4 + 9	10 − 5	10 − 9	13 − 9
6 + 5	8 + 3	7 + 8	3 + 7	11 − 5	10 − 8	16 − 9
7 + 5	9 + 3	9 + 9	3 + 8	12 − 5	10 − 7	16 − 8
8 + 5	9 + 2	8 + 9	2 + 8	13 − 5	10 − 6	16 − 7
9 + 5	8 + 2	7 + 9	2 + 9	14 − 5	11 − 9	17 − 9
6 + 4	9 + 1	6 + 9	1 + 9	15 − 9	11 − 8	17 − 8
7 + 4	9 + 6	4 + 6		15 − 8	11 − 7	18 − 9
8 + 4	9 + 7	4 + 7		15 − 7	12 − 9	
9 + 4	8 + 7	4 + 8		15 − 6	12 − 8	

【例 2-14】 13 + 9 = 22。

① 选定个位档,拨 13 入算盘。

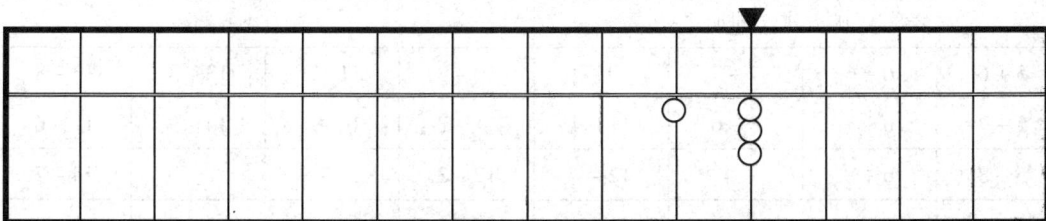

② 对齐位数在个位加 9,因为本档满十,需向前进一,同时在本档减去 9 的补数 1,
即在前一档拨一个下珠靠梁,同时在本档拨一个下珠离梁,得出结果 22。

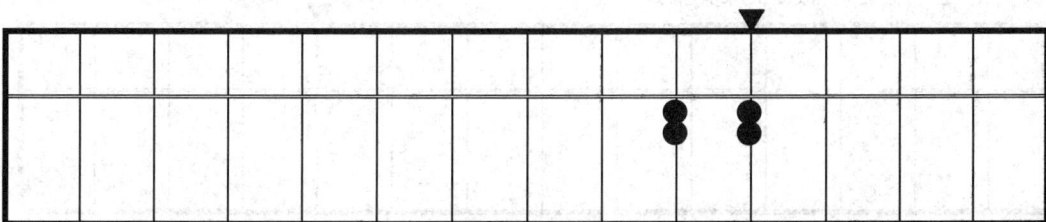

【例2-15】 12 - 9 = 3。

① 选定个位档,拨12入算盘。

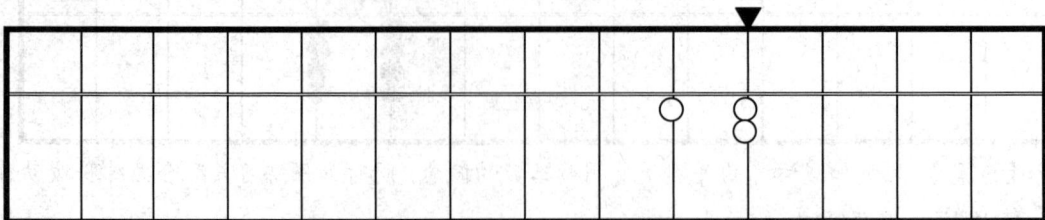

② 对齐位数在个位减9,因为本档不够减,需向前借一,同时在本档加9的补数1,即在前一档拨一个下珠离梁,同时在本档拨一个下珠靠梁,得出结果3。

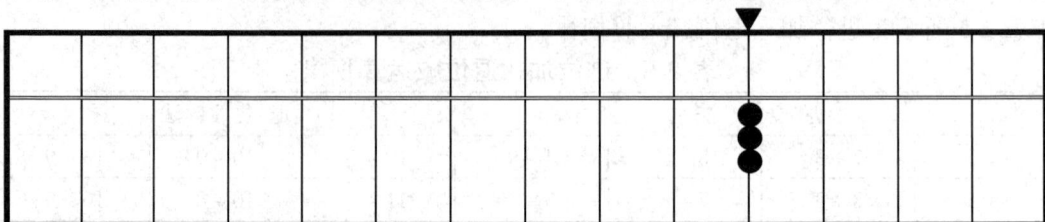

【注意】 此类运算要熟悉补数的概念,以及常用的补数,即1和9,2和8,3和7,4和6,5和5,同时配合联拨指法,多加练习。

5. 破五进一的加、借一补五的减

破五进一的加指两数相加时,需用到"破五的减"和"进十的加"的这两种类型综合运用的加法。

借一补五的减指两数相减,本档不够减,需退10,用"补5的加"和"退10的减"两种类型相结合的减法。

表2-6所示为破五进一的加、借一补五的减的运算规律。

表2-6 破五进一的加、借一补五的减的运算规律

破五进一的加				借一补五的减			
5 + 6	6 + 6	7 + 7	10 - 4	10 - 3	11 - 2	13 - 8	13 - 8
5 + 7	6 + 7	8 + 6	11 - 4	11 - 3	10 - 1	14 - 9	13 - 6
5 + 8	6 + 8		12 - 4	12 - 3	11 - 6	12 - 6	14 - 7
5 + 9	7 + 6		13 - 4	10 - 2	12 - 7	13 - 7	14 - 8

【例2-16】 56 + 87 = 143。

① 选定个位档,拨56入算盘。

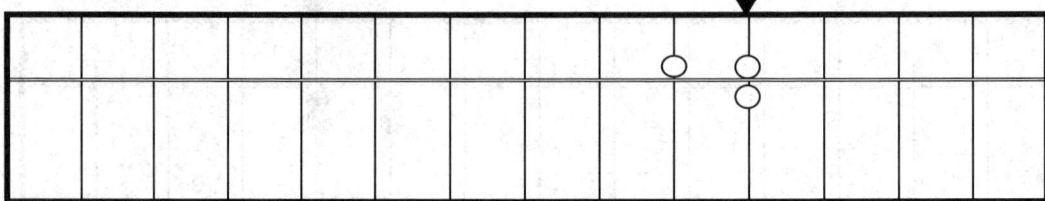

② 对齐位数在十位档加 8，本档满 10，向前一档进 1，减补数 2，下珠不够 2 个，需要减去上珠 5，加凑数 3。

③ 个位档加 7，本档满 10，向前一档进 1，减补数 3，下珠不够 3 个，需要减去上珠 5，加凑数 2。

④ 将算盘上的得数 143 从高位到低位写下来。

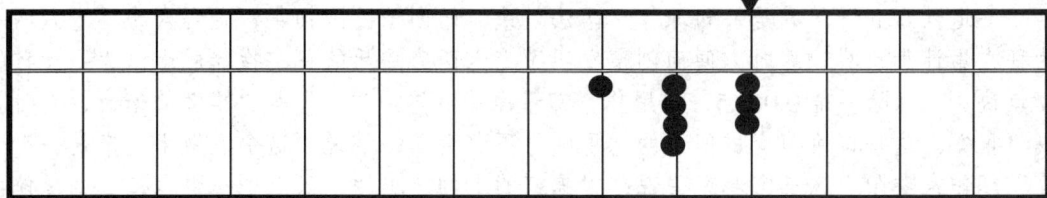

【例 2-17】44 − 8 = 36。

① 选定个位档，拨 44 入算盘。

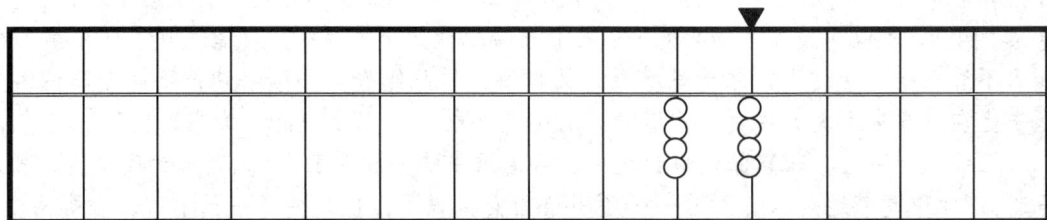

② 对齐位数在个位档减 8，本档不够减，需要从前一档借 1，再在本档加补数 2，本档下珠不够 2 个，借用上珠 5，然后减去凑数 3(−8 = −10 + 5 − 3)，得出结果 36。

③ 将算盘上的得数 36 从高位到低位写下来。

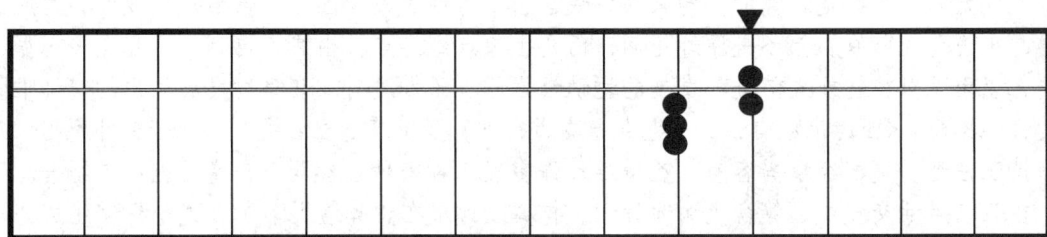

【注意】 此类加减法是前面方法的综合应用，难度加大，除了熟记补数和凑数的概念外，还要熟练大量的联拨动作，特别要注意 6，7，8，9 的分解数，即 6(5 和 1)、7(5 和 2)、8(5 和 3)、9(5 和 4)。

【知识窗】

珠算口诀与成语故事

常用的算盘以竹木为原料，四面边框和横梁把算珠成排并列固定。手把算珠拨到横梁两侧可以计数，也可完成加、减、乘、除、开方等各种复杂计算。

要进行计算，则离不开珠算口诀。早在一千多年前，中国人就发现了用以数学计算的口诀，简单易记，朗朗上口。一个人可以不识字，但只要会珠算口诀，并不妨碍他成为一把计算好手。

如今，珠算口诀在人们的记忆中早已远去，而由珠算口诀演变成的一些成语或俚语则依然常用。

"一退六二五"，本是一句珠算斥两法口诀，始创于民国初年，是古人为了十六两一斤的秤在累计加、减计算时方便而创造发明了十六两为一斤的秤在换算成十两为一斤秤的珠算口诀。十六除一是 0.062,5，借用作推卸干净的意思，"退"是"推"的谐音，有时就说成"推"。这一口诀演变成俚语的意思则是不负责任，常说"这个人做事向来是一退六二五"。作家欧阳山《三家巷》中说："陈家的老的、小的，只是个一退六二五，说他们做买卖的人素来不结交官府，推得干干净净！""三下五除二"是珠算中最基本的加法口诀之一，本意是指加 3，拨下上珠 5，拨去下珠 2。由于古时借助于简单、易记的口诀，人们可在算盘上进行一系列运算，因而"三下五除二"这条基本口诀便产生了"迅速、便捷"的意思。例如，"他一鼓作气地坐起来，三下五除二地穿上衣裤。"(老舍《赵子曰·第三》)

"不管三七二十一"，本为珠算乘法的口诀，借此比喻为不顾一切，不问是非情由。鲁迅先生在《拿来主义》中说："我想，首先是不管三七二十一，'拿来'！"

"三一三十一"，珠算除法口诀之一，后借用平均分配为三之意。《儿女英雄传》第五回写道："他原想着这是点外财儿……不料给当面抖亮了，也只得三一三十一，合那两个，每人六百六十六地平分。"

"二一添作五"，本是珠算除法的一句口诀，是 1/2 = 0.5 的意思，借指双方平分。例如，"你们好好地把我送出城去，咱们二一添作五，你们一半，我一半，好不好？"(老舍《神拳·第四幕》)

"九九归一"，是珠算的一句乘法口诀，引申为绕了不少圈子，最后还原或归根结底的意思，也说九九归原。但不是原地轮回，而是由起点到终点，由终点再到新的起点……循环往复，以至无穷，螺旋式前进和发展的运动过程体现了人类对一切事物发展认识的辩证唯物论的哲学思想。《西游记》有云："九九归真道行难，坚持笃志立玄关。必须苦练邪魔退，定要修持正法还。莫把经章当容易，圣僧难过许多般。古来妙合参同契，毫发差殊不结丹。"

在日常生活交流中，算盘比喻为计划、打算。如果在"算盘"前加上"小"字组成"小算盘"，则比喻为个人或局部利益所做的打算；贪财逐利者，人称"铁算盘"；形容当家理财搞得好、珠算技术高超的人也称"铁算盘"；老出坏主意，人称"鬼算盘"；设谋定计，叫"盘算"；"吃不穷，穿不穷，不会盘算一世穷"，这是算盘文化在哲理上的典型范例。

三、基本加减法技能实训

【实训 1】 趣味加减法。

1. 加减百子：

(1) $1 + 2 + 3 + \cdots + 100$，和为 5,050，时间为 2 分钟，逐步提高到 1.5 分钟、1 分钟。

(2) $5,050 - 1 - 2 - 3 - \cdots - 100$，时间为 2 分钟，逐步提高到 1.5 分钟、1 分钟。

各小组成员坚持每天练习 30 分钟以上，并做好记录，比比看，谁又快又准！

2. 625 连加连减：

(1) 625 连加 16 次，和为 10,000，时间为 20 秒，逐步加快到 10 秒。

(2) 10,000 连减 625 十六次。时间为 20 秒，逐步加快到 10 秒。

3. 三朵梅：

将 106,885,688,569 连加四次即成三朵梅(1,710,171,017,104)。

4. 三面红旗：

将 1,864,368,438,642 连加五次即成三面红旗(9,321,932,193,210)。

将 310,731,073,107 连加三次即成三面红旗(932,193,219,321)。

将 308,530,853,085 连加四次即成三面红旗(1,234,123,412,340)。

5. 一条鞭：

将 123,456,789 连加 9 次即成一条鞭(1,111,111,101)。

6. 凤凰双展翅

把 246,908,642 连加五次即成凤凰双展翅(1,234,543,210)。

【实训2】 口诀加减法。

1. 直接加法：

(1) 1.523 + 2.356；	(2) 3.461 + 6.037；	(3) 7.866 + 1.023；
(4) 28.76 + 61.23；	(5) 1.679 + 6.210；	(6) 2.213 + 5.106；
(7) 4.237 + 5.762；	(8) 3.312 + 1.171；	(9) 2,121 + 1,212；
(10) 60.85 + 26.14；	(11) 8.205 + 1.283；	(12) 159 + 320。

2. 直接减法：

(1) 954 – 653；	(2) 678 – 123；	(3) 872 – 361；
(4) 9.462 – 8.351；	(5) 2.387 – 1.267；	(6) 478 – 227；
(7) 597 – 466；	(8) 9.674 – 8.662；	(9) 4.389 – 3.276；
(10) 5.938 – 5.827；	(11) 89.7 – 54.6；	(12) 643 – 531。

3. 竖式直接加法与直接减法：

(1)	(2)	(3)	(4)	(5)
123,406	101,210	303,601	22,031	678,949
105,051	12,153	125,021	560,902	–103,215
121,520	631,505	51,012	116,056	–520,120
20,012	55,021	51,257	301,010	–50,513

(6)	(7)	(8)	(9)	(10)
396,879	468,794	986,769	903,298	496,275
–21,250	–215,671	–675,104	–801,167	–175,065
–125,125	–150,021	–105,150	95,218	527,678
–150,501	–3,102	–11,515	–76,125	–243,186

(11)	(12)	(13)	(14)	(15)
346,789	620,735	5,132,067	62,897,531	763,289
−125,678	−20,615	1,306,912	−10,685	−612,178
572,675	198,764	−425,867	6,276,879	42,657
−692,786	−587,621	−6,013,113	−7,132,689	−91,768

4. 补五加法：

(1) 1,342 + 4,444；   (2) 4,343 + 3,434；   (3) 44.33 + 23.24；

(4) 21.12 + 34.43；   (5) 123,234 + 432,431；   (6) 321,423 + 334,234；

(7) 443,211 + 123,344；   (8) 444,332 + 123,324。

5. 破五减法：

(1) 6,655 − 4,324；   (2) 6,785 − 2,342；   (3) 55.66 − 41.33；

(4) 8,765 − 4,321；   (5) 567,856 − 123,423；   (6) 576,655 − 123,231；

(7) 675,568 − 432,124；   (8) 756,857 − 312,443。

6. 减补进一加法：

(1) 3,876 + 7,245；   (2) 1,873 + 9,787；   (3) 2,984 + 8,678；

(4) 7,418 + 8,892；   (5) 4,933 + 7,688；   (6) 8,935 + 3,276；

(7) 4,396 + 7,824；   (8) 6,941 + 4,379。

7. 借一加补减法：

(1) 78.6 − 9.8；   (2) 95.7 − 6.8；   (3) 637 − 98；

(4) 1,718 − 949；   (5) 2,613 − 734；   (6) 60,143 − 3,459；

(7) 3,025 − 756；   (8) 5,238 − 99。

8. 破五进一加法：

(1) 6,555 + 7,897；   (2) 7,565 + 7,869；   (3) 7,858 + 7,696；

(4) 7,676 + 6,768；   (5) 8,667 + 6,877；   (6) 7,896 + 5,656；

(7) 9,687 + 5,566；   (8) 8,786 + 6,565。

9. 借一补五减法：

(1) 161.2 − 6.7；   (2) 43.3 − 8.7；   (3) 6,321 − 66；

(4) 8,213 − 668；   (5) 1,223 − 776；   (6) 5,434 − 876；

(7) 23,344 − 6,789；   (8) 3,441 − 886。

10. 加法综合运算：

(1)	(2)	(3)	(4)	(5)	(6)
2,681	27.48	8,983	8,677	7,895	45.83
3,594	35.94	6,23	1,359	3,846	65.24
2,462	36.79	8,817	9,631	4,356	94.53
8,354	58.23	4,623	7,536	2,679	19.62

11. 减法综合运算：

(1)	(2)	(3)	(4)	(5)	(6)
7,568	136.09	5,923	9,347	7,842	65.24
−2,985	−18.23	−4,079	−7,369	−6,079	−19.85

12. 口诀加减混合运算：

(1)	(2)	(3)	(4)	(5)	(6)
745	4,075	637	2,189	649	961
2,091	−498	189	−756	5280	2,457
−586	623	4,502	204	143	183
609	−1,806	−346	7,491	−527	−209
−387	245	281	−832	−248	336
5,491	870	8,096	250	7,083	−391
730	−962	756	4,067	372	740
824	5,319	109	318	9,015	5,207
−156	715	−3,874	543	−458	845
8,932	−134	−452	967	−816	−436
345	7,209	1,397	−705	6,045	−503
216	−618	−672	−2,149	193	8,619
−3,701	352	508	683	−287	−714
−297	3,409	−2,470	−510	3,961	958
4,086	786	569	8,936	−706	852

【实训3】 无口诀加减法。

1. 无口诀加法：

(1)	(2)	(3)	(4)	(5)	(6)
8,925	4,896	426.39	256.86	174.31	5,876
1,617	6,851	695.02	137.43	618.80	5,349

(7)	(8)	(9)	(10)	(11)	(12)
4,903	48.26	6,397	5,186	7,403	4,968
3,728	85.17	5,502	7,293	8,809	5,427
6,174	95.14	6,483	3,792	8,567	9,966

(13)	(14)	(15)	(16)	(17)	(18)
4,915	768	97,203	8421	4,051	984
879	3,025	6402	256	3,687	2,319
3,127	739	2,147	60,537	2,434	3,674
1,594	894	15,306	9,115	2,416	14,528

(19)	(20)	(21)	(22)	(23)	(24)
8,352	378	2,096	4,969	20,366	76,049
437	2,297	342	4,305	207	5,476
3,691	453	8,215	798	8,761	67,857
925	6,291	9,605	25,492	2359	3,369
12,436	14,756	918	8,503	8,102	308
9,774	24,251	496	9,788	5,504	6,862

2. 无口诀减法：

(1)	(2)	(3)	(4)	(5)	(6)
7,648	4,345	3,278	5,762	6,415	2,135
−972	−2,516	−1,832	−3,654	−1,763	−1,798

(7)	(8)	(9)	(10)	(11)	(12)
8,043	9,028	9,086	3,145	5,634	5,349
−6,095	−4,593	−924	−2,314	−3,929	−794
−763	−268	−631	−319	−467	−815

(13)	(14)	(15)	(16)	(17)	(18)
6,304	25,578	76,365	87,156	29,617	687,535
−465	−6,943	−1,650	−2,134	−1,789	−5,050
−2,534	−486	−1,521	−5,078	−7,754	−9,046
−951	−338	−8,391	−2,959	−8,057	−4,713

(19)	(20)	(21)	(22)	(23)	(24)
946,876	46,141	31,687	84,037	46,095	990,314
−20,193	−3,987	−3,723	−4,286	−2,137	−5,126
−42,487	−2,568	−3,069	−4,250	−8,029	−3,201
−47,083	−601	−4,834	−6,207	−562	−8,246
−5,806	−6,547	−3,109	−745	−3,456	−3,065
−492	−3,589	−1,317	−479	−5,807	−5,073

3. 无口诀加减混合运算：

(1)	(2)	(3)	(4)	(5)	(6)
3,408	6,065	4,041	7,985	33,463	7,869
265	202	401	3,348	655	48,793
941	−359	−629	647	6,547	−20,612
96,170	29,601	411	−409	587	9,877
−3,449	−7,708	7,008	3,473	−32,104	789
891	171	−2,481	168	4,049	−5,219
7,834	251	514	−529	278	69,318
−845	−960	4,708	584	4,568	663
3,475	76,951	356	4,789	3,749	−14,929
881,342	5,637	−1,363	−325	−234	3,918
−422,323	−8,916	2,428	−584	−478	655
614	1,608	−417	2,763	−359	−584

(7)	(8)	(9)	(10)	(11)	(12)
4,908	665	654	8,522	4,693	6,915
2,575	−202	−401	−1,334	−1,655	4,879
−2,941	3,359	4,629	6,147	5,947	−2,612
978	2,601	471	−4,309	3,554	3,877
−349	−772	178	3,444	−3,204	378
3,891	−171	−3,248	1,068	649	−921
−734	2,371	5,617	−3,505	−278	9,318
−85	−2,110	7,081	5,784	−568	6,611
375	7,695	−356	−3,784	7,492	−4,921
8,342	537	−1,363	3,129	−2,341	1,986
−4,223	−816	461	−847	−1,478	6,051
713	928	2,017	7,603	3,359	−1,214

(13)	(14)	(15)	(16)	(17)	(18)
758	3,017	3,698	1236	526	1,478
8,067	−218	438	4,058	746	5,244
−532	635	652	32,584	9,017	−561
647	7,024	7,104	325	−135	2,217
187	329	−967	−817	−499	−853
5,349	164	−258	−1,074	269	−174
−2,057	325	8,096	−821	493	2,294
354	−1,028	261	5,103	−528	1,029
987	564	3,782	9,211	393	4,987
132	734	465	1,219	1,476	−3415
−721	−3,044	−732	984	229	4,921
508	1,206	−198	738	−1,166	805

【实训4】 复核报表练习，各小组记录时间并评分，比比看，谁是稽核小能手！

练习(一)　　　　　　　　姓名：　　时间：　　得分：

序号	一	二	三	四	五	六	七	八	九	十	合计
1	3,417	43	81	1,396	58	742	2,408	93	854	3,612	
2	62	615	56	548	741	9,026	39	541	67	47	
3	509	7,089	167	25	2,306	85	572	6,028	45	805	
4	83	34	2,470	74	872	173	16	74	9,206	96	
5	2,140	257	38	6753	39	48	3647	382	78	938	
6	95	1,760	4,503	81	4,165	2690	85	46	392	7,021	
7	721	82	629	902	96	57	43	1,905	16	673	
8	38	506	94	47	804	324	1950	273	1,640	54	
9	6,094	71	7,381	3068	73	61	609	15	781	4,520	
10	1	9128	65	203	5,902	8905	28	7,608	5,039	89	
合计											

练习(二)　　　　　　　　姓名：　　时间：　　得分：

序号	一	二	三	四	五	六	七	八	九	十	合计
1	5,092	9,653	782	4,231	1,203	672	9,736	3,054	1,324	2,413	
2	15	31	1,059	312	512	50	391	39	172	132	
3	681	7,045	15	6,758	7,065	2,516	85	897	5,607	7,685	
4	3,940	306	492	87	46	725	268	73	89	70	
5	703	94	21	9,108	2,910	9,034	8,072	609	6,902	2,019	
6	39	1,832	5,738	10	703	412	62	24	530	560	
7	1,274	81	96	654	5,394	83	5,019	6,407	3,645	6,354	
8	57	296	385	4,365	879	69	52	210	897	978	
9	426	7,108	8,740	10	43	3,104	894	31	14	14	
10	68	49	61	42	68	79	31	3,569	82	20	
合计											

练习(三)　　　　　　　姓名：　　　时间：　　　　得分：

序号	一	二	三	四	五	六	七	八	九	十	合计
1	4,092	7,069	1,298	3,958	6,503	574	193	6,018	3,056	5,603	
2	18	12	12	–147	795	67	639	407	–591	354	
3	306	4,905	347	4,062	1,049	38	28	913	1941	1,049	
4	2,958	50	4,078	71	–32	8,609	7,062	58	64	68	
5	731	70	426	–315	8,605	41	–17	3,806	8,056	8,491	
6	49	81	358	6,084	46	6,305	9,601	–59	–27	–29	
7	514	234	9,206	–508	3,428	190	48	2,796	2,438	3,846	
8	82	127	58	92	–104	72	536	104	143	27	
9	765	7,283	3,179	246	7,292	748	7,458	3,462	729	–175	
10	6,350	8,536	6,504	5,103	138	4,936	724	572	–380	927	
合计											

任务三　珠算简捷加减运算技能

　　珠算是通过手指在算盘上拨动算珠完成运算的，而手指运动的频率在达到一定极限后很难再突破，因此通过一定的方法减少拨珠次数和多余动作来提高珠算的运算效率势在必行。简捷加减法就是在熟练掌握基本加减法的基础上，把珠算与心算结合起来，根据运算特点以及数字变化规律，适当简化运算过程，降低拨珠次数和多余动作，提高运算速度的方法。常见的简捷加减法有凑整法、穿梭法、一目多行加减法、遇减加补弃十法等。

一、凑整法

　　前面我们介绍过补数的概念，即两数相加和为 10 或 10 的 n 次方时，两数互为补数。在加减运算中如果加数或减数接近 10 或 10 的 n 次方，就可以利用补数的概念，先将这个整数(即最接近的 10 的 n 次方)加上或减去，同时判定因此而产生的差数，并以此进行调整。调整的方法为"加整减差，减整加差"。这种方法减少了计算位数以及拨珠动作，从而简化了运算过程，提高了运算效率。

　　【例 2-18】　$1,116 + 9,995 = 1,116 + 10,000 - 5 = 11,116 - 5 = 11,111$。

① 选定个位档，拨被加数 1,116 入算盘。

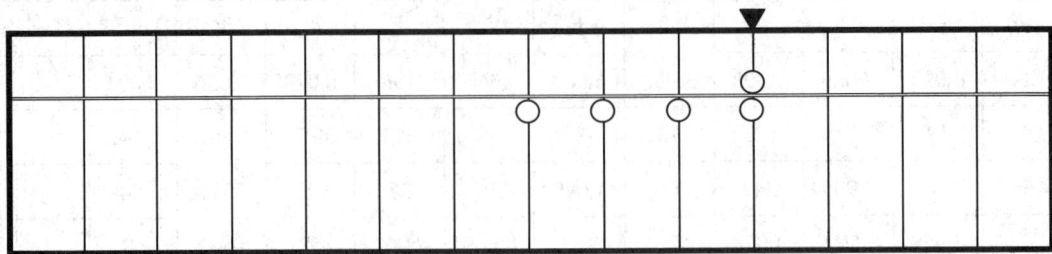

② 在被加数的万位拨一个下珠靠梁(即加 199,995 + 5 = 10,000)，然后在个位上减去 9,995 的补数 5(9,995 + 5 = 10,000)，结果为 11,111。

③ 将算盘上的得数 11,111 从高位到低位写下来。

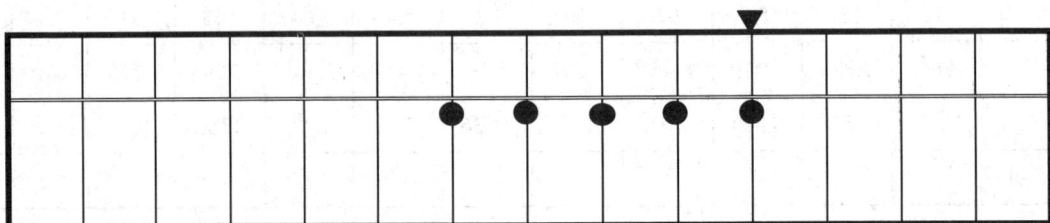

【例2-19】　6,715 + 4,988 = 6,715 + 5,000 − 12 = 11,715 − 12 = 11,703。

① 选定个位档，拨被加数 6,715 入算盘。

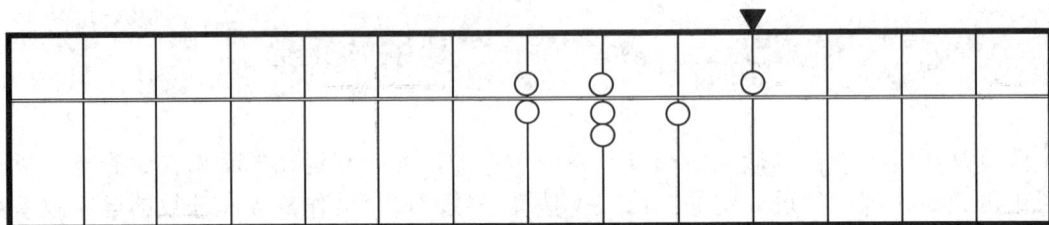

② 在被加数的千位加 5(即 4,988 + 12 = 5,000，将本档上珠离梁，然后在前一档拨入一颗下珠)，然后在十位上减去 1，个位减去 2，即 4,988 的补数 12(4,988 + 12 = 5,000)，结果为 11,703。

③ 将算盘上的得数 11,703 从高位到低位写下来。

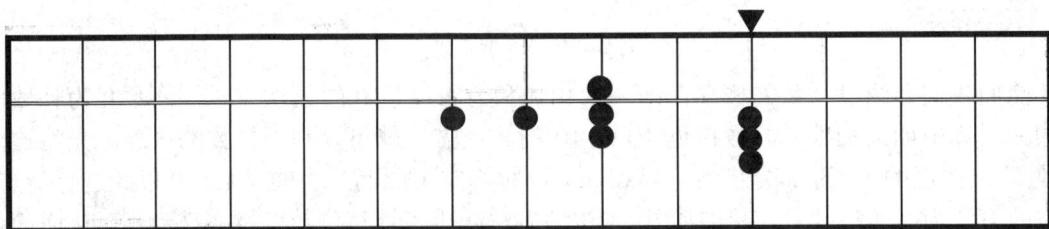

【例2-20】　17,015 − 995 = 17,015 − 1,000 + 5 = 16,020。

① 选定个位档，拨被减数 17,015 入算盘。

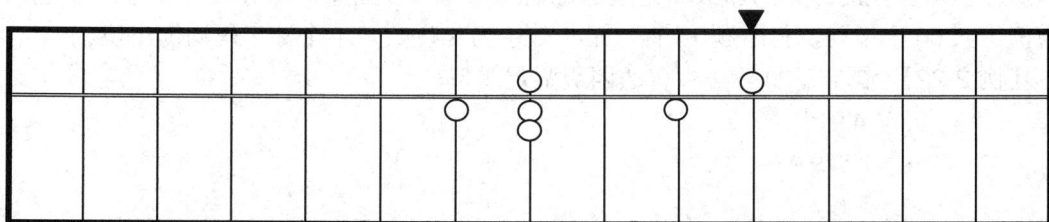

② 在被加减数的千位拨一个下珠离梁，(即减 11,000 = 995 + 5)，然后在个位拨上珠靠梁，即 995 的补数 5(995 + 5 = 1,000)，结果为 16,020。

③ 将算盘上的得数 16,020 从高位到低位写下来。

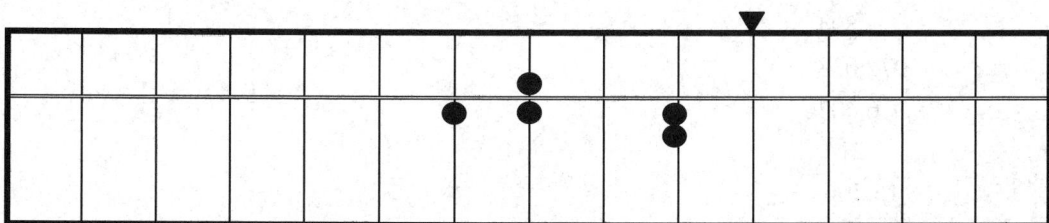

二、穿梭法

珠算的常规加减法，在加减每一笔数字时都是从左到右、由高位到低位进行运算。穿梭法又称来回打法，运算时，第一行从左向右运算，第二行则从右向左运算，第三行又从左向右运算……如此往复，来回拨珠。由于这种打法手不空过，所以既能提高计算速度，又可减少考虑首位数字从何档起拨的负担。

【例 2-21】

$$
\begin{array}{ll}
735,462.81 & \longrightarrow \quad ① \\
4,825.05 & \qquad ② \\
10,946.43 & \longrightarrow \quad ③ \\
2,789.01 &
\end{array}
$$

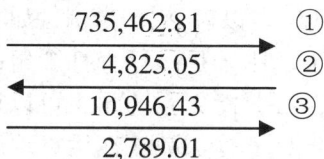

① 从左到右，手从左侧起拨至右侧结束。

② 从右到左，手从右侧起拨至左侧结束。

③ 从左到右，手从左侧起拨至右侧结束。

对比：采用常规加减法时，第一行，手从左侧起拨至右侧结束，手从右侧移回左侧开始第二行拨珠动作，手从左侧起拨至右侧结束，手又从右侧移回左侧开始第三行拨珠动作，如此反复，每一行会有一个多余动作，显然会影响计算速度。

运用穿梭法计算时，初学者倒计数和从低位向高位进行拨珠是不习惯的，要加强这方面的练习，只要多加练习，穿梭法是可以有效提高运算速度的，而且效果会非常明显。

三、一目多行加减法

在加减运算中大量习题都是竖式加法。比如，国家珠算等级中普通级和能手级定级考试以及一些珠算技能比赛的加减算题型都是如此排列。以国家珠算等级中普通四级鉴定题型为例，共 60 个字码，每道题 15 行，最小数字为 3 位数，十个数字码均衡出现。

【例 2-22】 国家珠算等级中普通四级鉴定题型。

$$
\begin{array}{r}
4,915 \\
879 \\
3,127 \\
801,594 \\
768 \\
3,025 \\
739 \\
894 \\
972,038 \\
6,402 \\
214 \\
15,306 \\
8,421 \\
256 \\
\hline
60,537
\end{array}
$$

传统加减法往往在运算此类试题时采用一目一行相加减，即一个数一个数地上盘相加，拨珠次数过多，以每一行为一组，上例需要打 15 组，严重影响了计算效率。为解决此类问题，就要求学生系统掌握一目多行加减法的打法。

一目多行加减法把心算与珠算进行结合，将多行数字合并通过心算完成计算，然后将结果拨入算盘，减少了拨珠次数，从而提高了计算效率。以例 2-21 为例，如果采用一目两行的计算方法，以每两行为一组，需要打 8 组数字，比一目一行少打 7 组；如果选择一目三行，则需要打 5 组，是一目一行的三分之一；心算能力强的学生可以选择一目五行，只需打三组，是一目一行的五分之一。显然，一目多行加减法在运算速度上有明显的优势。

初学者不建议采用一目多行加减法，因为这种方法要求学生具备一定的心算能力，能做到见到多个数字相加减迅速反应出结果并拨入算盘，如果心算能力很差，或者指法不够熟练的话，会加大每次拨珠动作的间隔时间，不但无法实现提高运算效率的目标，还有可能会影响计算结果的准确性或者比一目一行更慢。

在运用一目多行进行加减计算时，可以根据每个学生的心算能力不同或者不同练习阶段选择一目两行、一目三行或者一目五行进行加减计算，最终实现快、稳、准的计算目标。

(一) 一目两行加减法

一目两行加减法是指在进行加减法运算时，先将同数位上的两行数字用心算的方式算出得数，再依次将得数拨入算盘相应的档位上的运算方法。"一目两行"就是两个数字用心算得出结果一次上盘。练习时可以一位一位计算，也可以两位两位计算，或者一节一节计算。

1. 一目两行直加法

将两行数字从高位到低位或从低位到高位逐位竖看，心算出结果并拨入盘面相应档位，这种求和的方法就称作一目两行直加法。

【例2-23】

$$
\begin{array}{r}
4,915 \\
879 \\
3,127 \\
801,594 \\
768 \\
3,025 \\
739 \\
894 \\
\hline
\end{array}
$$

前两个数字"4,915 + 879"可以分解为 4 + 0，9 + 8，1 + 7，5 + 9，得出结果 4、17、8、14，从千位起依次拨入算盘，依次类推，也可以将其分解为 49 + 8 和 15 + 79，得出结果 57 和 94 两次完成上盘。但是如果我们结合前面学习的穿梭法，改变第二组数字"3,127 + 801,594"的计算方向，使用"后加法"，分成两次或三次完成，即 27 + 94 和 31 + 15，然后把结果倒过来，顺次从右向左上盘，即 80、46、121。第三组两组数"768 + 3,025"重复第一组数字的计算顺序，使用"前加法"从左到右的顺序上盘，如此反复，即"一目两行穿梭法"。使用这种方法进行运算，熟练后不管从前往后还是从后往前都应该一次算出两数结果，比一目一行计算速度明显提高。

2. 一目两行加减混合法

一目两行加减混合法运算可以用抵消法，在运算时，逐位将同数位上的两行正负数字心算抵消求得数，结果为正数则加，负数则减。

【例2-24】

$$
\begin{array}{r}
4,915 \\
-879 \\
-3,127 \\
801,594 \\
\hline
\end{array}
$$

第一组数字心算结果 4，1(9 − 8)，−6(1 − 7)，−4(5 − 9)，从千位开始从左向右依次上盘；第二组数字心算结果 8，0，−2(−3 + 1)，4(−1 + 5)，7(−2 + 9)，−3(−7 + 4)，可按照从左到右或从右到左的顺序上盘，依次类推。

(二) 一目三行加减法

"一目三行"就是三个数同时相加，心算出结果，按位拨珠上盘或一次拨珠上盘。一目三行和一目两行道理一样，只是拨珠次数更少，速度提升得更快，同时对于学生的心算能力要求更高。

1. 一目三行直加法

将三行数字从高位到低位或者从低位到高位逐位竖看，心算出结果并拨入盘面对应档位，这种求和方法称为一目三行直加法。

【例 2-25】

$$4,915$$
$$879$$
$$3,127$$
$$801,594$$
$$768$$
$$3,025$$

第一组数字：

$$
\left. \begin{array}{r} 4,915 \\ 879 \\ 3,127 \end{array} \right\} (7,18,10,21)
$$
$$8,921$$

第二组数字：

$$
\left. \begin{array}{r} 801,594 \\ 768 \\ 3,025 \end{array} \right\} (8,0,4,12,17,17)
$$
$$805,387$$

一目三行直加法的关键是心算能力要强，三数之和既要算得准还要快，因此要加强心算训练，同时结合穿梭法进行运算，这样速度提升更明显。

在"一目三行"计算中，三个一位数字的和大致可以分为以下几种情况：

(1) 三个数码字相同，则用一个数乘 3 求和。

(2) 三个连续数码字，则用中间数乘 3 求和。例如，$2+3+4=3\times3=9$，$3+4+5=4\times3=12$ 等。

(3) 三个数码字能成等差数列排列，则用中间项乘 3 求得。例如，$3+6+9=6\times3=18$，$5+7+9=7\times3=21$ 等。

(4) 三数有双，则利用双乘 2，再加单求得。例如，$5+1+5=5\times2+1=11$，$7+7+9=7\times2+9=23$ 等。

(5) 三数有互补，则利用十加单求得。例如，$3+6+7=10+6=16$，$7+1+9=10+7=17$ 等。

上述五种情况如果可以熟练处理好，能加快心算速度，如果不属于上述五种情况，也一定可以与其中一种相近，如 $5+7+8$ 可以看成 $6+7+8-1=7\times3-1=20$。熟能生巧，要通过大量练习，让三数求和形成条件反射，见数得和，使得珠算运算达到事半功倍的效果。

2. 一目三行弃九法

"弃九法"是一目多行计算中为了妥善处理进位问题而出现的一种提前进位的方法。

"弃九法"的实质是在本档计算的同时，把往前档进位的数以及后档进位到本档的数一并进行考虑，一次完成计算得出本档的结果。

具体做法分为以下三部分加以说明：

(1) 首位，对这一档来讲，除了本档位的和以外，我们认定下一档进位"1"到本档。所以定口诀为"首位加一"，即提前进位。

(2) 首末中间的所有数位，也就是中间数位，对这些数字来讲，本档位所得的和中已经向前档进"1"，也就是从本档位的和中去掉"10"，又要把下一档位进位到本档的"1"加在本档位的和中。这样实际上在本档位的和中去掉一个"10"，再加上一个"1"，正好是去掉一个"9"，也就是"弃九"。所以口诀定为"中位弃九"。

"弃九法"要遵循以下原则："有九弃九，无九凑九，无九无凑减九；无九可弃，前位退一本位和加一"。

(3) 末位，对末位来讲，本位的和只向前档进"1"，而它后边再没有进位到本档来，因此口诀定为"末位弃十"。

总体来讲，一目多行弃九法口诀为"首位加一，中位弃九，末位弃十"。注意，此口诀只是说明方法，而不是拨珠动作，所以熟练之后再计算时，不念口诀，只是按口诀计算而已。

【例 2-26】

$$
\begin{array}{r}
249{,}154 \\
12{,}863 \\
10{,}765 \\
\hline
\end{array}
$$

①②③④⑤⑥
↓ ⌣ ↓
首位 中位 末位

(1) 首位加一，①得 3。

(2) 中位弃九：②无九可弃，前位退一，本位和加一得 7，①得 2；③有九弃九，得 2；④无九凑九，得 7；⑤无九无凑减九，得 8。

(3) 末位弃十，⑥得 2。

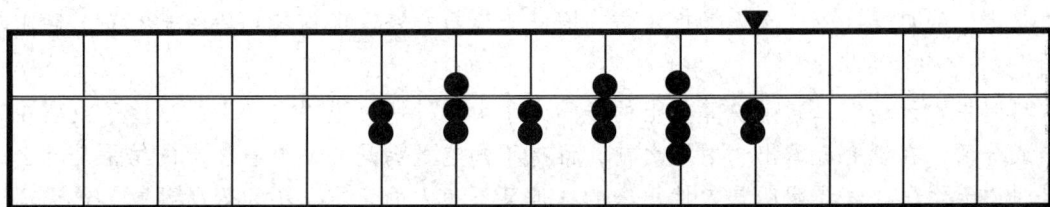

在例 3-9 中，使用"弃九法"时，可以根据实际情况，酌情往后移动一位当首位，不把最高位当首位，照常得 2，而以②做首位开始弃九计算如下：

(1) 首位加一，②得 7。

(2) 中位弃九：③有九弃九，得 2；④无九凑九，得 7；⑤无九无凑减九，得 8。

(3) 末位弃十，⑥得 2。

这样的计算结果依然是 272,782。显然比前一种计算简单一些。也就是说，"首位加一"是用"弃九法开始的档位"，有时不在最高位，而是根据实际情况酌情而定的。

例 2-25 采用的是"一目三行弃九法"，由于减少了心算量，比传统的"一目三行"更方便，更迅速。在这个基础上还可以推演出"一目四行弃九法"和"一目五行弃九法"，虽然心算量大了一些，但"无九可弃"的情况相对减少。所以在实际运算中很多人喜欢用"一目四行弃九法"。

3. 一目三行加减混合法

在实际工作和珠算定级考试中，总会出现加减混合计算，采用一目三行进行加减混合运算时，可以采用正负抵消的方法，即每三行数字正负心算抵消后，将其结果拨入算盘相应档位上，余数为正则加，为负则减。

【例 2-27】

$$
\begin{array}{r}
4,915 \\
879 \\
-3,127
\end{array}\Bigg\} \ (1,16,6,7)
$$

$$
\begin{array}{r}
801,594 \\
-768 \\
3,025 \\
\hline
865,180
\end{array}\Bigg\} \ (8,0,4,\ -2,5,1)
$$

正负相抵，可以采用邻近数先抵，也可以采用先把符号相同的两个小的数加在一起，然后抵消另一个大的数字。总之，要在大量练习的基础上，找到最适合自己的方法，最终实现又快又准的目标。

【知识窗】

算盘谜语妙趣多

《红楼梦》第二十二回"听曲文宝玉悟禅机　制灯谜贾政悲谶语"，贾迎春做了谜底为"算盘"的灯谜："天运人功理不穷，有功无运也难逢。因何镇日纷纷乱？只为阴阳数不同"。

灯谜中"天运"二句是说算盘上的子靠人手去拨，所以说"人功"；这些子或碰在一起，或分离，在没有计算出"数"之前，谁也不知它是离是合，要看注定的结果是什么，所以叫"天运"。结局明明是人拨出来的，但又不随人的意志、不为人所预知，这道理很难懂得，所以说"理不穷"。如果"数"中注定两子相离，任你怎么拨算也是不会相逢的。这里的双关含义十分明显。镇日指整天，"镇"与"整"通；阴阳指奇数偶数，泛指数字。每次运算的数字既不一样，算盘子所代表的一、五、十……数字又不相同，这就难怪进退上下，乘除加减，整天纷纷不止了。"阴阳"另一义可指男女、夫妻。"数"的另一义就是命运，命不好也叫"数奇"。程高本"只为"作"因为"，与第三句复字。"不同"作"不通"，也不对。

这个灯谜作者用打动乱如麻的算盘暗喻将来迎春嫁到中山狼孙绍祖家挨打受骂，横遭摧残，过不上一天安宁的日子。以"难逢"说她所嫁的丈夫不得其人。在作者看来，贾府祖上对孙家已仁至义尽，迎春本人也忠厚老实，这些都算得上"有功"了，但为什么结局如此悲惨呢？由于不能从当时制度的根本社会原因上去寻求正确的答案，所以只好归之于"无运"，发出所谓阴阳命数不如别人的宿命论的叹喟。

四、珠算加减法操作技巧

在实际工作中经常用到的就是加减法，比如，试算平衡表的编制，用算盘进行加减法运算比计算器更快更准，而珠算加减算又是珠算乘算和除算的基础，因此学好加减算对珠算学习至关重要。如何做到打得快又准，要求学习者把加减算的实训作为重点，并贯穿在整个珠算学习过程中。

珠算练习要连贯，一般每天进行练习，开始时每天 30 分钟，根据需要逐步调整；对于提高型学习者，可以适当增加到 1 小时；珠算技能形成之后，每次练习时间可以缩短，间隔可以适当拉长。下面介绍一些珠算加减算中的小技巧，帮助学习者提高运算速度和准确性。

1. 分节看数，边看边打

看数是运算的关键，它直接影响着运算速度和准确性。看数通常要在前一行数字拨入算盘时看下一组数字，这样不至于出现由于看数而造成的手指停顿，能够节省时间。

分节看数就是对于三位数或四位数可以一次看完，对于更长的数字，可以以分节号或小数点为界，分几次看。如 5,698,781 可以分两次看完，先看"5,698"，再看"781"。边看边打，当手打到"8"时，用眼睛的余光看算盘，眼睛的主要视线看后边的"781"，以此类推，做到眼手并用，边看边打，边打边看，熟练后速度会提高很多。

在练习珠算的过程中还要练习记数的能力，做到看到过数不忘。可以通过开展小组成员竞赛或者站在路边看车流记车牌等各种方式提高记数能力和速度。

2. 托盘运算或固定算盘运算

托盘运算适合菱珠小算盘，运算时左手握住算盘左端，算盘放在计算资料上面，在算盘上边露出一行或几行数字，右手拨珠，快打完时，左手把算盘向下移动，依次重复，直到打完。这种打法使得眼睛看完数字后移到算盘上的距离是最近的，头部稳定，避免左右摆动看数，节省看数的时间，可提高速度和准确率。

固定算盘运算适合中型算盘，通常把计算资料放在算盘下面，左手指在第一行数字下面(一目两行左手指在第二行下面，一目三行左手指在第三行下面)，在一组数字快要打完时，用左手推动计算资料到下一组运算数字，依次重复，直到打完。这样做的好处在于算盘固定不动，避免了因移动算盘而打乱盘面的事情发生，同时因为手指要打的一组(一行、两行或三行)数字下面，眼睛距离数字最近，同时避免了看错行的事情发生，提高了准确性和运算速度。

3. 先准后快

衡量一个学习者珠算水平的高低，以准和快为标准。对于初学者而言，应该做到"准中求快"。首先要保证运算的正确性，其次通过不断练习逐步加快运算速度，实现准快并行。

4. 写数看题同步

珠算运算包括三个步骤：清盘，运算，写数。为了节省时间，要尽可能减少每个环节之间衔接的时间，即运算结束时，记数并抄数的同时，左手按动清盘器，同时看下一道题。这样做到眼手脑充分并用，可以大大提高运算效率。

五、简捷加减运算技能实训

【实训1】 用一目两行法计算下列纯加题，与一目一行比比看，哪种方法更快。

(1)	(2)	(3)	(4)	(5)	(6)
394	514	913	968	928	312
408	832	561	789	503	608
751	369	248	543	314	546
439	412	753	234	827	832
812	283	465	268	203	645
651	965	787	782	210	138

(7)	(8)	(9)	(10)	(11)	(12)
716	517	279	983	236	697
837	312	417	567	134	211
204	987	123	357	368	555
176	104	228	776	505	347
983	535	214	125	407	123
319	333	105	904	212	704
617	119	226	288	991	266
798	738	912	432	828	922

【实训2】 用一目三行法计算下列纯加题，与一目两行比比看，哪种方法更快。

(1)	(2)	(3)	(4)	(5)	(6)
28.14	75.14	1,913	3,968	8,055	3,121
94.03	83.42	5,061	7,809	5,043	6,108
57.52	34.69	2,408	5,243	3,714	5,467
13.95	41.37	7,532	2,347	4,827	8,132
48 17	92.83	9,465	2,968	2,073	6,945
76.58	59.65	7,087	1,782	2,911	3,571
87.66	28.33	5,544	9,264	7,382	4,821
68.01	46.85	9,832	2,756	7,963	1,516
38.49	39.01	9,078	1,328	1,022	8,273

(7)	(8)	(9)	(10)	(11)	(12)
7,146	8,517	2,879	9,183	1,236	1,569
1,937	3,142	5,174	5,678	7,134	2,311
2,045	9,387	7,124	4,356	3,350	2,595
3,176	5,104	8,228	7,475	5,051	3,847
5,913	7,412	2,749	3,125	4,207	1,236
3,152	3,322	1,052	9,904	3,212	2,704
6,615	1,169	2,326	2,878	9,291	2,636
7,733	7,238	4,912	4,632	8,283	1,922
1,189	5,453	2,681	4,396	3,027	1,866

【实训3】 用一目多行法进行下列加减混合运算，看谁算得又快又准。

(1)	(2)	(3)	(4)	(5)	(6)
513	3,168	376	5,081	241	364
2,890	-975	2,084	-972	3,065	8,304
-429	254	-715	264	-835	-415
361	5,627	528	831	5,689	371
-705	831	1,963	4,726	-721	-674
6,089	-307	-749	-304	324	3,402
-932	-2,048	452	987	9,605	645
479	561	6,821	8,215	286	-378
8,106	302	-435	-430	-541	285
235	7,643	7,962	257	-958	9,406
4,804	-950	328	7,951	762	567
275	134	354	243	4,253	-3,941
-156	8,953	-398	9,137	378	487
-3,875	241	561	-206	-614	-963
427	-489	5,439	-482	6,435	2,354

(7)	(8)	(9)	(10)	(11)	(12)
5,047	9,073	1,678	794	1,260	3,729
−209	−508	4,076	5,062	479	407
8,047	524	−1,506	468	−12	−42
−932	847	369	−2,601	9,073	5,371
5,067	−1,353	−239	287	−815	−75
325	361	−461	−952	654	384
−1,348	417	741	314	196	624
360	−963	5,798	130	−205	−1,205
−207	4082	−832	6,789	953	2,153
9,706	−3,058	138	−957	417	147
397	371	239	−1,506	−321	−302
7,312	4,326	−4,516	179	5,356	316
−972	659	−748	4,139	−702	−902
106	−241	5,321	−582	9063	903
419	853	3,791	603	324	3124

【实训 4】 一目两行穿梭法加减运算，看谁算得又快又准。

(1)	(2)	(3)	(4)	(5)	(6)
7,605	7,203	5,376	47	76	3,409
96	56	158	92	4,128	678
83	491	35	5,163	39	15
7,012	38	92	804	57	1,642
653	1,027	6,015	79	906	308
89	93	76	352	48	57
2,076	465	29	7,608	1,650	92
562	84	4,017	43	79	4,076
81	726	84	2,501	24	38
49	5,093	39	82	813	879
1,471	187	583	619	3,205	265
18	49	702	46	649	3,401
504	6,201	698	709	722	51
209	58	2,401	1,835	5,108	92

(7)	(8)	(9)	(10)	(11)	(12)
6,057	48	2,158	7,032	5,108	92
294	7,305	407	514	279	569
18	92	96	38	435	487
36	648	35	29	1,712	803
2,705	1,063	6,074	6,709	372	1,987
384	75	86	76	654	268
76	812	509	35	28	754
4,175	4,093	1,743	149	543	96
283	67	39	608	83	79
91	25	85	25	51	153
5,081	81	902	3,914	103	537
73	903	3,812	807	851	28
209	5,912	76	92	941	321
64	674	540	5,143	64	92

(13)	(14)	(15)	(16)	(17)	(18)
3,417	58	1,401	835	108	2,792
-62	615	-83	4,396	741	-48
509	8,079	56	25	2,306	809
-83	-34	167	-74	-872	76
2,014	-752	-347	6,753	39	138
95	176	28	82	4,165	5,024
-721	28	4,503	208	-93	673
38	-506	-628	-47	72	-941
6,094	71	94	-3,068	-804	-4,520
-956	6,182	7,318	203	5,902	89
82	-853	-56	54	89	726
4,701	43	905	7,190	-136	38
89	79	-48	61	4,701	7,105
365	2,604	92	-829	-52	-913

【实训5】 一目三行穿梭法加减运算，看谁算得又快又准。

(1)	(2)	(3)	(4)	(5)	(6)
6,014	625	5,081	827	6,321	732
785	746	934	6,708	804	5,012
721	8,031	237	8324	693	487
8,034	479	526	539	1,308	709
618	295	8,125	695	549	1,306
273	9,203	612	2,304	871	594
6,159	837	784	125	2,306	624
403	7,018	2,108	503	928	328
568	683	836	8,126	463	8,521
9,027	135	459	432	7,014	765
356	5,206	5,023	1,503	832	204
189	936	725	398	617	8,167
3,406	394	238	491	5,201	159
532	4,026	7,569	206	675	8,304
675	859	179	9,121	903	512

(7)	(8)	(9)	(10)	(11)	(12)
728	7,103	8,967	8,901	728	4,179
8,067	812	437	509	7,459	308
235	536	356	463	609	526
746	7,024	1,047	262	3,547	9,274
183	329	696	1,867	308	386
6,021	461	495	428	537	607
394	235	126	806	124	6,145
926	8,021	328	6,908	9,013	406
3,601	569	8,512	405	685	913
789	723	675	261	6,042	5,712
458	343	402	3,872	601	196
3,601	698	7,681	546	498	328
536	536	159	732	1,327	4,483
217	127	4,038	198	201	751
1,206	6,021	215	6,237	583	739

(13)	(14)	(15)	(16)	(17)	(18)
8,024	709	8,025	4,607	513	792
357	439	143	-876	726	-648
816	8,073	608	571	-873	1,809
3,709	517	-2,312	8,067	8,036	6,011
-564	-647	768	-829	-612	524
501	1,203	102	614	548	367
-428	317	-234	-7214	9,750	-901
5,032	329	3,502	809	-487	-1,520
678	-7,891	918	638	1,264	989
-258	109	-795	5,172	375	3,726
2,345	835	6,619	-578	589	387
-617	2,624	269	420	-538	705
-3,406	-985	-903	3,195	908	-913
897	4,567	1,438	528	4,182	264
739	452	-579	634	-275	854

【实训 6】 加减算技能达标自测。每题 1 分，每套题用时 10 分钟，看看自己达到哪个级别，小组成员比一比！

全国珠算技术普通五级模拟题（一）

(1)	(2)	(3)	(4)	(5)
216	413	572	705	1,739
7,981	1,752	4,859	8,492	-275
402	463	174	-981	5,963
9,176	408	9,283	2576	702
354	2,579	809	-834	-489
285	326	616	526	361
5,032	508	5,027	3,019	3,047
867	8,167	736	851	816
249	205	495	302	-4,205
106	987	308	-754	589
4,953	6,014	7,513	5,203	-601
309	357	602	458	326
618	249	941	-175	2,458
579	961	258	9,083	-907
8,024	3,014	1,402	-694	184

(6)	(7)	(8)	(9)	(10)
163	579	417	4,136	6,285
4,352	485	259	−817	102
527	1,903	6,061	1,673	1,327
438	276	578	502	891
6,197	3,658	8,134	−478	−614
803	725	902	602	−3,042
971	918	376	2,849	586
8,026	501	6,245	−503	901
379	9,374	308	368	6,143
615	301	3,725	729	−357
204	786	801	9,025	803
5,671	4,391	473	−406	−574
408	806	169	395	7,916
925	131	2,508	7,508	−495
3,809	6,052	694	−941	278

全国珠算技术普通五级模拟题(二)

(1)	(2)	(3)	(4)	(5)
6,082	859	374	9,136	513
741	591	8,109	957	8,209
1,925	934	561	−524	492
206	6,782	925	6,027	−603
678	201	4,067	831	507
3,108	164	138	−479	6,048
526	3,697	601	501	−923
792	932	7,082	−4,028	784
649	8,015	354	937	−1,503
2,814	874	193	−839	238
573	214	6,409	412	9,401
291	1,708	578	−5,607	792
548	425	268	864	−163
5,306	763	5,203	9,506	742
673	4,026	791	712	−5,687

(6)	(7)	(8)	(9)	(10)
728	406	739	829	9,017
4,503	927	5,086	5,201	824
596	835	417	539	-506
368	4,021	946	-743	6,932
214	473	8,143	682	801
3,087	716	8,032	9,267	-1,089
435	5,369	539	401	143
503	802	713	-614	625
1,879	8,143	476	2,197	-759
316	826	4,021	406	7,096
7,895	1,098	835	279	428
402	711	927	-4,082	-164
951	7,503	406	-935	413
673	896	3,609	2,073	356
4,028	425	674	-662	-5,387

全国珠算技术普通五级模拟题（三）

(1)	(2)	(3)	(4)	(5)
9,082	947	6,024	513	6,138
714	3,052	392	9,028	-957
925	286	507	-924	524
3,180	578	943	361	7,206
206	4,609	4,768	-705	-836
8,421	193	501	8,046	794
962	435	413	921	-4,028
524	7,082	9,176	847	561
497	406	895	-1,506	983
5,760	931	8,053	832	-6,045
356	7,046	578	9,140	937
6,073	592	412	597	124
192	9,108	7,108	163	9,605
854	625	256	657	372
678	736	637	-1,742	-801

(6)	(7)	(8)	(9)	(10)
878	904	972	928	7,101
5,036	729	406	6,501	829
147	8,523	598	−835	−503
2,081	423	4,023	741	9,476
649	472	714	682	−809
853	716	371	7,296	4,312
8,124	9,365	9,235	−401	526
609	801	609	513	−957
9,265	2,348	8,123	−1,792	692
371	824	852	805	847
415	691	697	934	−461
4,023	6,082	3,082	4,701	624
568	741	741	−864	−5,378
406	9,104	6,014	956	513
981	698	698	−3,072	510

全国珠算技术普通四级模拟题（一）

(1)	(2)	(3)	(4)	(5)
587	117	809	4,588	967,301
8,244	64,228	4,651	764,773	1,464
6,425	486,159	560,772	425	96,821
355	337,810	11,123	452	−665
946,660	3,722	166	22,258	−5,585
479	3,233	21,455	−9,722	160
8,138	6,624	420	−166,132	387
90,967	193	809,449	769	−945
4,289	981	8,144	−60,384	96,026
94,350	5,095	7,116	5,745	6,841
559,383	375	519	−827	501
917	286	931	132	−437,114
5,195	9,764	5,059	7,191	9,792
741	96,185	4,192	−194	729
629	440	644	6,031	−1,358

(6)	(7)	(8)	(9)	(10)
836,672	5,649	78,558	347	985,357
6,657	591	6,478	880,125	5,492
507	946,363	947	−239,172	−852
29,081	288,723	792	−691	839
1,345	205	7,142	99,439	6,773
513	37,775	4,489	6,985	−783
238	6,344	122,175	−541	−96,245
93,879	5,595	117,844	162	448
3,003	70,883	847,026	6,782	−236,438
7,356	5,203	795	−1,373	3,407
3,023	526	419	153	562
484	282	164	7,651	3,941
3,755	632	5,948	219	414
152,807	859	6,396	−24,556	−2,003
813	5,508	711	3,837	33,277

全国珠算技术普通四级模拟题（二）

(1)	(2)	(3)	(4)	(5)
481,929	714,014	2,482	990,045	9,011
7,751	2,377	773	1,280	694,041
1,926	358	6,108	725	598
27,272	11,988	596	6,575	−252
2,782	6,301	3,268	−438	17,944
966	445	815	8,114	5,130
454	6,534	151,206	−485,837	909
881	7,384	2,121	535	60,657
501	5,033	435	−55,215	−1,907
989	197,544	944	7,084	388
54,453	405	236,783	−156	−136,813
6,866	144	1,817	864	1,319
924	566	222	836	813
497,902	7,946	70,418	20,338	−9,461
3,861	449	249	−1,233	393

(6)	(7)	(8)	(9)	(10)
77,672	991	951,536	192	739,011
4,019	72,564	512	676,403	7,834
527	983	2179	3,046	−862
803,391	3,334	8,784	468	329
334	9,240	16,203	−70，856	2,066
5,996	812	514	6,293	−392
335,287	26,501	2,843	687	8,157
759	244,929	250,495	1,286	716
78,336	4,853	234	−9,586	−8,179
647	568	448	211	40,816
4,399	2,703	92,059	−384	901
5,495	303	532	37,277	−137,046
1,878	704,303	9,579	4,068	2,856
223	46,165	715	−225	385
367	842	5,808	486,206	−60,456

全国珠算技术普通四级模拟题（三）

(1)	(2)	(3)	(4)	(5)
586	1,748	6,629	5,468	744,114
3,953	7,312	155	624,020	3,212
6,083	237,800	40,182	213	312
2,278	66,192	2,894	9,812	389
8,823	537	225,289	−520	−33,197
101	6,540	5,133	9,212	4,493
575	354	14,701	−388,382	331
285	384	511	989	−879
17,150	584,093	214	146	29,885
801	540	1,372	46,332	1,160
490,263	92,393	857	−6,512	810
601,845	878	841	324	398,122
45,194	4,965	910,019	−39,836	−9,907
975	8,081	293	3,214	−272
3,215	208	7,360	937	4,996

(6)	(7)	(8)	(9)	(10)
913	83,211	1,963	721,605	5,357
1,921	873	6,695	994	954,144
29，215	645,177	56,761	2,258	478
178	561	9,909	3,345	−372,189
192	854	3,861	−18,523	6,927
6,186	927	966	−781	265
625,937	462	636,045	577	−16,791
981	424	892	85,399	1,633
181	98,911	913	4,161	145
9,323	2,949	463,509	−639	−8,221
662	8,624	452	349,065	31,135
83,121	284,332	562	936,697	−925
7,933	2,841	8,618	−7,901	176
5,826	6,372	586	803	8,224
377,914	8,348	56,888	1,499	−624

全国珠算技术普通三级模拟题（一）

(1)	(2)	(3)	(4)	(5)
25,803	7,148	806	607,145	58,471
476	560,793	4,305	−26,572	260,874
1,549	625	170,592	86,904	−3,609
367,092	24,807	795,064	492	16,285
54,817	1,326	21,648	145,096	−492
684	95,824	8,267	−72,531	9,753
732,253	427	34,902	−9,637	732,015
9,231	803,149	5,231	26,145	394
82,957	32,051	601,579	728	81,206
380	650,917	97,106	403,592	1,905
904,132	7,238	834	81,595	501,743
5,378	49,175	231,759	−5,801	−96,234
612,852	608	64,093	746	325,018
69,704	32,971	925	950,237	639
29,140	971,054	91,728	−48,619	49,582

(6)	(7)	(8)	(9)	(10)
97.41	305.27	7.16	9,315.06	685.24
6,029.38	85.19	5,029.63	8.74	7,130.49
2.59	5,143.06	18.75	−360.27	−22.76
130.87	931.42	4.21	2,194.76	−98.35
9,618.02	4.85	843.09	−43.56	495.02
43.75	67.81	9,017.52	9.19	−89.16
3.16	4,503.28	63.81	625.74	2.73
705.94	796.13	250.71	−70.27	190.47
2,491.58	2.79	6,984.02	458.60	6,238.04
7.39	49.05	5.63	19.17	−3,708.21
521.03	8,021.67	341.72	−5,804.16	9.58
4,209.81	186.58	89.24	7,365.11	570.19
86.71	670.92	1,506.78	4.38	−62.34
952.34	5.34	475.68	720.93	2,159.06
29.54	3,497.26	890.32	157.64	713.84

全国珠算技术普通三级模拟题（二）

(1)	(2)	(3)	(4)	(5)
765,213	42,561	543,981	293,48	609,435
97,126	219,657	75,894	987,435	53,672
8,064	3,018	6,042	1,086	4,029
34,908	95,706	70,164	73,504	89,504
7,483	836,175	804,657	−2,749	−105,697
509,142	4,962	708	614,853	3,948
465	294	86,915	−972	−921
51,302	40,731	12,706	50,218	16,807
482,631	508,324	5,261	803	−5,173
9,527	105	307,928	−306,192	947,286
759	53,672	243	31,459	−315
90,386	78,403	38,109	56,201	50,842
601	2,873	269,418	−702,364	206
104,879	904,856	7,395	9,615	−312,768
18,237	819	537	−687	64,783

(6)	(7)	(8)	(9)	(10)
3,165.29	265.84	1,843.97	153.74	8,621.75
832.51	6,498.53	619.38	5,387.42	487.16
70.14	10.47	50.82	90.36	30.69
809.71	372.10	497.03	261.09	405.36
1.02	37.61	2,538.49	−4,018.67	6.07
2,047.38	9,025.78	64.31	563.92	−7,093.84
275.93	7.49	1.46	6.38	731.58
948.07	953.08	607.59	842.07	594.03
34.79	7,184.35	9,025.16	−18.75	−2,047.91
6,082.45	29.86	8.09	6,973.24	85.93
4.16	6.92	953.71	−5.81	−9.62
629.05	201.34	726.05	102.93	275.01
4,751.92	5,071.62	12.57	3.04	−42.18
96.53	4.05	5,069.23	−4,069.51	9,316.57
3.68	518.36	2.84	497.25	−8.24

全国珠算技术普通三级模拟题（三）

(1)	(2)	(3)	(4)	(5)
90,546	7,042	347,201	69,415	862,947
3,718	496,385	468	−372	3,015
105,427	50,863	12,347	7,803	−609
935	912	5,064	409,526	20,957
54,682	32,074	367,289	−40,631	−726,473
712,036	764,519	59,401	5,982	8,051
489	936	184	40,827	−31,592
9,203	82,501	8,592	−291,068	748
47,158	6,347	30,679	58,642	−70,143
605,382	41,095	204,185	271	901,652
791	856,723	5,913	−3,854	384
21,074	108	78,264	740,639	52,846
6,539	63,427	497	−59,741	−4,907
530,128	605,321	801,326	683,015	249,576
73,496	2,879	36,705	294	19,635

(6)	(7)	(8)	(9)	(10)
6,348.07	132.59	286.39	8,709.41	6,327.03
21.87	6,183.21	95.78	-84.73	-50.18
105.69	4.36	4.57	437.82	293.49
246.18	7,016.83	9,473.16	-5,826.94	-4.27
8.75	90.83	742.63	72.56	832.34
546.21	104.98	1.42	601.45	-2,761.95
37.92	437.47	5,230.91	8.27	39.86
379.84	298.32	197.80	-745.39	568.71
783.26	9,204.35	28.25	513.08	81.62
7,328.40	56.04	90.41	-9.10	-3,412.50
4.63	7.45	7,895.62	4,310.74	6.28
5,896.81	895.16	204.53	-298.63	123.47
7.96	80.17	53.14	41.82	7,681.39
90.34	3,125.60	4,581.36	2,763.51	2.06
1,289.14	31.89	318.27	2.09	-703.45

全国珠算技术普通二级模拟题

(1)	(2)	(3)	(4)	(5)
47,615	6,184	384,056	5,274,068	821,504
238,049	5,204,847	2,971	-936,351	4,306,952
5,983	90,152	4,609,832	1,937	-4,361
8,620,371	398,601	57,314	40,845	145,086
394,602	42,569	712,568	718,602	-90,371
17,054	218,053	96,023	3,076	39,189
761,928	1,378	247,605	6,190,345	3,174
9,415	73,946	1,759	-25,841	8,519,742
6,078,591	689,502	84,192	39,265	-378,201
30,826	8,950,274	9,358	-804,917	-628,094
2,483	76,153	6，705,841	2,178	50,937
597,604	3,647	431,295	76,542	1,526
8,317	902,831	24,687	-482,906	35,914
20,548	431,759	8,502	510,937	8,670
456,192	6,082	197,063	3,984	-463,859

(6)	(7)	(8)	(9)	(10)
174.26	6,140.78	721.48	83,051.96	2,549.17
94.73	275.64	57.96	46.72	3,780.52
8,603.49	39.25	30,486.21	−2,380.49	13.65
258.04	4,306.57	9,105.74	79.51	−601.34
71,036.52	893.02	38.62	−615.32	6,074.91
51,381.96	17,034.96	489.54	−9,104.65	25.92
57.21	912.38	2,379.67	34,280.57	796.04
4,970.65	25.21	47,026.83	1,472.83	−2,501.63
68.19	5,476.19	63.59	−596.78	76.18
38,045.74	25.76	547.03	42.15	925.76
83.92	589.43	1,892.71	6,035.92	6,380.19
5,231.68	65.18	3,408.19	7,640.83	21,096.32
958.21	80,594.34	71.62	953.46	−527.84
7,416.03	9,702.35	526.71	87.01	−4,901.32
270.94	3,096.26	8,940.53	−218.79	57.86

全国珠算技术普通一级模拟题

(1)	(2)	(3)	(4)	(5)
408,653	37,089	869,367	3,258	95,986,469
57,939,165	69,764,162	74,043	88,702,282	486,729
3,899	6,548	62,712	67,708	−588,736
424,330	44,480,128	295,164	1,171,821	77,078,755
91,793,461	693,148	9,779,190	−2,035	−23,151
6,216,152	1,021,761	4,222,066	82,244	7,184,466
892,518	94,834	94,455,538	−7,044,098	147,991
42,382	539,511	2,358	3,622,923	5,962
6,857,843	5,112,592	75,929,914	−590,559	32,104
5,494	342,081	1,101	56,945,358	5,509
13,545,563	2,007,521	16,402,573	369,932	−34,378,625
4,567,042	6,177	8,467	148,490	−3,131,292
96,392	21,117,885	71,829	−17,343,925	6,890
988,578	8,419	5,650,383	3,460	−30,761
4,104	21,701	422,501	−31,841	5,874,716

(6)	(7)	(8)	(9)	(10)
61,802.34	6,893.44	45,970.48	3,549.12	51.08
692.24	94.39	8,541.06	704,075.17	709,169.15
576.62	21,126.53	89,360.06	92.68	-3,375.48
770,334.39	8,475.52	704.17	364,689.15	633.71
75,495.84	7,569.73	909,216.59	-348.67	-493,490.45
89.54	694.45	57.28	2,983.76	62.56
44.84	24,992.35	118.43	-28,187.97	879.89
4,045.98	89.45	77,510.64	38.52	3,658.28
75.19	537,430.13	1,254.73	-466,659.98	-31.61
4,951.85	819,779.66	870.16	715.71	110,661.26
218,534.48	482.43	549,577.39	89,206.65	9,529.77
868,909.62	54.21	454.62	-5,028.21	93,819.41
64,451.48	82,510.75	360,376.46	167.21	-49,067.26
6,703.92	415,163.86	9,604.49	56,782.81	-636.32
490.24	280.58	42.32	-46.68	3,030.14

任务四   珠算基本乘法运算技能

珠算乘法在会计核算中主要用于会计指标的运算，为企业经营核算提供会计信息。珠算乘法在笔算的基础上，充分利用算盘的优势和特点，在运算速度和准确率方面都有了快速提高和质的飞跃。

一、珠算乘法的基础知识

(一) 珠算乘法概述

求一个数的若干倍是多少的方法称为乘法。乘法的原意是求几个相同加数之和的简便方法。例如，求 8 个 4 是多少，用加法就是 $4+4+4+4+4+4+4+4=32$。其中加数 4 和加数 4 的个数 8 互为乘数，32 称为积。第一个乘数先置在算盘上，称为被乘数，后一个称为乘数。在古代把被乘数称为"实数"，乘数称为"法数"，这种叫法一直被沿用下来。

(二) 珠算乘法的分类

珠算乘法历史悠久，各种算法不断发展，都各有其产生的背景和发展过程，各有其特点和优势。其中最普遍的乘法有：前乘法、后乘法、破头乘法、留头乘法、隔位乘法、简捷乘法等。

(1) 按适用范围不同可分为：基本乘法和简捷乘法。

(2) 按乘算的顺序不同可分为：前乘法和后乘法。

(3) 按积的位置不同分为：隔位乘法和不隔位乘法。

(4) 按是否在盘上置数分为：置数乘法和空盘乘法。

(三) 传统乘法口诀

珠算乘法一般是根据九九口诀进行运算的，乘法口诀(见表2-7)是中国古代筹算中进行乘法、除法、开方等运算的基本计算规则，沿用至今已有两千多年。古时的乘法口诀，是自上而下，从"九九八十一"开始，至"一一如一"止，与现在使用的顺序相反，因此古人用乘法口诀开始的两个字"九九"作为此口诀的名称，又称九九表、九九歌、九因歌、九九乘法表。

九九表一般只用一到九这 9 个数字，包含乘法的可交换性，因此只需要八九七十二，不需要"九八七十二"，9 乘 9 有 81 组积，九九表只需 $1 + 2 + 3 + 4 + 5 + 6 + 7 + 8 + 9 = 45$ 项积。明代珠算也有采用 81 组积的九九表。

在大九九口诀表中，有小数在前大数在后的包括同数的口诀共 45 诀，称为小九九；也叫顺九九；还有大数在前小数在后的口诀 36 句，叫逆九九；顺九九和逆九九共 81 句，总称为大九九。

在珠算乘法运算中，为了提高运算速度，要使用大九九口诀。如 3194×5，用空盘前乘法的计算顺序为：用乘数乘以被乘数，即五三 15；五一 05；五九 45；五四 20，显然如果用小九九，乘的顺序会被打乱，影响了速度和准确性。

大九九口诀不仅适用于乘法，也适用于除法，因为乘法是大九九口诀递档叠加，而除法则是大九九递档叠减。

表 2-7 乘 法 口 诀

被乘数 \ 乘数	一	二	三	四	五	六	七	八	九
一	一一 01	一二 02	一三 03	一四 04	一五 05	一六 06	一七 07	一八 08	一九 09
二	二一 02	二二 04	二三 06	二四 08	二五 10	二六 12	二七 14	二八 16	二九 18
三	三一 03	三二 06	三三 09	三四 12	三五 15	三六 18	三七 21	三八 24	三九 27
四	四一 04	四二 08	四三 12	四四 16	四五 20	四六 24	四七 28	四八 32	四九 36
五	五一 05	五二 10	五三 15	五四 20	五五 25	五六 30	五七 35	五八 40	五九 45
六	六一 06	六二 12	六三 18	六四 24	六五 30	六六 36	六七 42	六八 48	六九 54
七	七一 07	七二 14	七三 21	七四 28	七五 35	七六 42	七七 49	七八 56	七九 63
八	八一 08	八二 16	八三 24	八四 32	八五 40	八六 48	八七 56	八八 64	八九 72
九	九一 09	九二 18	九三 27	九四 36	九五 45	九六 54	九七 63	九八 72	九九 81

读口诀时，注意严格按照表中四字一句，一字一音，不得随意添、去、改。

注意珠算记忆与一般口诀记忆区分：

(1) 两数相乘不满十的要在积的首位加零，如，二三得六，要读成二三 06。

(2) 两数相乘整十的，例如，二五一十，要读成二五 10。

(3) 零乘任何数都在前面补上 0，比如零二得零，要读成零二 00。

(4) 两数相乘满十的，如，三五一十五，要读成三五 15。

(四) 积的定位方法

在算盘上记数，零是用空档来表示的，这样乘积在算盘上就不容易辨认。例如，25 × 4 和 0.25 × 0.4 在算盘上得出的数值都是 1，而实际前者应该是 100，而后者应该是 0.1，因此，在珠算乘法中，积的定位是一个非常重要的问题，只有掌握了积的定位方法，才能正确地确定积的数值。

1. 数的位数

一个数的位数(见表 2-8)是由这个数的最高位所处的位置来决定的，一个数的最高位是指最先不是零的那一位。比如，3490，34.9，3.49，0.349，0.0349，这几个数字的最高位都是 3，但由于最高位 3 所处的位置不同，它们的位数也不同。我们可以用正数位、零位和负数位来表示数的位数。

(1) 正数位。数的最高位在小数点左边几位就是正几位(也叫左几位数)，用符号" + "表示。比如，369 是 +3 为，36.9 是 +2 位，3.69 是 +1 位。

(2) 零位。凡纯小数最高位和小数点之间没有零的(或有零个零)就是零位，也可以说小数点后紧接着就是最高位数字的就是零位。如 0.39，0.125 等。

(3) 负数位。纯小数，小数点后到最高位数字之间连续有几个零就是负几位(也叫右几位数)，用符号"-"表示。比如，0.0369 是 -1 位，0.000369 是 -3 位，0.00000369 是 -5 位。

列表说明如下：

表 2-8　数 的 位 数

数字	298	29.8	2.98	0.298	0.0298	0.00298
数位	+3	+2	+1	0	-1	-2

2. 积的定位

常用的珠算乘法定位方法一般有固定个位档定位法和公式定位法。

(1) 固定个位档定位法。固定个位档定位法，是事先把积的个位固定在算盘的某一特定档位上(如带有记位点的档位)，然后根据被乘数和乘数的位数，求出积的起乘档或布被乘数的首位档，再进行运算。运算完毕后，算盘上的个位档就是积的个位档，直接抄写得数即可。

【例 2-28】　30.6 × 4.52 = 138.312(不隔位乘法)。

① 选定个位档。

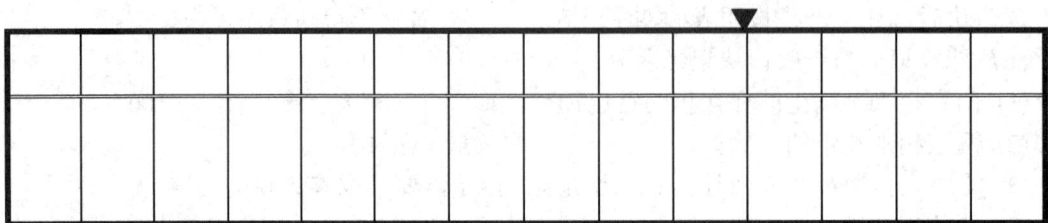

② 拨入被乘数。

通常把被乘数的位数称为 M，乘数的位数为 N，不隔位乘法用 M + N，隔位用 M + N + 1 然后计算出 M + N 的值。将被乘数以 M + N 的数位置数，本题中 M + N = 2 + 1 = 3。

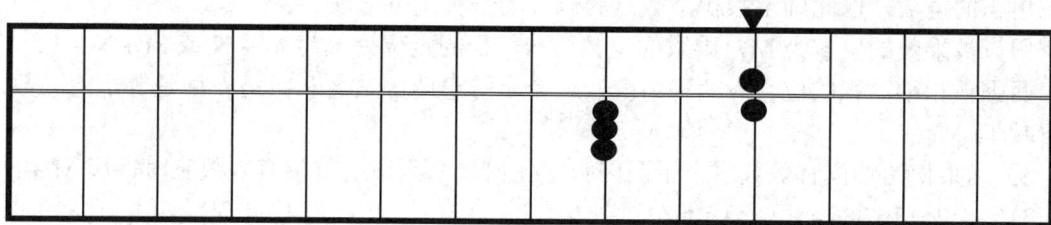

③ 隔位乘法运算，计算结果 138.312。

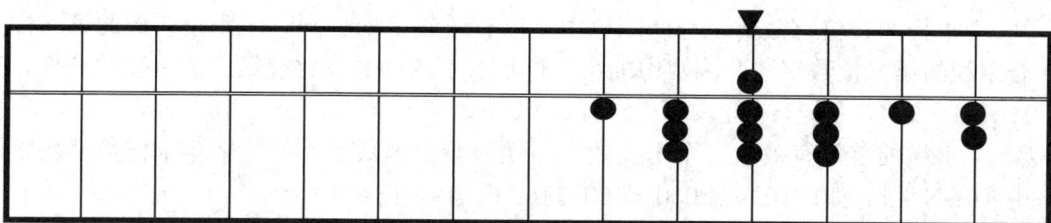

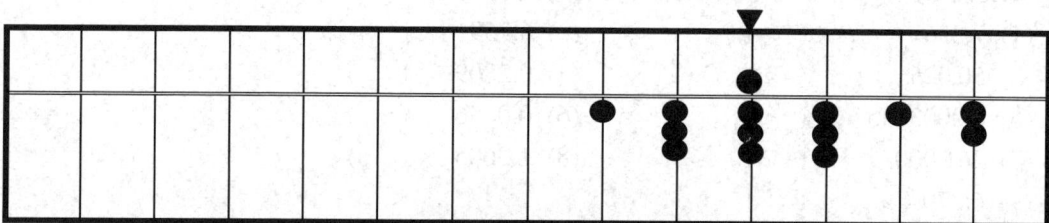

【例 2-29】 30.6 × 4.52 = 138.312(隔位乘法)。

① 选定个位档。

② 拨入被乘数：隔位用 M + N + 1 = 2 + 1 + 1 = 4，将被乘数乘数以 +4 位入档。

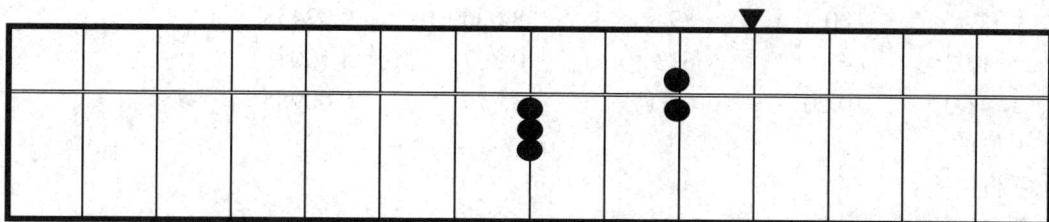

③ 隔位乘法运算，计算结果 138.312。

固定个位档定位法，运算结束后算盘反映出了确定的积，按照算盘上积的个位直接抄结果，方便小数的取舍，十分清晰直观，并且易学易懂，适用于乘法的各种运算方法。

(2) 公式定位法。公式定位法也叫通用定位法，是根据被乘数和乘数的位数，通过公式求出积的位数，以此确定乘积小数点的位置的一种定位方法。

假设被乘数的位数为 M，乘数的位数为 N，积的定位公式为 M + N 或 M + N – 1。

两因数相乘，积的位数有两种情况，一个是等于两因数之和；另一种是等于两因数之和再减 1。

① 当乘积的首位有效数字小于两因数中任何一个因数的首位有效数字时，用 M + N。如：$315 \times 52 = 16,380$，积是 +5 位。

② 当乘积的首位有效数字大于等于两因数中任何一个因数的首位有效数字时，用 M + N – 1。如：$123 \times 6 = 738$，积是 +3 位。

③ 当乘积的首位有效数字与两因数中首位有效数字均相同时，比较它们的第二位数字，若乘积的第二位数字与两因数中的第二位数字都相同时，比较第三位，以此类推。例如：$11 \times 11 = 121$，积是 +3 位。

④ 当乘积的首位有效数字至末位数字与任何一个因数的首位数字至末位数字均相同时，用 M + N – 1。如：$100 \times 1,000 = 100,000$，积是 +6 位。

公式定位的公式选择原则可以概括为"两因相加，积大减一"。该方法定位准确，适用范围较广，但需要掌握加减规则，且需要比较积大积小，大大影响了运算速度。

积的定位的两种方法，由于固定个位档定位法定位公式只有一个，使用很方便，所以初学者可以选择这种方法，经过大量实训练习后，两种方法都会运用自如，达到定位既快又准的目的。

(五) 积的定位实训练习

【实训 1】　请根据所学知识把下列各数进行归类。

325	0.325	0.0325	0.00325	7,169
0.1769	0.0712	7.12	0.3002	0.001
2	100	89	82,369.16	0.32458
1,025	84	613	0.367	4,100
41.07	10.26	0.314	3.779	0.00985

正位的有：

零位的有：

负位的有：

【实训 2】　请把下列各数的位数写在右侧的括号内。

(1) 7,856　　（　）　　　　(2) 6.759　　（　）

(3) 50,025　　（　）　　　　(4) 0.2809　　（　）

(5) 0.0003145　（　）　　　　(6) 0.0096　　（　）

(7) 461,000　　（　）　　　　(8) 1.3605　　（　）

(9) 6,270.44　　（　）

【实训 3】 根据数位写出相应的数字。

题号	数字	数位	数值	题号	数字	数位	数值
1	336	+1		11	2,001	1	7
2	798	+4		12	203	2	
3	14	+2		13	31,456	3	
4	57	0		14	221	4	
5	16	-1		15	100	0	
6	897	+2		16	19	5	
7	1	−3		17	65	−1	
8	5,004	−2		18	44	−2	
9	567	+5		19	22	−3	
10	2,164	0		20	203	−4	

【实训 4】 用公式定位法确定下列个体的积(盘面得数在右边括号内，精确到 0.01)。

(1) $6,270 \times 5 =$ (3,135)

(2) $625 \times 400 =$ (25)

(3) $7,943 \times 7 =$ (55,601)

(4) $4,650 \times 0.7 =$ (3,255)

(5) $0.3 \times 984 =$ (2,952)

(6) $2,355 \times 0.6 =$ (1,413)

(7) $0.05 \times 344 =$ (172)

(8) $0.0002 \times 305 =$ (61)

(9) $3,752.5 \times 400 =$ (149)

(10) $0.7 \times 586 =$ (4,102)

二、空盘前乘法

空盘前乘法又叫空盘头乘法，不置数前乘法，是前乘法的一种，它是指进行乘法运算时，被乘数和乘数均不拨在算盘上，使各档空置为零，故有"空盘"之称。两因数相乘时，从被乘数的高位到低位与乘数的高位到低位依次相乘，都从首位起乘，即有"前乘"的特点，所以称为"空盘前乘法"。

空盘前乘法在计算中，由于两因数都不布入算盘，省略了置数的时间，尤其在求多笔乘积之和的算题时，可边乘边加，不必把各个乘积算出后再加，节约了运算时间，提高了运算速度，因此这种方法是目前应用最为广泛的一种方法。

空盘前乘法的优点：

(1) 不用布数，减少了拨珠次数，提高了计算速度。

(2) 能充分利用跟踪乘，从便于计算的某一位开始，省心省事。

(3) 便于乘积的定位，还可以利用空盘乘做滚动乘法。(快速累计乘法)。

对于初学者而言，在运算时，注意看数和拨珠的动作配合要恰当，否则容易出现错档。

乘法练习从一位乘法开始，逐步到多位乘法，由易及难。

运算要领：

(1) 被乘数与乘数都不入盘，乘数有几位数字，就看做几个一位乘积的叠加。

(2) 运算顺序：用乘数去乘被乘数，从首位依次到末位。

(3) 加积档次：采用固定个位档定位法(M + N)，从起乘档拨入乘数与被乘数首位相乘的十位积，右一档拨入个位档，而拨个位档的这一档又是拨乘数与被乘数第二位数相乘的乘积的十位积的档，个位积拨在下一档，依次类推，直到被乘数全部乘完为止。

(3) 采用大九九口诀，注意口诀的积读两位，如二三 06，零占一位。

(4) 书写得数：采用固定个位档定位法按照盘面上的得数直接抄写，算盘上的个位档就是积的个位。

(一) 一位数乘法

一位数乘法指乘数只有一个非零数字的乘法，它是多位数乘法的基础，只有一位数乘法练好了，才能为学习多位数乘法打下坚实的基础。

【例 2-30】　$3{,}629 \times 5 = 18{,}145$。

运算过程：

(1) 采用固定个位档定位法，起乘档为 +5 位(4 + 1 = 5)。

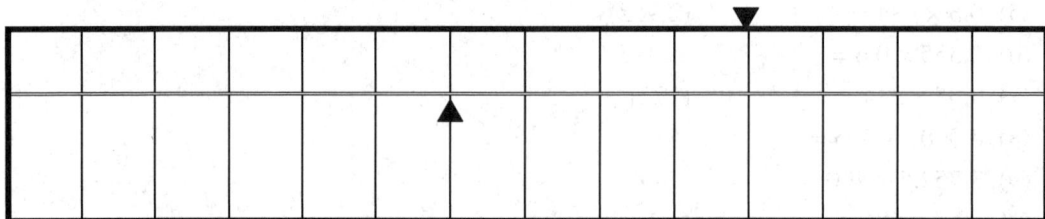

(2) 运算顺序：

$$5 \times 3 = 15$$
$$5 \times 6 = 30$$
$$5 \times 2 = 10$$
$$5 \times 9 = 45$$

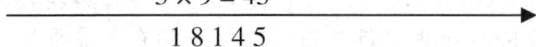

$$1\ 8\ 1\ 4\ 5$$

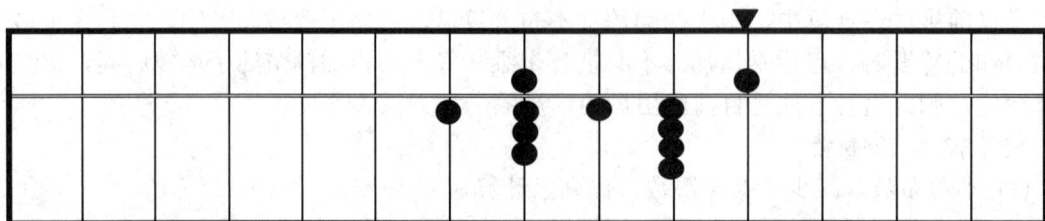

(3) 按照盘面数直接写出积 18,145。

【例 2-31】 $3,629 \times 2 = 7,258$。

运算过程：

(1) 采用固定个位档定位法，起乘档为 +5 位$(4 + 1 = 5)$。

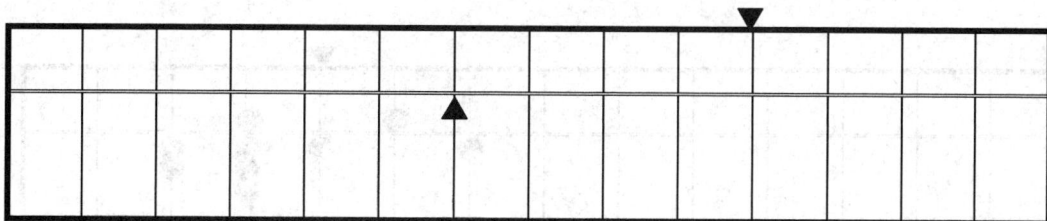

(2) 运算顺序：

$$2 \times 3 = 06$$
$$2 \times 6 = 12$$
$$2 \times 2 = 04$$
$$2 \times 9 = 18$$
$$7\ 2\ 5\ 8$$

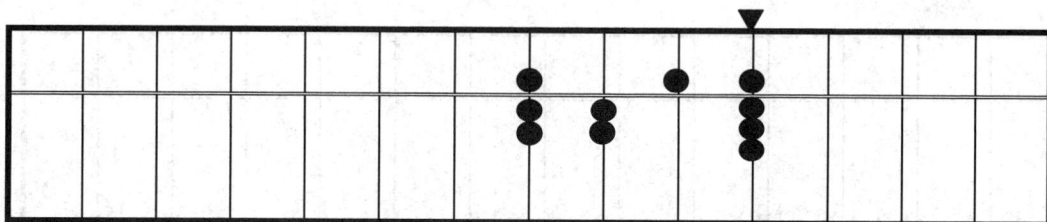

(3) 按照盘面数直接写出积 7,258。

【注意】 大九九乘法口诀诵读要点：二三 06；二二 04，零占一个档位。

【例 2-32】 $759.6 \times 0.2 = 151.92$。

运算过程：

(1) 采用固定个位档定位法，起乘档为 +3 位$(3 + 0 = 3)$。

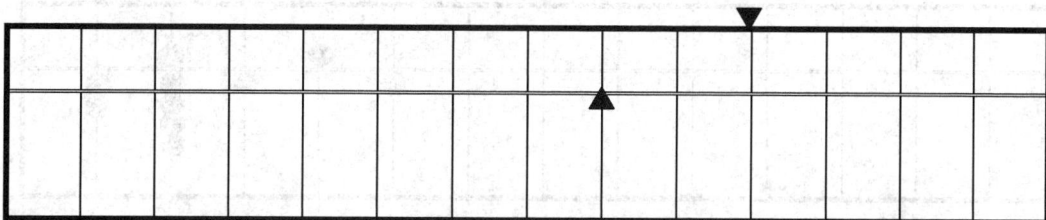

(2) 运算顺序：

$2 \times 7 = 14$

$2 \times 5 = 10$

$2 \times 9 = 18$

$2 \times 6 = 12$

1 5 1．9 2

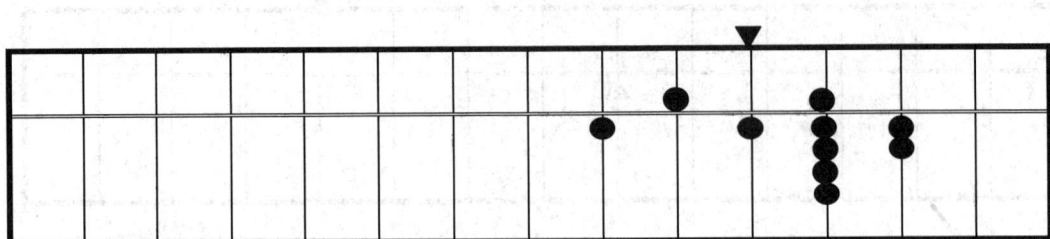

(3) 按照盘面数直接写出积 151.92。

【例2-33】 $759.6 \times 0.02 = 15.192$。

运算过程：

(1) 采用固定个位档定位法，起乘档为 +2 位[3 + (-1) = 2]。

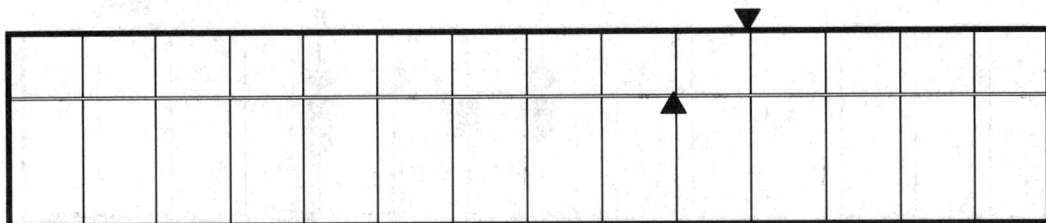

(2) 运算顺序：

$2 \times 7 = 14$

$2 \times 5 = 10$

$2 \times 9 = 18$

$2 \times 6 = 12$

1 5 .1 9 2

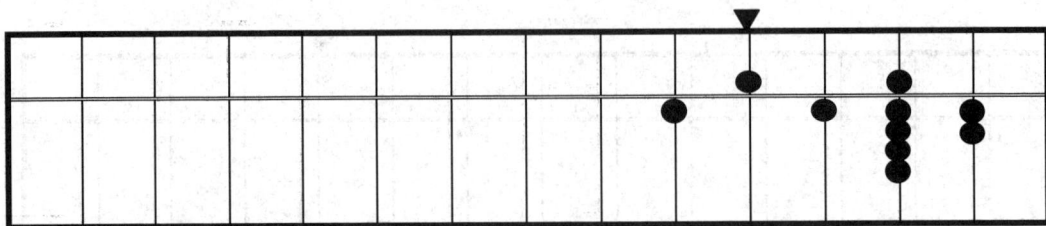

(3) 按照盘面数直接写出积 15.192。

运算技巧：

(1) 前一个乘积的个位档是本次乘积的十位档。

(2) 为了避免加错档位，运算时要"食指点积"，即始终把食指放在本次乘积的十位档上，随着加积档位的变动食指逐档向右移动，递位叠加。遇到乘积的十位是"0"时，食指要在十位档上点一下，然后把食指移到下档拨加个位积，加完个位积后，食指不要移动，点在已加完积的个位档上，而这一档就是将要加的乘积的十位档。或者每一次拨积后，食指自动向右移动一档，将食指永远点在积的个位档上。

(3) 被乘数中间的"0"不用计算，但是要占位，有几个"0"食指向右移动几位。

(4) 熟练后，可默记乘数，眼看被乘数，手拨加积数，这样可提高运算速度。

(二) 多位数乘法

多位数乘法，是指乘数和被乘数都是两位或两位以上的乘法。从运算来看，其实是多个一位数乘法乘积的叠加。运算步骤如下：

1. 固定档位

多位数乘法固定档位的方法和一位数乘法相同，起乘档 M+N 档。

2. 运算顺序

(1) 用乘数的首位分别与被乘数的首位至末位相乘，再用乘数的第二位分别与被乘数的首位至末位相乘，以此类推，直到乘数全部乘完为止。

例如：$328 \times 259 = 84,952$。

运算顺序：2×3，2×2，2×8；5×3，5×2，5×8；9×3，9×2，9×8。

(2) 用被乘数的首位分别与乘数的首位至末位相乘，再用被乘数的第二位分别与乘数的首位至末位相乘，以此类推，直到被乘数全部乘完为止。这种运算实际是将乘数和被乘数交换了位置。

如上例：$328 \times 259 = 84,952$。

运算顺序：3×2，3×5，3×9；2×2，2×5，2×9；8×2，8×5，8×9。

实际操作中，选择哪一种运算顺序，可以根据算题的具体情况确定，初学者一般选择位数少，中间有 0 或者有 1 的数作为乘数，这样运算过程比较简单。

例如：$4,539 \times 127,956$，我们可以选择 4,539 作乘数，去乘 127,956；264×105，可以选择 105 作为乘数。

3. 加积档次(每次积拨加在哪一档位上)

(1) 乘数的首位与被乘数的首位至末位相乘，从起乘档开始，拨第一个乘积的十位数，个位档在第二档；从第二档起，拨第二个乘积的十位数，个位数拨在第三档，以此类推。

(2) 乘数的第二位与被乘数的首位至末位相乘，从起乘档的第二档开始，拨第一个乘积的十位数，个位档在第三档；第三档起，拨第二个乘积的十位数，个位数拨在第四档，以此类推。

(3) 乘数的第三位与被乘数的首位至末位相乘，从起乘档的第三档开始，拨第一个乘积的十位数，个位档在第四档；第四档起，拨第二个乘积的十位数，个位数拨在第五档，以此类推。

总之，乘数的第几位与被乘数的首位相乘，它的第一个乘积的十位数便从第几档起拨，一直到最后一位。

4. 书写得数

运算结束后，直接抄写答案，算盘上的个位档就是积的个位。

【例2-34】 $745 \times 32 = 23,840$。

运算过程：

(1) 采用固定个位档定位法，起乘档为 +5 位$(3 + 2 = 5)$。

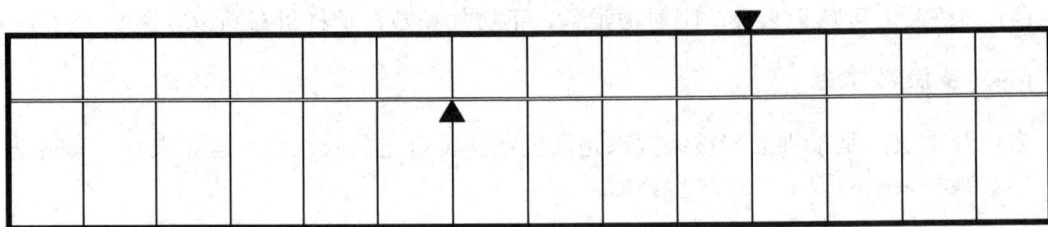

(2) 运算顺序：

① $3 \times 7 =$ 2   1

           $3 \times 4 =$ 1   2

                $3 \times 5 =$ 1   5

② $2 \times 7 =$ 1   4

              $2 \times 4 =$ 0   8

                  $2 \times 5 =$ 1   0

            2   3   8   4   0

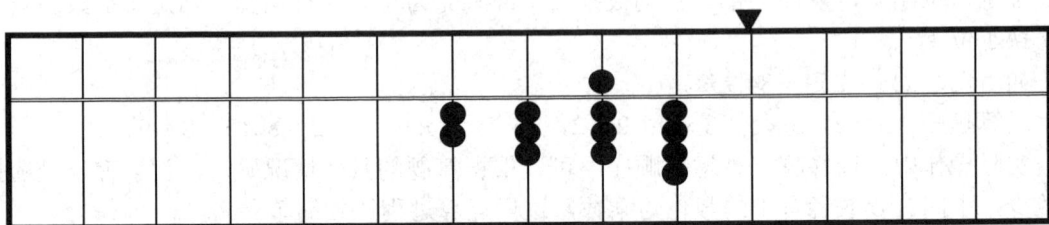

(3) 按照盘面数直接写出积 23,840。

【例2-35】 $2,457 \times 80.92 = 198,820.44$。

运算过程：

(1) 采用固定个位档定位法，起乘档为 +6 位$(4 + 2 = 6)$。

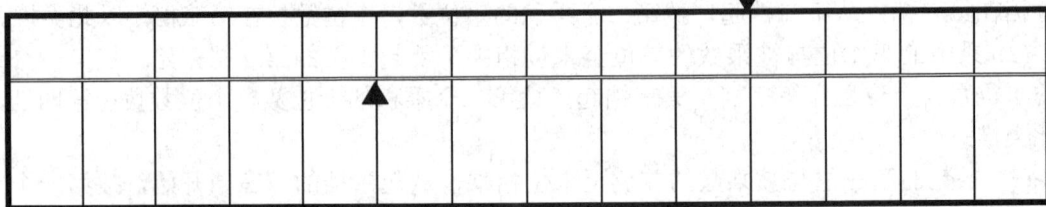

(2) 运算顺序：

① 8 × 2 =　　　　1　　　6

　　　8 × 4 =　　　　3　　　2

　　　　　8 × 5 =　　　　4　　　0

　　　　　　　8 × 7 =　　　5　　6

　　　② 9 × 2 =　　　　1　　8

　　　　　9 × 4 =　　　　3　　6

　　　　　　　9 × 5 =　　　　4　　5

　　　　　　　　9 × 7 =　　　　6　　3

　　　③ 2 × 2 =　　　　　0　　4

　　　　　2 × 4 =　　　　　0　　8

　　　　　　2 × 5 =　　　　1　　0

　　　　　　　2 × 7 =　　　　1　　4

```
1    9    8    8    2    0    4    4  →
```

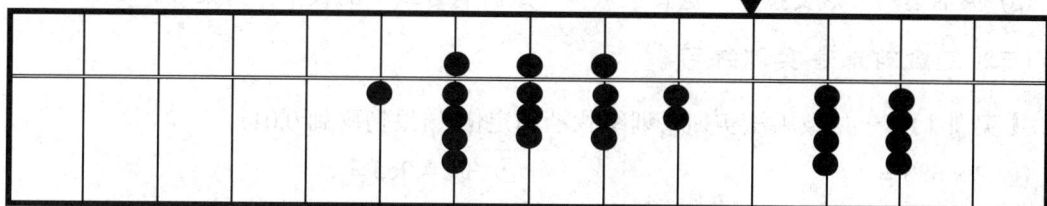

(3) 按照盘面数直接写出积 198,820.44。

【例 2-36】　46 × 3.87 = 178.02。

运算过程:

(1) 采用固定个位档定位法,起乘档为 +3 位(2 + 1 = 3)。

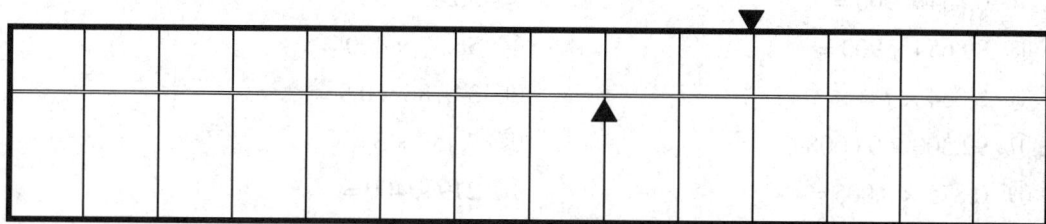

(2) 运算顺序:

被乘数 46 为两位,而乘数三位,因此,运用乘法交换律,以 46 作为乘数更简便一些。

① 4 × 3 =　　　1　　　2

　　　4 × 8 =　　　3　　2

　　　　　4 × 7 =　　　2　　8

　　　② 6 × 3 =　　　1　　8

　　　　　6 × 8 =　　　4　　8

　　　　　　　6 × 7 =　　　4　　2

```
1    7    8    0    2  →
```

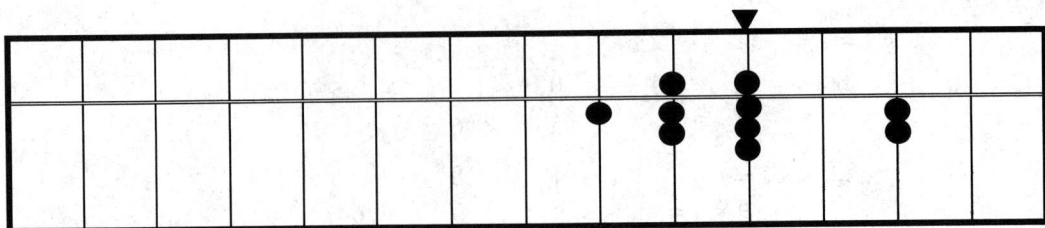

(3) 按照盘面数直接写出积 178.02。

运算技巧：

(1) 食指点积，不要离开算盘，要随着加积档位的变动，食指逐档向右移动。

(2) 乘数中间的零不必计算，有几个零空出几位。

(3) 被乘数中间的"0"也不用计算，但是要占位，有几个"0"食指向右移动几位。

(4) 乘数是 1 时，不用计算，直接在起档的右一档开始加一次被乘数即可。

(5) 灵活运用乘法交换律，选择位数少，或含有零或一的数字作为乘数。

(三) 空盘前乘法实训练习

【实训1】 一位数乘法实训，训练找档和定位(结果精确到 0.01)。

① $2 \times 683 =$ 　　　　　　② $3 \times 4,965 =$

③ $0.04 \times 7,860 =$ 　　　　④ $925 \times 0.07 =$

⑤ $6,000 \times 23,745 =$ 　　　⑥ $423 \times 800 =$

⑦ $369 \times 500 =$ 　　　　　⑧ $238 \times 2 =$

⑨ $0.00796 \times 7,000 =$ 　　⑩ $9,680 \times 0.3 =$

⑪ $0.834 \times 900 =$ 　　　　⑫ $3,248 \times 50 =$

⑬ $89,654 \times 900 =$ 　　　⑭ $56.37 \times 400 =$

⑮ $8,034 \times 7 =$ 　　　　　⑯ $34,786 \times 0.9 =$

⑰ $92,300 \times 0.0008 =$ 　　⑱ $7,459 \times 3 =$

⑲ $0.875 \times 0.005 =$ 　　　⑳ $219 \times 400 =$

【实训2】 用空盘前乘法进行多位数乘法计算(结果精确到 0.01)。

① $28 \times 36 =$ 　　　　　② $39 \times 965 =$

③ $3.04 \times 786 =$ 　　　　④ $215 \times 0.37 =$

⑤ $650 \times 745 =$ 　　　　⑥ $43 \times 817 =$

⑦ $392 \times 54 =$ 　　　　　⑧ $28 \times 3,748 =$

⑨ $0.0079 \times 2,457 =$ 　　⑩ $680 \times 0.873 =$

⑪ $34 \times 937 =$ 　　　　　⑫ $48 \times 52,140 =$

⑬ $54 \times 9,247 =$ 　　　　⑭ $56 \times 4,027 =$

⑮ $8,034 \times 27 =$ 　　　　⑯ $786 \times 49 =$

⑰ $923 \times 78 =$　　　　　　　　　　⑱ $459 \times 37 =$

⑲ $875 \times 92 =$　　　　　　　　　　⑳ $279 \times 43 =$

【实训 3】 用空盘前乘法计算下列多位数乘法(结果精确到 0.01)。

序号	试题	结果	序号	试题	结果
1	752×938		21	$527 \times 4,845$	
2	963×845		22	0.48×365	
3	295×293		23	$9,867 \times 732$	
4	453×964		24	$8,610 \times 23.5$	
5	519×282		25	$9,043 \times 218$	
6	381×546		26	$7,059 \times 841$	
7	423×817		27	$2,347 \times 307$	
8	648×531		28	$9,402 \times 7503$	
9	782×928		29	$2,137 \times 945$	
10	198×523		30	$1,280 \times 75.6$	
11	526×713		31	$46,891 \times 529$	
12	482×394		32	$3,602 \times 7241$	
13	123×187		33	19.861×602	
14	2.54×1.63		34	$1,027 \times 58.4$	
15	7.85×7.37		35	$4,076 \times 305$	
16	392×6.48		36	$831 \times 2,406$	
17	2.65×9.37		37	7241×0.834	
18	1.54×8.23		38	48.36×296.7	
19	7.23×2.91		39	$92,510 \times 0.786$	
20	1.03×6.09		40	$32,907 \times 8,034$	

【实训 4】 比比看，谁算的更快更准(结果精确到 0.01)，标准每分钟两道题，小组内展开评比，并做好记录，看看谁是乘算小能手!

普 通 六 级(标准 5 分钟，对 8 道为达标)		
1	147 × 35	=
2	91 × 609	=
3	43 × 651	=
4	609 × 84	=
5	307 × 26	=
6	28 × 72	=
7	38 × 59	=
8	39 × 807	=
9	12 × 94	=
10	13 × 47	=

普 通 五 级(标准 5 分钟，对 8 道为达标)		
1	278 × 85	=
2	704 × 35	=
3	6.4 × 0.6108	=
4	23 × 801	=
5	3,027 × 74	=
6	41 × 95	=
7	309 × 721	=
8	7.308 × 0.46	=
9	49 × 3207	=
10	85 × 973	=

普 通 四 级(标准5分钟，对8道为达标)			
1	4,087 × 63	=	
2	6,517 × 92	=	
3	3,427 × 67	=	
4	1,647 × 83	=	
5	9,308 × 704	=	
6	418 × 802	=	
7	5.24 × 3.68	=	
8	3,019 × 0.84	=	
9	4,309 × 27	=	
10	85.05 × 4.28	=	

三、空盘后乘法

空盘后乘法和空盘前乘法一样也不把被乘数置到算盘上，用乘数同被乘数的每一位相乘，从尾数开始，从右到左，计算到最高位为止。

【例2-37】 $385 \times 9 = 3,465$。

运算过程：

(1) 找尾数档，上例尾数档为个位档。

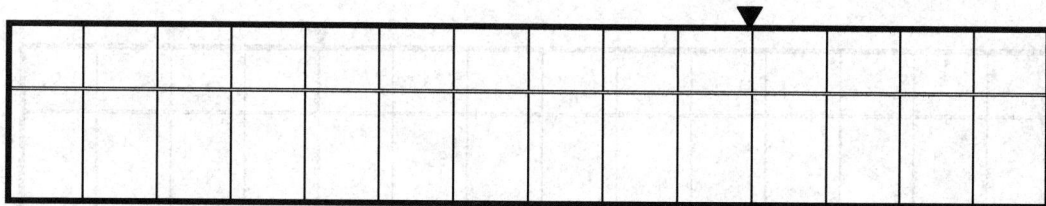

(2) 运算顺序：

① 9×5；

② 9×8；

③ 9×3

具体珠算算法如下：

①

②

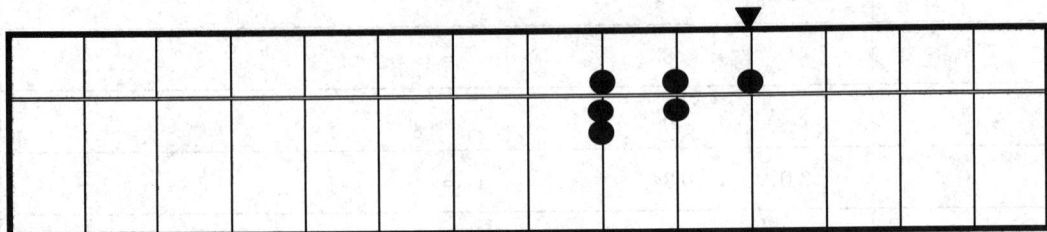

③

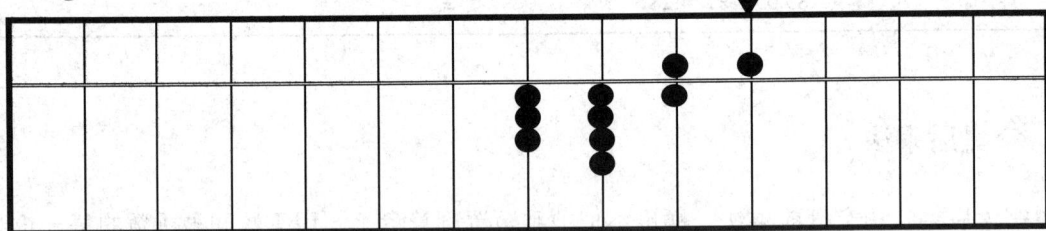

(3) 按照盘面数直接写出积 3,465。

【例 2-38】　$18.5 \times 0.3 = 5.55$。

运算过程：

(1) 找尾数档，上例尾数档为 −1 位，运算过程按 185×3 运算。

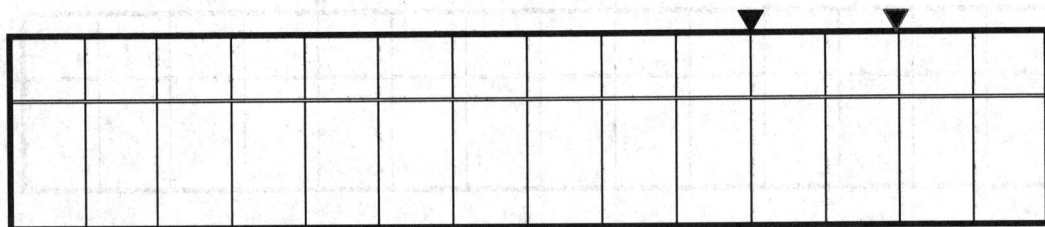

(2) 运算顺序：

① 3×5；

② 3×8；

③ 3×1。

具体珠算算法如下：

①

②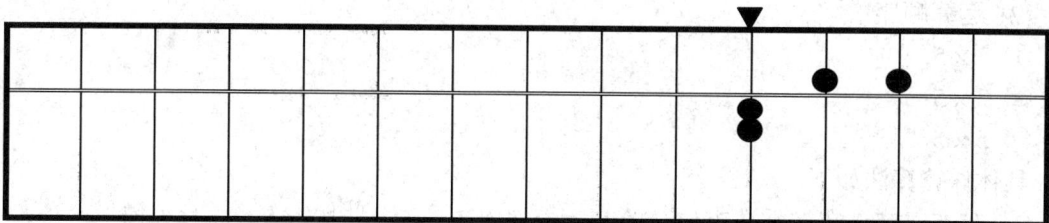

③

(3) 按照盘面数直接写出积 5.55。

在空盘乘法中，前乘法和后乘法速度基本一致，拨珠次数也一样，熟练后可以任意选择使用。

四、破头乘法

破头乘法属于置数乘法，多位数相乘时，被乘数的各位数字一开始就同乘数的最高位数相乘，一直乘到乘数的末位数字。由于被乘数本位一开始改拨为乘积而被破掉，所以叫破头乘法(不隔位破头乘法)。

破头乘法也可以采用隔位破头乘法，即多位数相乘时，被乘数的末位至首位，逐位分别与乘数的首位至末位相乘，把第一个乘积的十位数拨在被乘数的右一档上，个位积拨在右二档上，在被乘数乘完整个乘数后，再将乘过的被乘数拨去。

(一) 隔位破头乘法

隔位破头乘法在开始乘时，不需要破去被乘数的本位，直到用其乘完乘数的每一位后才将其拨去成空档，空档将被乘数和乘数隔开，界限分明，所以称为隔位乘法，目前运用不多。

【例2-39】 $537 \times 5 = 2,685$。

运算过程：

(1) 采用固定个位档定位法，在 $M+N+1$ 档位，即第五档开始布被乘数 537。

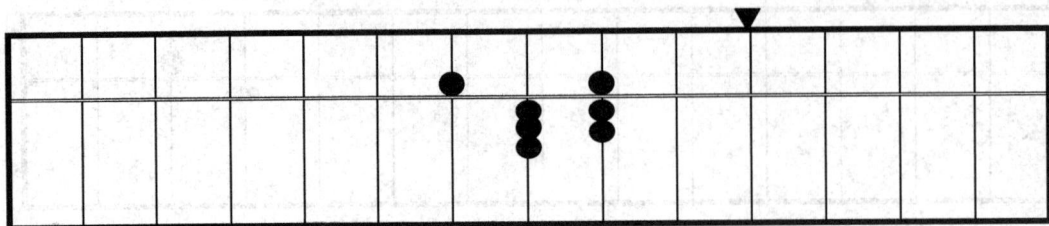

(2) 运算顺序：

① 7×5；

② 3×5；

③ 5×5。

具体珠算算法如下：

① $7 \times 5 = 35$，在被乘数末位 7 的右一档拨入 3，右二档拨入 5，同时去掉 7。

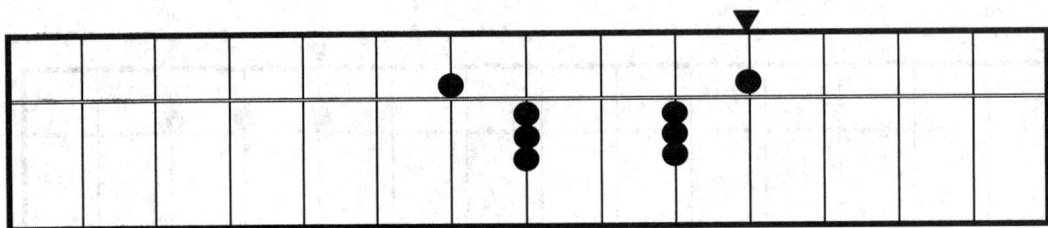

② $3 \times 5 = 15$，在被乘数 3 的右一档拨入 1，右二档拨入 5，同时去掉 3。

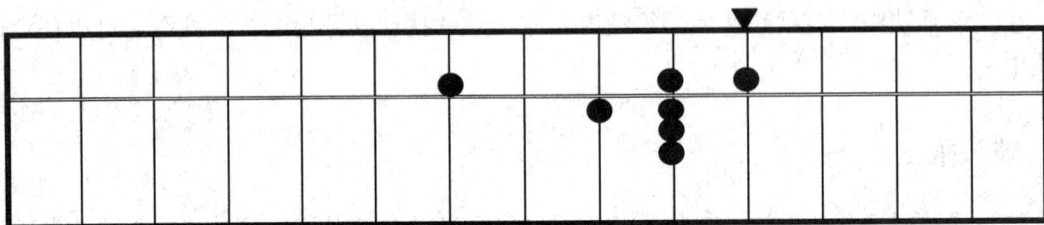

③ $5 \times 5 = 25$，在被乘数 5 的右一档拨入 2，右二档拨入 5，同时去掉 5。

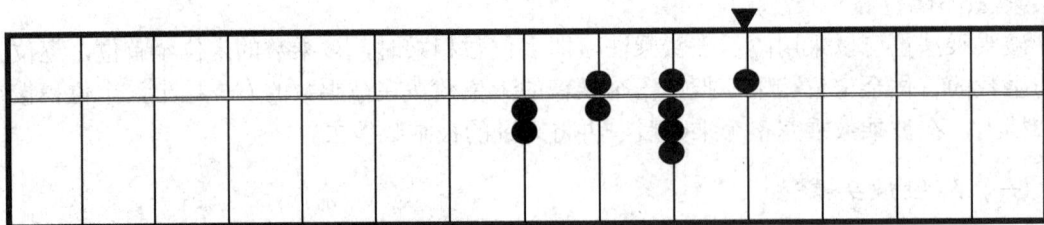

(3) 按照盘面数直接写出积 2,685。

【例 2-40】 $633 \times 25 = 15,825$。

运算过程：

(1) 采用固定个位档定位法，在 M + N + 1 档位，即第六档开始布被乘数 633。

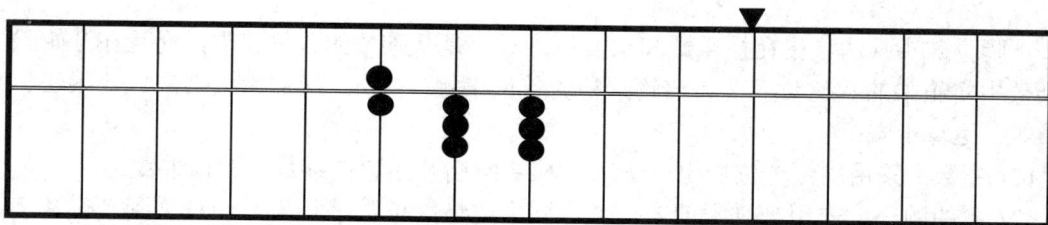

(2) 运算顺序：

① 3×2；3×5；

② 3×2；3×5；

③ 6×2；6×5。

具体珠算算法如下：

① 3×2 = 06；3×5 = 15，在被乘数末位 3 的右一档拨入 0，右二档拨入 6，右二档加 1，右三档拨 5，同时去掉 3。

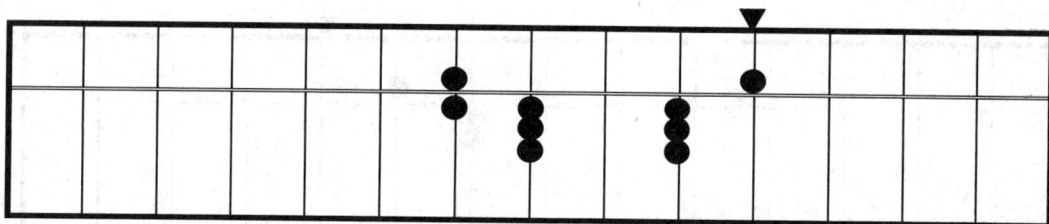

② 3×2 = 06；3×5 = 15，在被乘数 3 的右一档拨入 0，右二档拨入 6，右二档加 1，右三档拨 5，同时去掉 3。

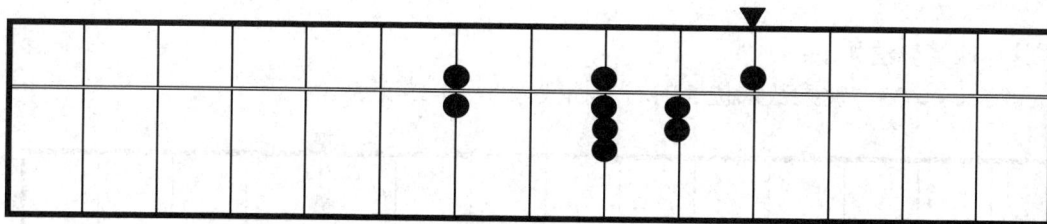

③ 6×2 = 12；6×5 = 30，在被乘数 6 的右一档拨入 1，右二档拨入 2，右二档加 3，同时去掉 6。

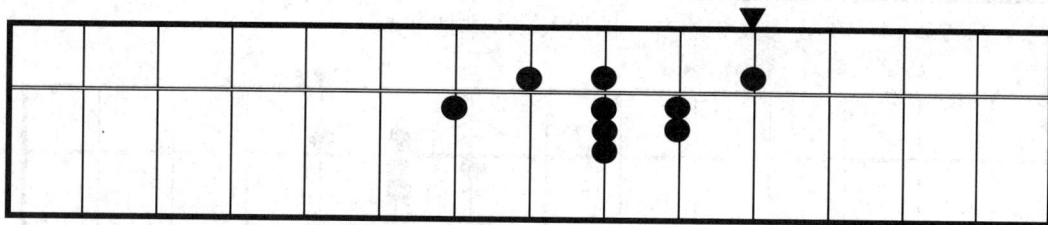

(3) 按照盘面数直接写出积 15,825。

(二) 不隔位破头乘法

不隔位破头乘法,指在被乘数和乘数相乘时,是从乘数的首位起乘,而且在开始就把被乘数中实施乘的本位数字变为该轮乘积的首位(即破本位),又称为头乘法、变乘法、当头乘等。运算步骤:

(1) 置数:采用固定个位档定位法,自 M + N 档开始置被乘数,默记乘数。

(2) 乘的顺序:先用被乘数的末位数字同乘数最高位数字相乘,一直乘到末位数字;然后用被乘数的次末位数字同乘数最高位数字相乘,一直乘到末位数字;以此类推,直到被乘数最高位。

(3) 乘积的记法:乘数是第几位,则乘积的个位数拨在该被乘数右几档上(乘积的十位数在个位的左一档上)

(4) 乘积:所有被乘数都乘过后,盘面数即为乘积。

【例 2-41】 $25 \times 7 = 175$。

运算过程:

(1) 采用固定个位档定位法,在 M + N 档位,即第三档开始布被乘数 25。

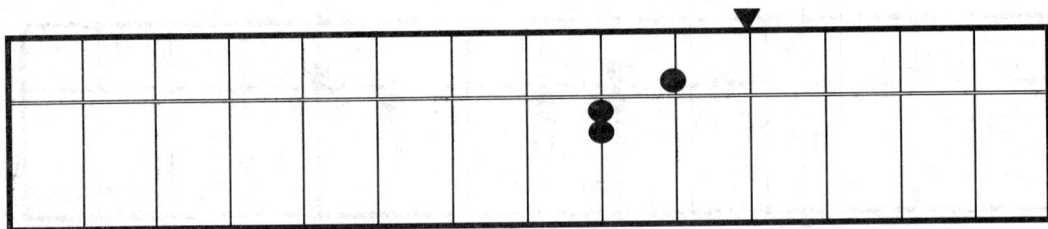

(2) 运算顺序:

① 5×7;

② 2×7。

具体珠算算法如下:

① $5 \times 7 = 35$,被乘数末位 5 的右一档拨入 5,本档变为 3。

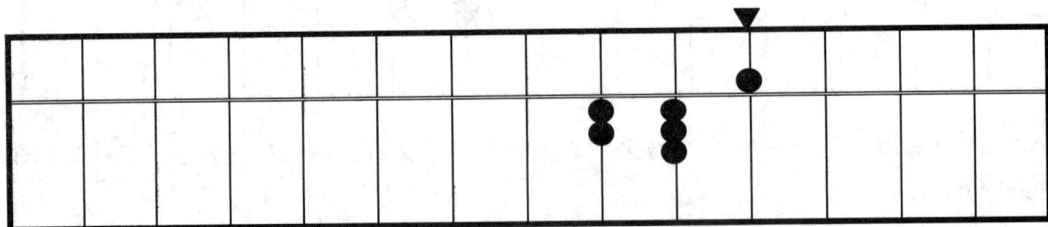

② $2 \times 7 = 14$,在被乘数 2 的右一档拨入 4,本档变为 1。

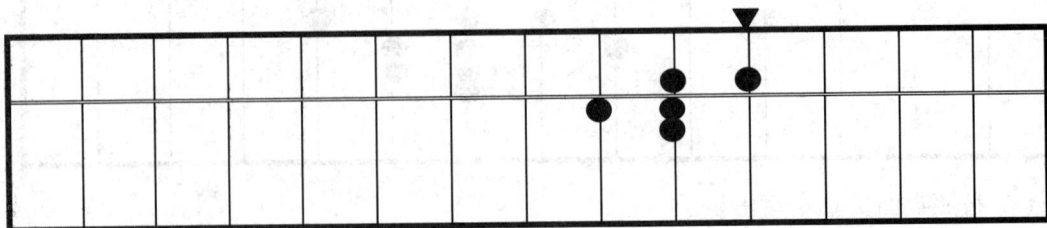

(3) 按照盘面数直接写出积 175。

【例 2-42】 $465 \times 89 = 41,385$。

运算过程：

(1) 采用固定个位档定位法，在 M + N 档位，即第五档开始布被乘数 465。

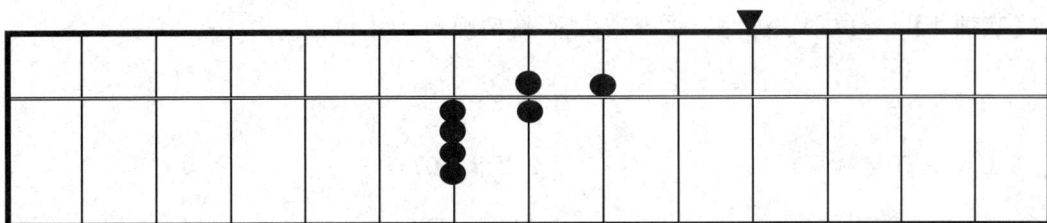

(2) 运算顺序：

① 5×8；5×9；

② 6×8；6×9；

③ 4×8；4×9。

具体珠算算法如下：

① $5 \times 8 = 40$；$5 \times 9 = 45$，被乘数末位 5 变为 4；右一档空盘；右一档拨入 4，右二档加 5。

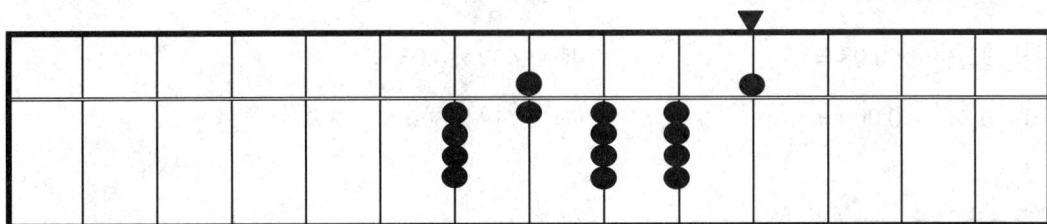

② $6 \times 8 = 48$；$6 \times 9 = 54$，被乘数 6 变为 4；右一档加 8；右一档加 5，右二档加 4。

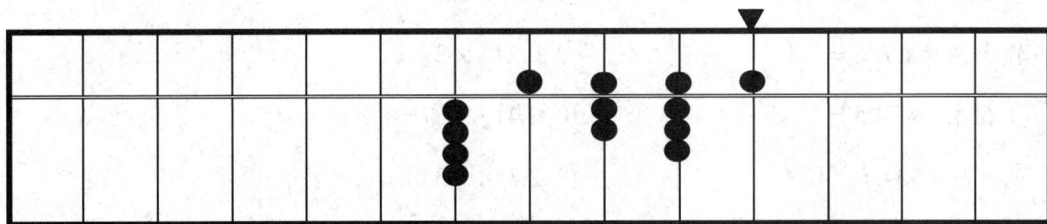

③ $4 \times 8 = 32$；$4 \times 9 = 36$，被乘数 4 变为 3；右一档加 2；右一档加 3，右二档加 6。

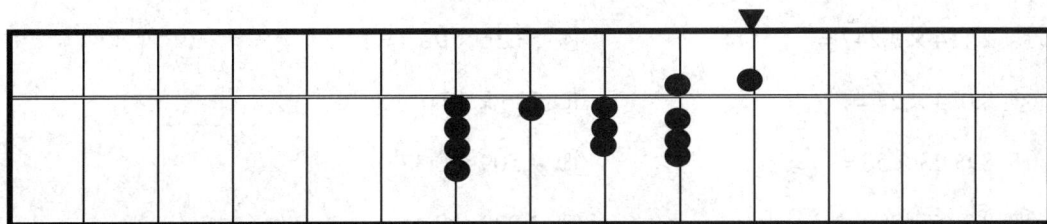

(3) 按照盘面数直接写出积 41,385。

(三) 破头乘法实训练习

【实训 1】 一位乘法练习，采用破头乘法(精确到 0.01 位)。

① $212 \times 6 =$ 　　　　② $43.2 \times 5 =$

③ $0.64 \times 70 =$ 　　　　④ $9.25 \times 0.07 =$

⑤ $6,240 \times 0.05 =$ 　　　　⑥ $4,893 \times 500 =$

⑦ $0.9 \times 5,780 =$ 　　　　⑧ $268 \times 0.2 =$

⑨ $796 \times 8 =$ 　　　　⑩ $3,578 \times 0.3 =$

⑪ $9,834 \times 500 =$ 　　　　⑫ $248 \times 0.7 =$

⑬ $854 \times 900 =$ 　　　　⑭ $5,637 \times 70 =$

⑮ $834 \times 0.7 =$ 　　　　⑯ $46,786 \times 0.09 =$

⑰ $92,345 \times 0.08 =$ 　　　　⑱ $7.459 \times 0.03 =$

⑲ $0.845 \times 0.009 =$ 　　　　⑳ $2,719 \times 300 =$

【实训 2】 用破头乘法进行多位数乘法计算(结果精确到 0.01)。

① $238 \times 136 =$ 　　　　② $339 \times 975 =$

③ $3.24 \times 1,786 =$ 　　　　④ $0.215 \times 37 =$

⑤ $654.1 \times 74.5 =$ 　　　　⑥ $4,413 \times 87 =$

⑦ $539 \times 534 =$ 　　　　⑧ $2,348 \times 348 =$

⑨ $0.00179 \times 2,450 =$ 　　　　⑩ $6.801 \times 873 =$

⑪ $342 \times 9,137 =$ 　　　　⑫ $348 \times 5.214 =$

⑬ $2,154 \times 3,247 =$ 　　　　⑭ $53.36 \times 927 =$

⑮ $8,034 \times 27 =$ 　　　　⑯ $786 \times 49 =$

⑰ $893.23 \times 58 =$ 　　　　⑱ $4,509 \times 0.37 =$

⑲ $8,735 \times 292 =$ 　　　　⑳ $2,279 \times 0.43 =$

【**实训 3**】 比比看，破头乘法谁算的更快更准(结果精确到 0.01)，标准每分钟两道题，小组内展开评比，并做好记录，看看谁是乘算小能手！

普 通 六 级(标准 5 分钟，对 8 道为达标)			
1	327	× 25	=
2	93	× 404	=
3	763	× 51	=
4	69	× 24	=
5	317	× 66	=
6	268	× 62	=
7	54	× 25	=
8	98	× 87	=
9	32	× 54	=
10	33	× 45	=

普 通 五 级(标准 5 分钟，对 8 道为达标)			
1	67	× 858	=
2	74	× 305	=
3	624	× 108	=
4	923	× 31	=
5	727	× 104	=
6	49	× 75	=
7	69	× 701	=
8	7.38	× 46	=
9	4.9	× 31.7	=
10	805	× 0.73	=

普 通 四 级(标准 5 分钟，对 8 道为达标)			
1	46	× 8,503	=
2	657	× 192	=
3	327	× 364	=
4	647	× 803	=
5	98	× 1,704	=
6	43.8	× 82	=
7	5.24	× 3,068	=
8	30.19	× 27	=
9	43.9	× 209	=
10	8.05	× 4,928	=

【知识窗】

国家领导人与珠算的故事

毛泽东巧用算盘谚语

1958 年 4 月 19 日，毛泽东同志在广州"小岛"召见时任卫生部副部长朱链。在谈话中，朱链说："在中医工作方面过去是定盘珠，现在基本不同了，是算盘珠了。"朱链的话说得很有趣，毛主席好奇了："什么是定盘珠、算盘珠？"朱链说："定盘珠是你拨它也不动，算盘珠是不拨不动，一拨就动。卫生部的工作很繁重，但有些工作显得很被动。"毛主席笑了，他用右手比划着算盘的样子说："对了，卫生部工作有些被动，他们连除四害也信心不足……算盘珠不拨不动，一拨就动。很好，我们大家都来拨。"

周恩来不把算盘丢掉

1972 年 10 月 14 日下午 5 时 30 分至 9 时 10 分，周恩来同志在人民大会堂西大厅，会见了美籍中国物理学家李政道博士和夫人。在交谈中，周总理向李博士问到美国的计算机情况时，李博士首先回答了有关问话，之后又提到："我们中国的祖先，很早就创造了最好的计算机，就是到现在还在全国通用的算盘。"周总理对李博士的回答，感慨良久，向在座的中央有关同志说出了珠算界奉为经典的名言："要告诉下边，不要把算盘丢掉，猴子吃桃子最危险。"他的关于"不要把算盘丢掉"的指示，从此成为激励和鼓舞中国珠算界积极开拓和发展珠算事业的巨大动力。

陈云兴致勃勃打算盘

1976 年 11 月的一天上午十时左右，陈云同志来杭州玉泉公园参观展览，当他走到玉泉鱼池旁的大厅时，看到一位会计正在打算盘算账，他走过去和蔼地要求会计让他来试试。陈云同志坐下来，兴致勃勃地拨动算珠，噼噼啪啪地打起算盘来，指法娴熟。新华社记者岳湖同志抓住机会，拍摄到一张珍贵的照片。陈云笑盈盈地打算盘的照片，不但生动地表明了他对算盘的肯定和珍爱，而且表明他对发展珠算寄予殷切的期望。1982 年 1 月，全国政协副主席赵朴初同志见此照片，一时诗兴大发，挥笔作诗一首："唯实是求，珠起还落，加减乘除，反复对比，运筹帷幄，决胜千里，老谋深算，国之所倚。"诗句既是对陈云同志为国理财业绩的赞誉，同时也是对我国珠算工作者的勉励和鼓舞，尤其是"唯实是求"四字警句，更为一切财务工作者的座右铭。

江泽民关心珠算教育

1992 年 1 月，江泽民同志在江苏常州视察刘国钧职教中心时，对该校的珠算教育给予了特别关注。那天，江泽民同志来到该校第一财会模拟室，当听到该校 8901 班 40 名学生珠算技能全部达到普通一级以上水平，并有一名达能手级时，江泽民同志笑眯眯地问桂永贵老师："我问你一个问题，大算盘和这种小算盘比，哪一种打得快呢？"桂永贵回答："小算盘快。"江泽民同志又问学生，学生也回答："小算盘快。"江泽民同志拿过张乃蓉同学的算盘，弯下腰，一边拨打算盘，一边提问题："我们男同志手指粗，不灵活，打这种小算盘能打得快吗？"男生朱澄宇同学站起来回答："我是运算自如的。"江泽民同志又问："计算加减法是电子计算器快呢还是算盘快？"张乃蓉回答道："还是算盘快！"江泽民同志听了脸上露出满意的笑容。

任务五　简捷乘法运算技能

空盘前乘法、空盘后乘法以及破头乘法都属于基本乘法，任何乘算题都适用，而在乘法运算中，有时会遇到一些特殊数字的算题，可以采用特殊算法，以实现简化运算过程，提高运算速度的目标，我们称其为简捷乘法。

一、倍数法

倍数法(见表 2-9)，是以加减代替乘算的一种方法。根据数字特点进行分组，乘用"退加"、"加半"和"改十"三种不同类型的方法综合运算。

表 2-9　倍数法运算规则

被乘数	运 算 规 则
1	本档去 1，下档加一倍乘数
2	本档去 2，下档加二倍乘数
3	本档去 3，下档加三倍乘数
4	本档变乘数一半，下档减一倍乘数
5	本档变乘数一半
6	本档变乘数一半，下档加一倍乘数
7	本档变乘数一半，下档加二倍乘数
8	本档变乘数十倍，下档减二倍乘数
9	本档变乘数十倍，下档减一倍乘数

上表中所列，被乘数是 1、2、3 的算法叫累加乘法；被乘数是 4、5、6、7 的算法叫加半乘法；被乘数是 8、9 的算法叫凑整乘法。

(一) 累加乘法

凡是遇到被乘数是 1、2、3 时，在运算中拨去被乘数 1，从被乘数右一档起加上一倍乘数，也可以一次拨去被乘数 2 或 3，在其右一档相应加两个或三个乘数。

【例 2-43】　321 × 217 = 69,657。

运算过程：

(1) 采用固定个位档定位法，在 M + N 档位，即第六档开始布被乘数 321。

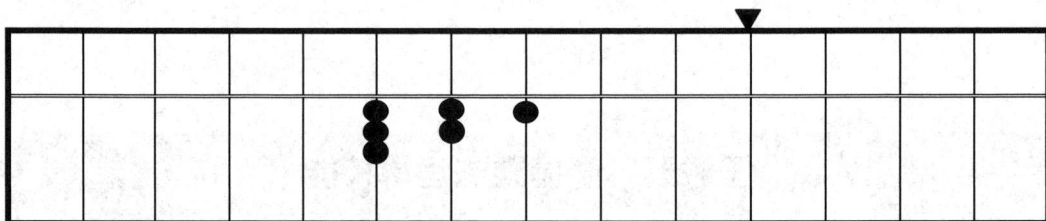

(2) 将被乘数末位"1"拨去，在其右一档开始加一倍乘数 217。

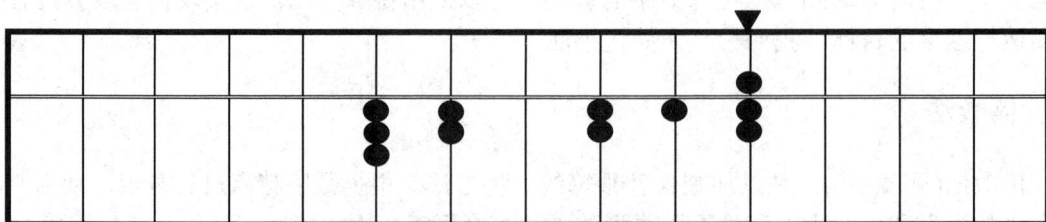

(3) 将被乘数次末位 "2" 拨去，在其右一档开始加二倍乘数 217，即 434。

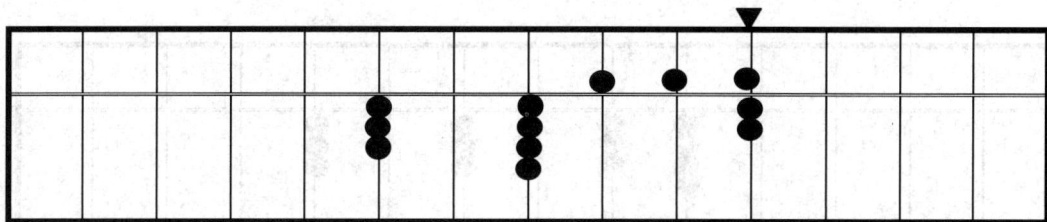

(4) 将被乘数首位 "3" 拨去，在其右一档开始加三倍乘数 217，即 651。

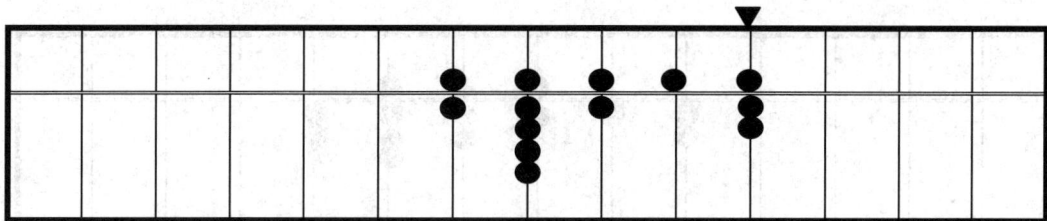

(5) 按照盘面数直接写出积 69,657。

【注意】 这种方法不适合乘数数字过大的运算。

(二) 加半乘法

凡是遇到被乘数是 4、5、6、7 时，可用加半乘法计算，如被乘数是 5，即拨去 5 在本档加上半乘数；如被乘数是 6、7，即拨去 6、7 在本档加上半乘数，然后在右一档加一倍或二倍的乘数，如被乘数是 4，即拨去 4，在本档加半乘数，然后在右一档上减去一倍乘数。

【例 2-44】　465 × 4,662=2,167,830。

运算过程：

(1) 在算盘左边档期置数 465，默记乘数。

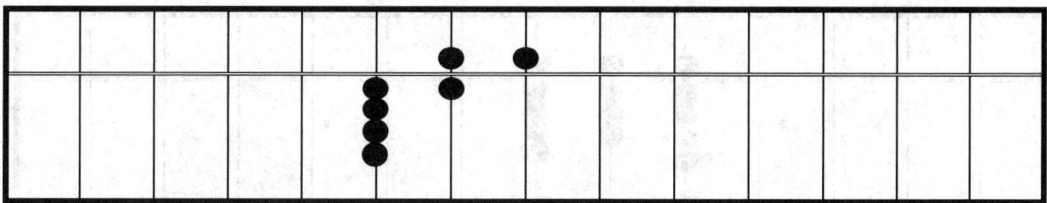

(2) 将被乘数末位 "5" 拨去，在本档加半个乘数 2,331。

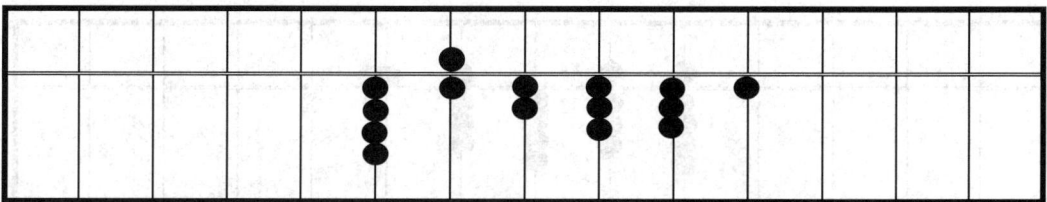

(3) 将被乘数次末位"6"拨去,在本档加半个乘数 2,331,再从右一档加一倍乘数 4662。

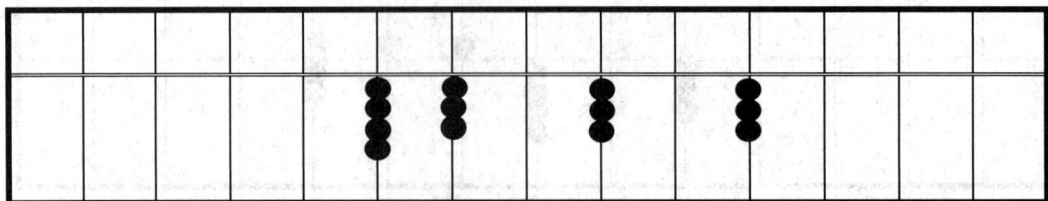

(4) 将被乘数首位"4"拨去,在本档加半个乘数 2,331,再从右一档减一倍乘数 4,662。

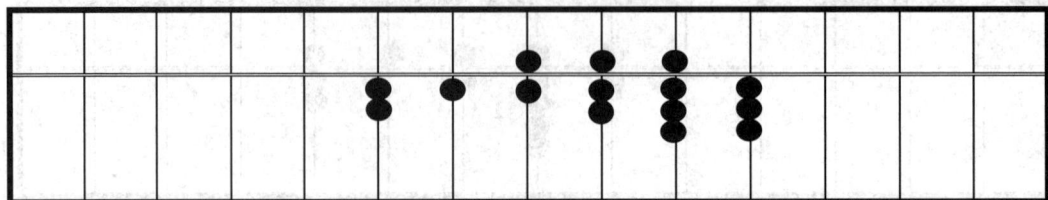

(5) 按照公式定位法 $M + N = 7$,积为 2,167,830。

(三) 凑整法

凡是遇到被乘数是 8、9 时,可用凑整法计算。把被乘数中的 8 和 9 先当做 10 去乘乘数,即拨去本档被乘数,在本档改成乘数,作为 10 个乘数的积数,然后从这个积数中,在下一档减去多算的乘数,就是所求的积数。

【例 2-45】　$989 \times 539 = 533,071$。

运算过程:

(1) 在算盘左边档期置数 989,默记乘数。

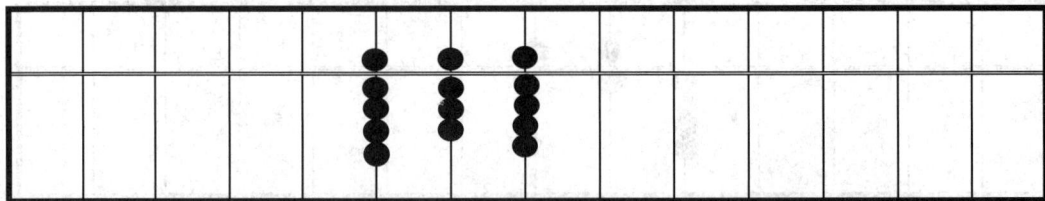

(2) 将被乘数末位"9"拨去,在本档加乘数 539,在下一档减去一倍乘数 539。

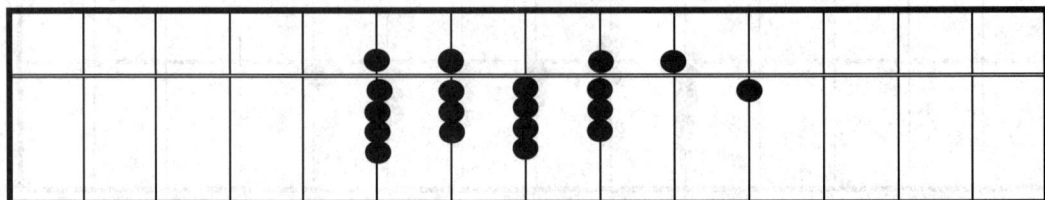

（3）将被乘数次末位"8"拨去，在本档加乘数 539，在下一档减去二倍乘数 1,078。

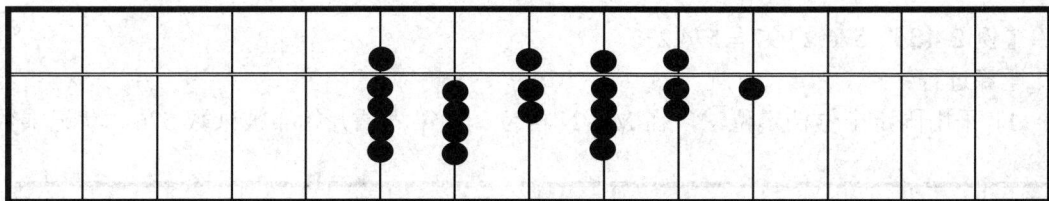

（4）将被乘数首位"9"拨去，在本档加乘数 539，在下一档减去一倍乘数 539。

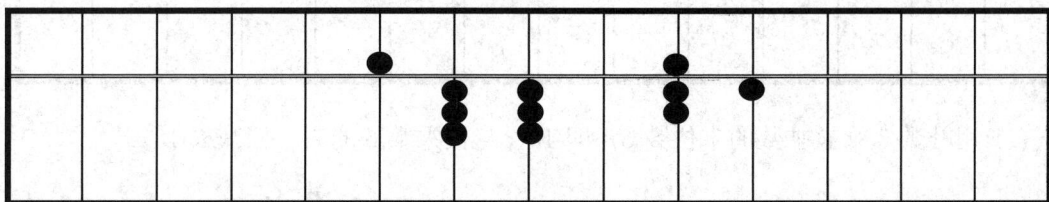

（5）按照公式定位法 M + N = 6，积为 533,071。

（四）倍数法实训练习

【实训】

① 123 × 367 =　　　　　　　　② 231 × 521 =

③ 132 × 75.4 =　　　　　　　　④ 321 × 908 =

⑤ 6,057 × 473 =　　　　　　　　⑥ 67.56 × 71.4 =

⑦ 456 × 168 =　　　　　　　　⑧ 5,657 × 802 =

⑨ 98 × 424 =　　　　　　　　⑩ 9,808 × 672 =

⑪ 988 × 1,234 =　　　　　　　　⑫ 899 × 356 =

⑬ 5,109 × 36.72 =　　　　　　　⑭ 9,812.56 × 48.6 =

⑮ 1,259 × 327 =　　　　　　　　⑯ 3,289 × 1.23 =

二、补数乘法

补数乘法，是一种凑整的减乘法，当相乘的两个因数中，如有一个因数接近 10 的乘方数，可以用补数乘法计算，其效果比一般乘法简便得多。运算时，在被乘数上加或减若干个乘数的补数，把被乘数改为积数，这种方法叫做补数乘法。实际上所有算题都可以用补数乘法运算，但有些算题采用此方法运算的过程并不简捷，因此，只有乘数或被乘数接近 10 的乘方数时，才选用此方法。比如 98，999，9,998 等。

（一）运算原理

859 × 99 = 859 × (100 − 1) = 85,900 − 859 × 1 = 85,041。可以看出，积数等于 85,900 减去乘数 99 的补数 1 与被乘数的乘积。

(二) 应用举例

【例2-46】 576×997=574,272。

运算过程:

(1) 采用固定个位档定位法,在 M + N 档位,即第六档开始布被乘数 576,默记乘数。

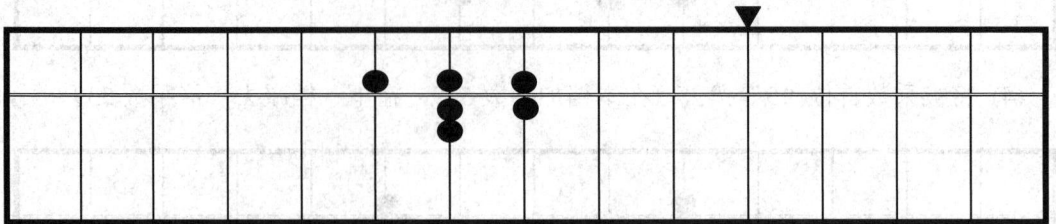

(2) 用补数 3 乘被乘数的末位数 6,即 18,从被乘数 6 的右二档减去 18。

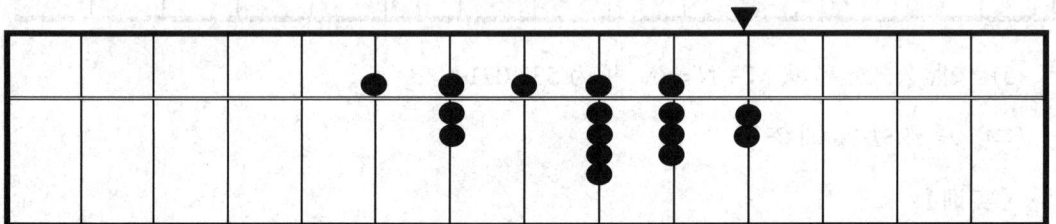

(3) 用补数 3 乘被乘数的第二位数 7,即 21,从被乘数 7 的右二档减去 21。

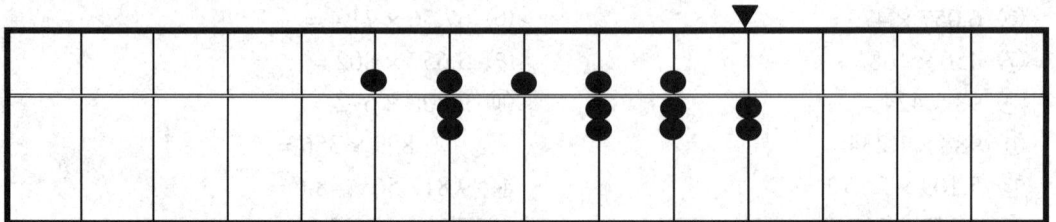

(4) 用补数 3 乘被乘数的首位数 5,即 15,从被乘数 57 的右二档减去 15。

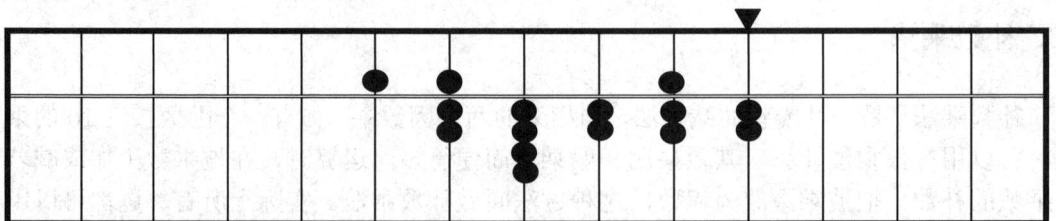

(5) 按照盘面数直接写出积 574,272。

【例2-47】 376×988=371,488。

运算过程:

(1) 采用固定个位档定位法，在 M + N 档位，即第六档开始布被乘数 376，默记乘数。

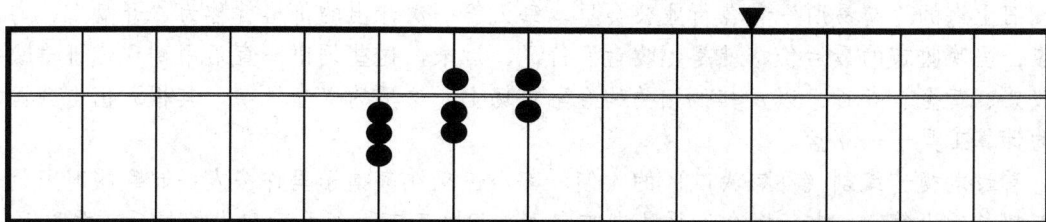

(2) 应减去 376 × 12(12 是乘数的补数)，先减去 376 × 10，即 3,760。

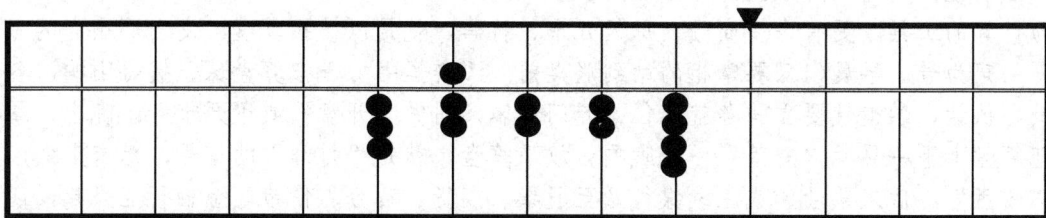

(3) 再减去 376 × 2，即 752。

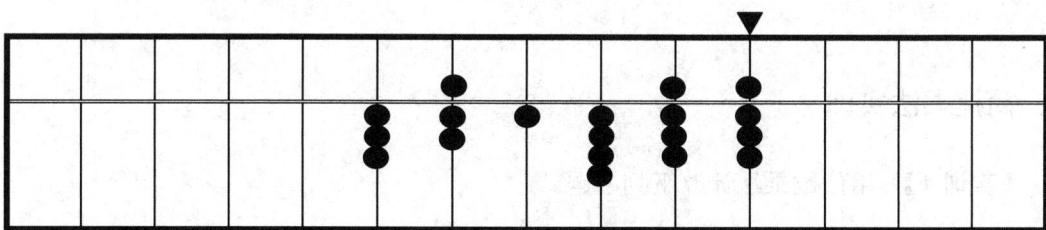

(4) 按照盘面数直接写出积 371,488。

(三) 补数乘法实训练习

【实训】

① 357 × 99 =   ② 275 × 0.98 =

③ 829 × 998 =   ④ 3,574 × 98.7 =

⑤ 657 × 88 =   ⑥ 956 × 989 =

⑦ 367 × 988 =   ⑧ 62,737 × 998 =

⑨ 0.745 × 989 =   ⑩ 0.965 × 9,994 =

【知识窗】

"开盘""收盘"的来历

在股市里，每天叫得最多的词语是"开盘""收盘"，与之相关的还有"大盘""操盘""红盘"等。

旧上海的"交易所"和各行业公会里，每天第一次开出的价格就称为"开盘"，与之相应，当晚收市的最后价格就是"收盘"价了。后来，这些词语一直沿用到现代证券公司的股票、黄金、期货，以及其他相关的金融市场上。这里的"盘"字，其根源出自我国古老的计算工具——算盘。

看过电视连续剧《乔家大院》的人们，都会惊叹乔家铺子里许多人一起算账时所用的那把超长的大算盘，也一定会记得陆老东家大小姐陆玉菡嫁给乔致庸做媳妇后，乔陆氏(陆玉菡)第一次当家，拿起那沉重的大算盘，潇洒地一晃一落，然后用纤纤玉指在算盘上"嘀嘀嗒嗒"地如彩蝶飞舞般拨弄算盘珠的风采。证明了我国各地商业流动中，很早就以算盘作为计算的工具，更有许多商号，每天开市、打烊，就是以拨拉算盘，发出那响亮的"嘀嗒"一声为号。早晨，只要掌柜的站到账桌前，"噼里啪啦"把算盘珠子拨得山响，各位店员、伙计、学徒就要立马各就各位，开门迎客，叫做"开盘"或"开市"；晚上，掌柜的把算盘上下一晃，"噼落"一声脆响，放下算盘，就是"打烊"的信号，落市上门，是谓"收盘"。后来票号、钱庄、银行乃至股票、期货、黄金、债市等金融行业兴起，便普遍沿袭，用上这两个词语，并在"盘"字的基础上，加以发展，产生了其他许多相关的词语，这里就不一一列举了。

三、简捷乘法实训

【实训1】 用倍数乘法计算下列各题。

序号	算　题	序号	算　题
1	121 × 62,875 =	11	4,638 × 2,243 =
2	1,021 × 0.386,7 =	12	72,416 × 248 =
3	2,302 × 4,362 =	13	23,784 × 687 =
4	456 × 7,268 =	14	53,492 × 1,232 =
5	5,046 × 2,753 =	15	8,274 × 656 =
6	8,990 × 7,214 =	16	1,246 × 7,658 =
7	2,984 × 576 =	17	3,636 × 52,476 =
8	9,627 × 5,504 =	18	146,292 × 18,397 =
9	63,287 × 766 =	19	7,890 × 543 =
10	369 × 75,432 =	20	243,729 × 123,497 =

【实训 2】 用补数乘法计算下列各题。

序号	算 题	序号	算 题
1	2,387 × 99 =	11	253.6 × 969.5 =
2	7,069 × 996 =	12	42,384 × 890 =
3	62,843 × 89,700 =	13	987 × 3,627 =
4	8,271 × 89,980 =	14	4,126 × 889 =
5	27,053 × 989 =	15	426.71 × 9,700 =
6	19,356 × 997 =	16	999 × 31,843 =
7	9,897 × 16,532 =	17	2,539 × 799 =
8	897 × 4,253 =	18	53,016 × 2,998 =
9	7,996 × 24,386 =	19	7,890 × 18,397 =
10	96.86 × 13,700 =	20	12,315 × 1,999 =

四、乘法自我测试

【实训 1】 普通五级乘法自测，精确到 0.01 位，时间 20 分钟，对 32 题为合格。小组比比看，看谁更快更准。

1	2.69 × 32.65 =	11	2,428 × 63 =
2	1,346 × 63 =	12	22 × 7,699 =
3	376 × 234 =	13	569.2 × 1.56 =
4	459 × 557 =	14	44 × 2,034 =
5	22 × 6,192 =	15	2,825 × 33 =
6	3,388 × 19 =	16	1,493 × 45 =
7	72.93 × 1.39 =	17	529 × 695 =
8	57 × 1,453 =	18	14.8 × 51.52 =
9	26 × 2,928 =	19	265 × 247 =
10	2,433 × 19 =	20	73 × 1,396 =

21	6.22 × 12.99 =	31	36.23 × 1.88 =
22	12 × 2,578 =	32	57 × 1,664 =
23	578 × 889 =	33	143 × 628 =
24	1,223 × 75 =	34	939 × 905 =
25	698.2 × 1.29 =	35	4.31 × 18.89 =
26	25 × 1,839 =	36	2,674 × 28 =
27	24 × 6,749 =	37	66 × 1,993 =
28	596 × 158 =	38	1,285 × 86 =
29	1,382 × 69 =	39	1,268 × 78 =
30	1,926 × 42 =	40	74 × 1,222 =

【实训2】　普通三级乘法自测，精确到 0.01 位，时间 20 分钟，对 32 题为合格。小组比比看，看谁更快更准。

1	598 × 734 =	14	728 × 8,035 =
2	16,398 × 502 =	15	595 × 657 =
3	6,714 × 958 =	16	0.120,5 × 4.25 =
4	36.2 × 0.714 =	17	327 × 695 =
5	802 × 4,657 =	18	5.36 × 12.52 =
6	9.01 × 23.65 =	19	349 × 20,347 =
7	783 × 60.921 =	20	705 × 396 =
8	4.072 × 38.5 =	21	294 × 899 =
9	194 × 878 =	22	746 × 228 =
10	256 × 109 =	23	59,086 × 563 =
11	478 × 356 =	24	4.53 × 1.027,5 =
12	1.549 × 709 =	25	258 × 1.29 =
13	4.0286 × 3.56 =	26	24.17 × 103 =

27	$158 \times 6,049 =$	34	$0.939 \times 9.205 =$
28	$73.08 \times 1.58 =$	35	$42056 \times 389 =$
29	$1256 \times 629 =$	36	$2.674 \times 208 =$
30	$1026 \times 462 =$	37	$715 \times 163 =$
31	$363 \times 588 =$	38	$0.0285 \times 836 =$
32	$4105 \times 764 =$	39	$168 \times 978 =$
33	$148 \times 627 =$	40	$743 \times 23.022 =$

【实训 3】 普通一级乘法自测，精确到 0.01 位，时间 20 分钟，对 36 题为合格。小组比比看，看谁更快更准。

1	$1654 \times 20,734 =$	21	$294.6 \times 28.99 =$
2	$56.98 \times 61.52 =$	22	$5,808 \times 16,228 =$
3	$21,855 \times 9,538 =$	23	$647.8 \times 15.63 =$
4	$3,446 \times 8,714 =$	24	$70,238 \times 2,275 =$
5	$54.71 \times 46.57 =$	25	$754.95 \times 19.59 =$
6	$16.92 \times 45.28 =$	26	$1,917 \times 3,256 =$
7	$7,161 \times 5,421 =$	27	$925.2 \times 60.49 =$
8	$532.4 \times 138.85 =$	28	$11.44 \times 20.42 =$
9	$2,865 \times 8,078 =$	29	$5,979 \times 8,629 =$
10	$3,254.2 \times 10.79 =$	30	$4,088 \times 7,462 =$
11	$5,651 \times 14,356 =$	31	$5,039 \times 2,485 =$
12	$33,841 \times 2,709 =$	32	$932.6 \times 18.74 =$
13	$266.3 \times 32.56 =$	33	$291.62 \times 69.27 =$
14	$3,992 \times 8,535 =$	34	$1,944 \times 9,456 =$
15	$655.8 \times 166.57 =$	35	$420.56 \times 83.89 =$
16	$2751.2 \times 12.25 =$	36	$27,516 \times 1,208 =$
17	$3,907.1 \times 12.58 =$	37	$2,118 \times 78,163 =$
18	$4,398 \times 95.22 =$	38	$63.963 \times 18.36 =$
19	$41.18 \times 2,847 =$	39	$3,392 \times 9,078 =$
20	$8,056 \times 1,396 =$	40	$743.9 \times 26.22 =$

【实训 4】 全国珠算技术比赛乘法自测，精确到 0.000,1 位，时间 10 分钟。小组比比看，看谁更快更准。

1	$39.86 \times 25.101 =$	21	$9,247 \times 3,568 =$
2	$23.408 \times 0.957 =$	22	$56,183 \times 2.59 =$
3	$643.5 \times 827.93 =$	23	$91,805 \times 63.48 =$
4	$36,498 \times 874 =$	24	$79.68 \times 947.38 =$
5	$74.56 \times 496.57 =$	25	$693.1 \times 24,513 =$
6	$29,356 \times 7958 =$	26	$30,791 \times 8,256 =$
7	$5,974 \times 208.36 =$	27	$6,194 \times 160.49 =$
8	$296.3 \times 1,075.8 =$	28	$97,465 \times 20.942 =$
9	$89,412 \times 2,306 =$	29	$192.78 \times 4.862,9 =$
10	$29,451 \times 3,678 =$	30	$5,741.8 \times 746.12 =$
11	$578.3 \times 60,491.02 =$	31	$2,957 \times 362,485 =$
12	$82,452 \times 74,461 =$	32	$2,967 \times 1,218.74 =$
13	$710.294 \times 3,256 =$	33	$9,321.59 \times 69.27 =$
14	$286,974 \times 5,031 =$	34	$50,248 \times 902,456 =$
15	$514,832 \times 97.57 =$	35	$42,366 \times 803.89 =$
16	$4,781 \times 930,625 =$	36	$2,768.34 \times 91.1208 =$
17	$9,182,065 \times 438.72 =$	37	$893.764 \times 781.063 =$
18	$5,784 \times 24,903.61 =$	38	$38.026 \times 4,818.36 =$
19	$9.605 \times 3,483,712 =$	39	$578.3 \times 29,041.65 =$
20	$403.62 \times 1,897.58 =$	40	$4,208.653 \times 126.02 =$

任务六　珠算除法运算技能

珠算除法在会计核算中主要用于一些分配率和比率会计指标的运算，为企业经营核算提供会计信息。除法是求一个数为另一个数的倍数的方法，是乘法的逆运算。珠算除法包含了珠算加减乘的各种运算方法和技巧，因此，学习珠算除法既是珠算加、减、乘的综合运用，也是珠算四则运算的综合练习，对于提高会计人员的基本岗位技能具有重要意义。

一、商的定位

珠算除法运算后在算盘上得出的商数，如果未经定位，就不能算确商。因此，为求出准确的商数，必须掌握好商的定位方法。珠算除法的定位方法有很多，这里主要介绍常用的公式定位法和盘上定位法(固定个位档定位法)。

(一) 公式定位法

公式定位法是算后定位法，又叫通用定位法，它是通过比较被除数和除数的位数，来确定商数的一种定位方法。

商的定位公式有两个：

$$商的位数 = M - N \qquad ①$$

或

$$商的位数 = M - N + 1 \qquad ②$$

其中：M 代表被除数的位数；N 代表除数的位数。

定位规律：当被除数首位数字小于除数首位数字时，用公式①给商定位；当被除数首位数字大于除数首位数字时，用公式②给商定位；当被除数首位数字等于除数首位数字时，则比较第二位，照此类推来确定商的定位所使用的公式，若比较到最后一位仍然相等，则使用公式②给商定位；

【例 2-48】 $18,048 \div 564 = 32$。

被除数首位数字 1 小于除数首位数字 5 时，用公式①给商定位，商的位数 = 5 - 3 = 2，商是正二位。

【例 2-49】 $6,457 \div 587 = 11$。

被除数首位数字 6 大于除数首位数字 5 时，用公式②给商定位，商的位数 = 4 - 3 + 1 = 2，商是正二位。

【例 2-50】 $4,268 \div 44 = 97$。

被除数首位数字和除数首位数字都是 4，而被除数第二位数 2 小于除数第二位数 4，所以用公式①给商定位，商的位数 = 4 - 2 = 2，商是正二位。

用公式定位法定位，算前算后都可以使用，算前定位对于除不尽的算题便于小数点的取舍，而算后定位可用于检验算完的算题定位是否正确。

(二) 盘上定位法

盘上定位法是算前定位法，又称固定个位档定位法，这种方法简捷方便，在计算前，在算盘上定出个位档，然后根据被除数和除数的位数确定布被除数的首位档，将被除数布入算盘，计算完毕，根据算盘上的商的个位直接写出商数即可。

设 M 代表被除数的位数，N 代表除数的位数，用 M - N - 1 或 M - N 确定被除数置入档。

1. 商除法

置数档位 M – N – 1。

【例 2-51】 8,372 ÷ 46 = 182。

置数档 = 4 – 2 – 1 = 1 位，从 +1 位开始将被除数布入算盘，运算完毕后，算盘上的个位就是商的个位，直接写商数 182。

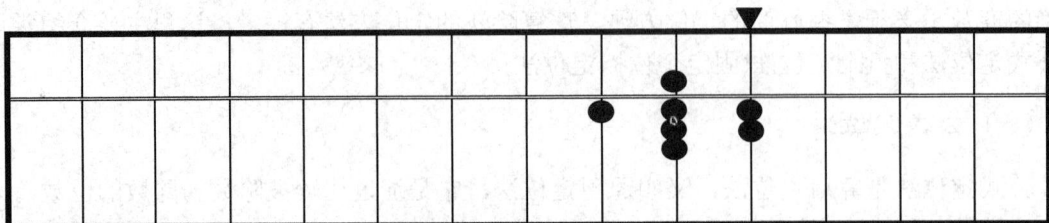

【例 2-52】 5.38 ÷ 0.86 = 6.26(保留两位小数)。

置数档 = 1 – 0 – 1 = 0 位，从 0 位开始将被除数布入算盘，运算完毕后，商为 +1 位，盘面数 6.255 为商数，四舍五入后为 6.26。

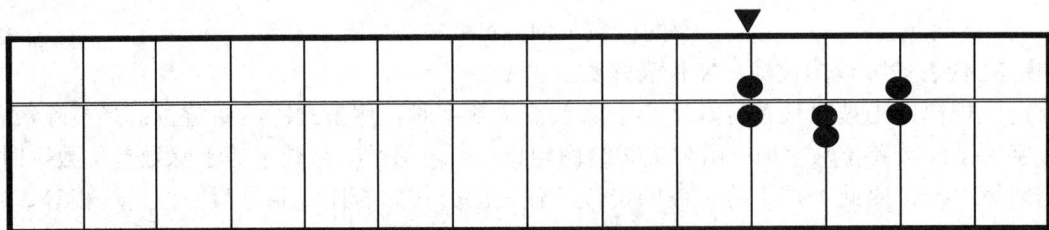

2. 改商除法

置数档位 M – N。

【例 2-53】 9,264 ÷ 257 = 36.05(保留两位小数)。

置数档 = 4 – 3 = 1 位，从 +1 位开始将被除数布入算盘，运算完毕后，算盘上的个位就是商的个位，直接写商数 36.05。

盘上定位法是一种比较方便的算前定位法，它的优点是，运算结束后，商的位数可以从算盘直接读出，不需要再考虑商的定位；另外对于除不尽的算题，只要计算到要求保留的位数即可，下一位商不必计算，直接目测确定四舍五入即可，节省运算时间，提高运算速度。

二、商除法

商除法是一种古老的传统算法，根据笔算除法的原理，结合珠算的特点，易学好掌握，运算方便，计算速度比较快，是现实珠算除法中使用较为普遍的一种方法。

(一) 商除法的运算步骤

1. 算前定位和置数

首先确定个位档，然后用公式"M – N – 1"来确定被除数置入档，将被除数布入算盘，默记除数。

2. 估商

估商又叫试商，同笔算除法一样，反用大九九口诀。一位除法，从被除数的首位或前两位与除数首位的比较中看被除数含有几倍除数就商几；多位除法的估商比较困难，为了快速估商，一般不用整个除数去估商，而是把估商部位简化，通常可以采用 3 种方法估商。

(1) 除首估商。当除数的第二位是 0、1、2 时，用除数的首位与被除数相比较估商。如 $735 \div 21 = 35$，除数的第二位是 1，则用 2 来估商，$7 \div 2$ 首商估为 3。

(2) 除首加 1 估商。当除数的第二位是 7、8、9 时，用除首估商容易偏大，则用除数的首位加上 1，再与被除数相比较估商。如 $675 \div 27 = 25$，除数的第二位是 7，则用 2 + 1=3 来估商，$6 \div 3$ 首商估为 2。

(3) 除二位估商。当除数的首位是 1 时，用上述两种方法估商偏差都较大，所以用除数的前两位与被除数相比较估商。例如，$855 \div 15 = 57$，除数的首位是 1，用除数的前两位 15 与被除数比较，$85 \div 15$，首商估为 5。

【注意】 估商要遵循"宁小勿大"的原则。

3. 立商位置

原则：够除隔位商，不够除挨位商。被除数与除数同位数相比，大于等于除数(够除)，隔位立商，即在被除数首位数的前两档商；而被除数与除数同位数相比，小于除数(不够除)，则挨位立商，即在被除数首位数的前一档置商。

4. 减积

将被除数置于算盘后，默记除数。商与除数的第几位相乘，其积就从商右边的第几档减去，个位数右退一档减。减积的规律是：前一个减积的个位档，就是本次减积的十位档，本次减积的个位档又是下一次减积的十位档，以此类推。运算时为了避免减错档位，要"食指点积"，始终把食指放在本次减积的十位档上，随着减积档位的变动，食指逐档向右移动，递位叠减。若除数中间有"0"食指应向右空点移档，有几个"0"，食指向右移动几档。

5. 商数或余数

商与除数相乘，其积数从被除数中减去以后，如果被除数减没了，那么算盘上的数字就是商数，直接按照算盘上的个位写出得数即可；如果商右边还有数字，这个数就是余数，把余数作为第二次的被除数重新开始估商、置商和减积，直到被除数减没了或已计算到所要求的精确度为止。

【例 2-54】 $2135 \div 7 = 305$。

运算过程：

(1) 定位和置数：置数档 = 4 − 1 − 1 = +2。

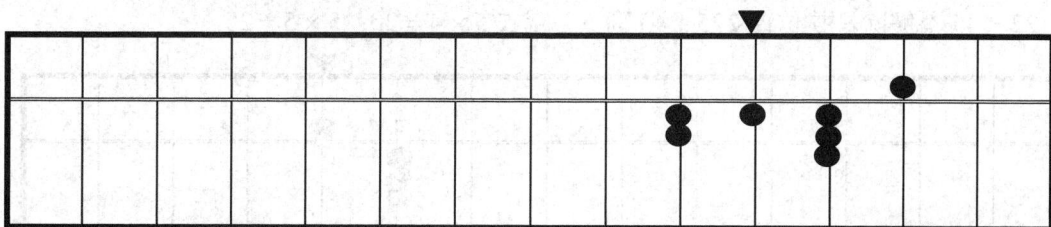

(2) 估商：2 < 7 不够除，挨位商 21 ÷ 7 商 3，减去 21。

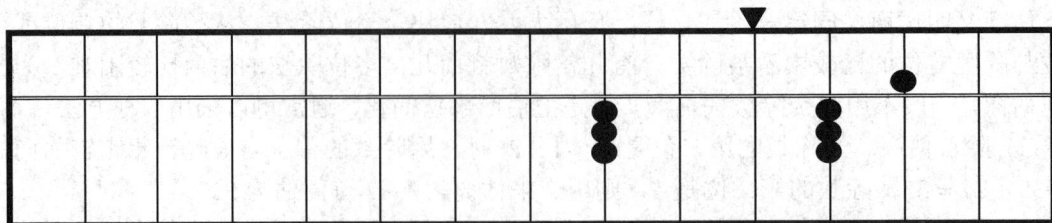

3 < 7 不够除，挨位商，35 ÷ 7 商 5，减去 35。

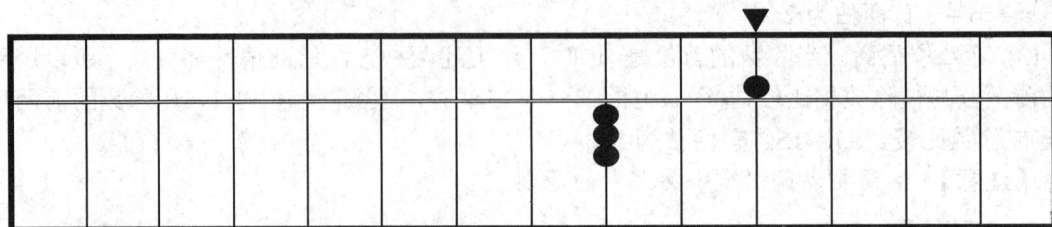

(3) 被除数减完，按照算盘上的个位写商 305。

【例 2-55】　1,575 ÷ 45 = 35。

运算过程：

(1) 定位和置数：置数档 = 4 − 2 − 1 = +1。

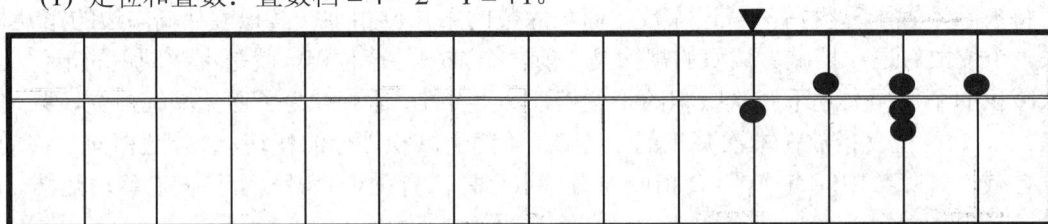

(2) 估商：15 < 45 不够除，挨位商 157 ÷ 45 商 3，减去 3 × 4 = 12；3 × 5 = 15。

22 < 45 不够除，挨位商 225 ÷ 45 商 5，减去 5 × 4 = 20；5 × 5 = 25。

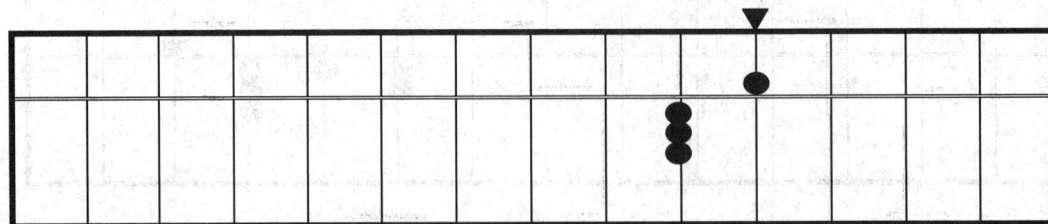

（3）被除数减完，按照算盘上的个位写商 35。

【例2-56】　$74,046 \div 246 = 301$。

运算过程：

（1）定位和置数：置数档 $= 5 - 3 - 1 = +1$。

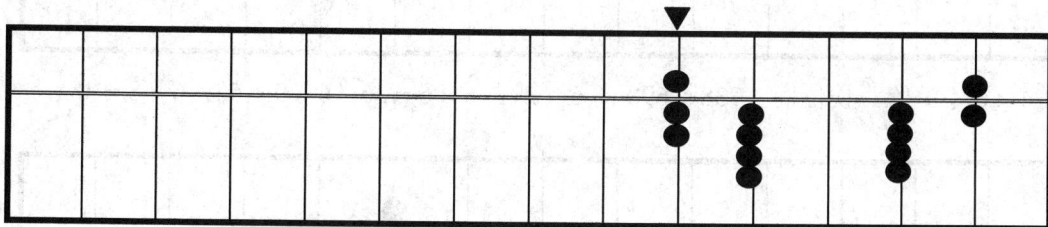

（2）估商：$7 > 2$ 够除，隔位商 $74 \div 24$ 商 3，减去 $3 \times 2 = 06$；$3 \times 4 = 12$；$3 \times 6 = 18$。

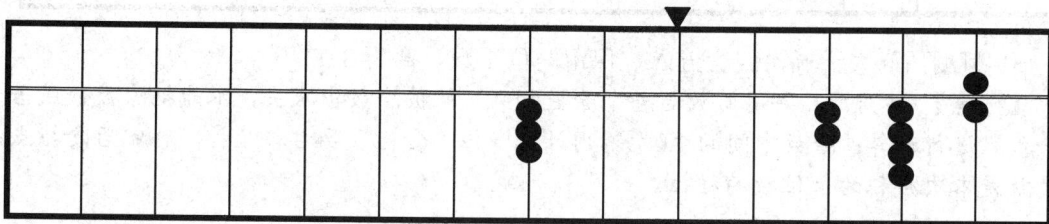

$246 \div 246$ 够除，隔位商 $246 \div 246$ 商 1，减去 $1 \times 2 = 02$；$1 \times 4 = 04$；$1 \times 6 = 06$。

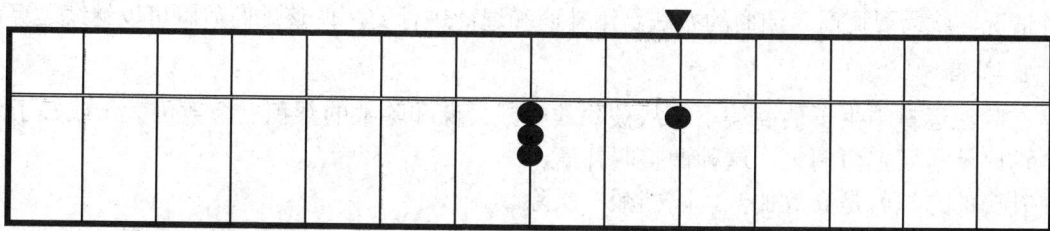

（3）被除数减完，按照算盘上的个位写商 301。

【例2-57】　$21.4138 \div 6.98 = 3.07$。

运算过程：

（1）定位和置数：置数档 $= 2 - 1 - 1 = 0$。

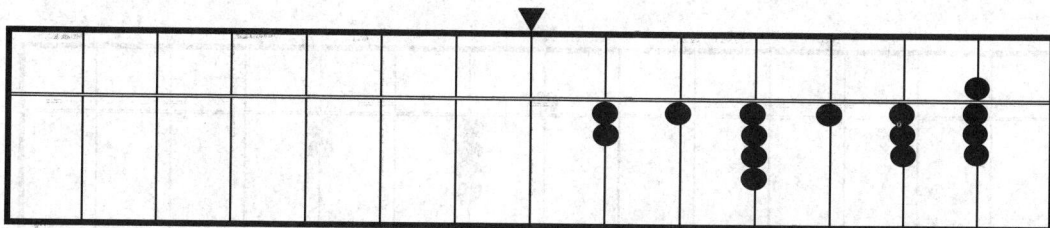

(2) 估商：2 < 6 不够除，挨位商 2,141 ÷ 698 商 3，减去 3 × 6 = 18；3 × 9 = 27；3 × 8 = 24。

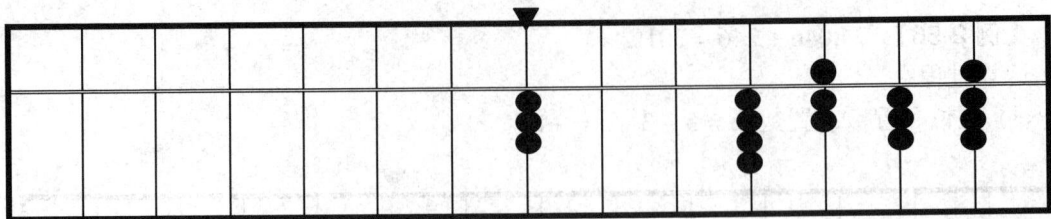

4 < 6 不够除，挨位商 4,738 ÷ 698 商 6，减去 6 × 6 = 36；6 × 9 = 54；6 × 8 = 48。

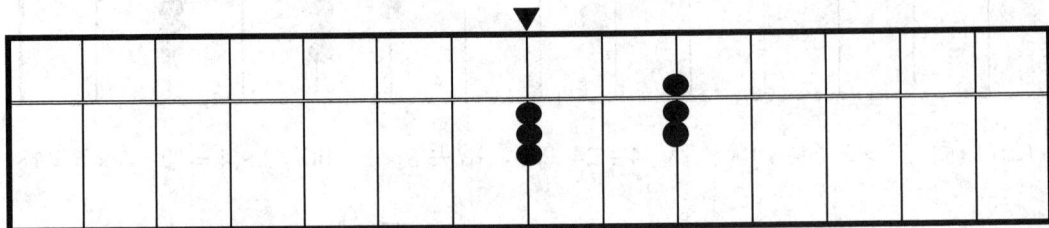

(3) 目测估商大于五，四舍五入，保留两位小数，商为 3.07。

【注意】 估商后，要用商数与整个除数相乘，从被除数中减去，不能把除数分成若干个一位数进行计算；除数中间的"0"不用计算，但"食指"要右移几档，移完后食指点的档位就是本次减积的十位数的档位。

(二) 补商和退商

在实际生活中由于多位数除法除数的位数多，估商难免出现偏小或偏大的情况，出现这种情况，就需要调商。调商的办法是用补商和退商进行的，调整试商后就可以继续运算。

1. 补商

在除法运算中由于估商偏小，从被除数中减去商和除数的乘积后余数仍大于或等于除数，这时就需要把商调大，这种调整叫补商。

补商的方法就是商数加一，隔档减一次除数。

如果补一次商后，余数仍大于或等于除数，就需要再补一次商，以此类推，直到商的右边第一档出现空档并且商右边第二档的余数小于除数为止，可以概括为"原商补加 1，隔位减除数"。

【例 2-58】 5,402 ÷ 74 = 73。

计算过程：

(1) 定位和置数：置数档 = 4 − 2 − 1 = 1。

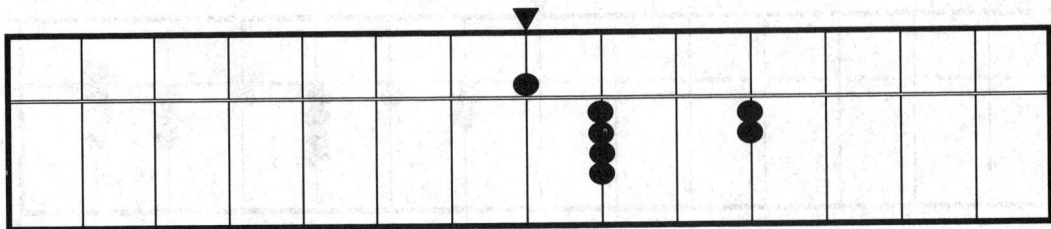

(2) 估商：5 < 7 不够除，挨位商 540 ÷ 74 商 6，减去 6 × 7 = 42；6 × 4 = 24。

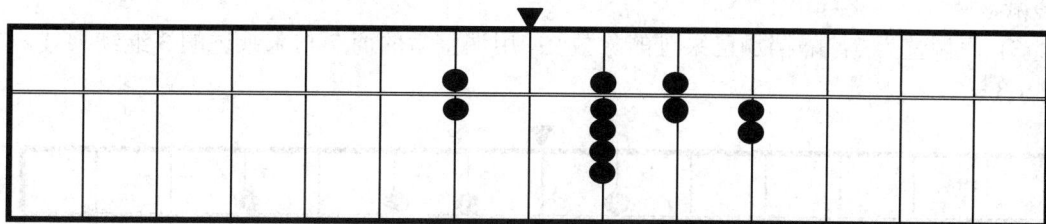

(3) 补商：余数大于除数，够除隔档补商 1，隔档减去除数 74。

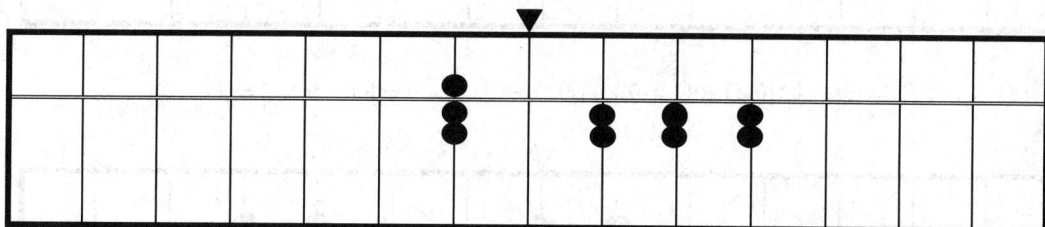

(4) 2 < 7 不够除，挨位商 222 ÷ 74 商 3，减去 3 × 7 = 21；3 × 4 = 12。

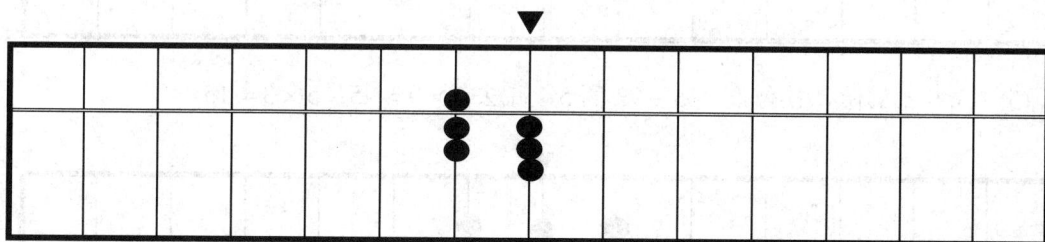

(5) 被除数减完，按照算盘上的个位写商数 73。

2. 退商

在除法运算中由于估商偏大，从被除数中减去商和除数的乘积时，会出现不够减，这时需要把商调小，这种调整叫退商。

退商的方法就是商数减一，隔档加已乘减过的除数，然后用调整后的商与未乘减的除数继续乘减，概括为"原商减 1，隔位加除数"。

【例 2-59】7393.5 ÷ 93 = 79.5。

运算过程：

(1) 定位和置数：置数档 = 4 – 2 – 1 = 1。

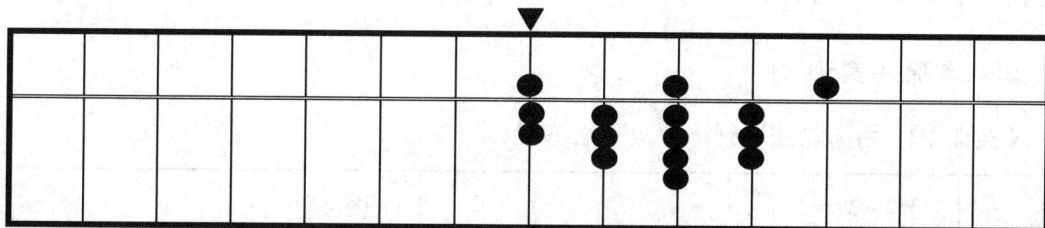

(2) 估商：7 < 9 不够除，挨位商 739 ÷ 93 商 8，减去 8 × 9 = 72；减去 8 × 3 = 24。不够减。

(3) 商调整为 7，隔档加已乘过的除数 9；用调整后的商 7 与未乘过的 3 继续乘减，减去 7 × 3 = 21。

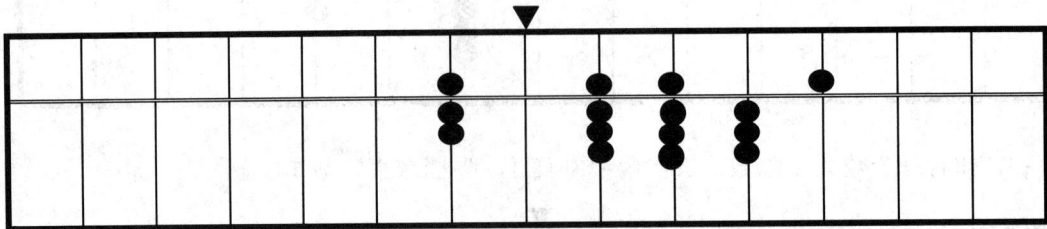

(4) 8 < 9 不够除，挨位商 883 ÷ 93 商 9，减去 9 × 9 = 81；9 × 3 = 27。

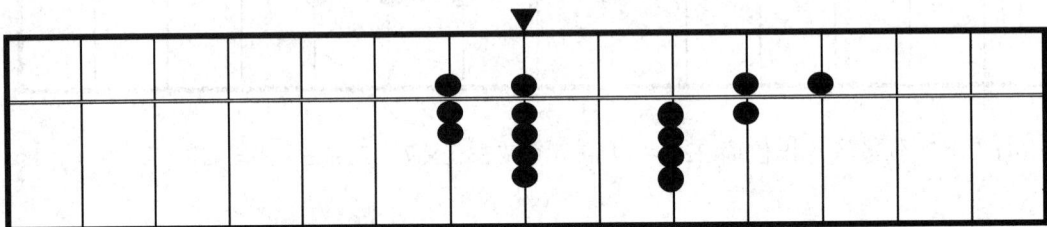

(5) 4 < 9 不够除，挨位商 465 ÷ 93 商 5，减去 5 × 9 = 45；5 × 3 = 15。

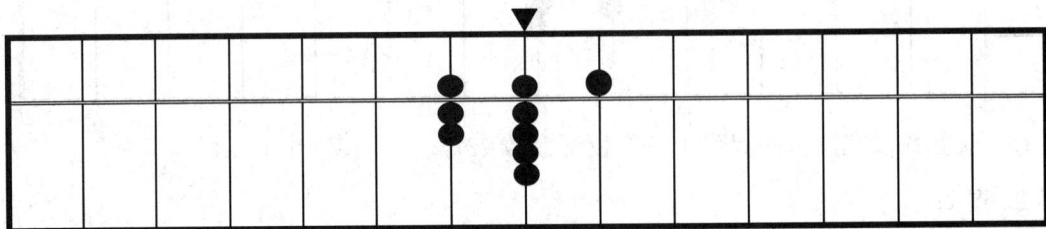

(6) 被除数减完，按照算盘上的个位写商数 79.5。

【注意】 中途退商后，用调整后的商与未减乘的除数继续乘减的档位容易弄错，为避免出错，要"食指点积"。退商时，商数减 1，隔档加已乘减过的除数，除数加到哪一档，食指就点在哪一档，而食指点的档位就是继续乘减的十位积的档位。

从补商和退商的运算来看，补商比退商容易，因此，在运算时，如果估商不确定，应该遵循"宁小勿大"的原则。

(三) 商除法实训

【实训 1】 用商除法进行一位数除法练习。

1	362 ÷ 20 =	2	408 ÷ 5 =

3	9,340 ÷ 20 =	22	79.26 ÷ 0.004 =
4	34.42 ÷ 5 =	23	0.2165 ÷ 0.005 =
5	9,246 ÷ 6 =	24	72.81 ÷ 0.3 =
6	1,236 ÷ 0.04 =	25	4,236 ÷ 60 =
7	21.63 ÷ 0.7 =	26	0.01342 ÷ 0.002 =
8	0.2472 ÷ 0.008 =	27	33,696 ÷ 80 =
9	1,248 ÷ 40 =	28	421.4 ÷ 0.7 =
10	4,635 ÷ 90 =	29	76,480 ÷ 500 =
11	76.85 ÷ 0.05 =	30	0.7218 ÷ 0.009 =
12	934.6 ÷ 0.2 =	31	86.38 ÷ 0.07 =
13	21,840 ÷ 300 =	32	17,436 ÷ 40 =
14	201.5 ÷ 0.04 =	33	10.98 ÷ 0.06 =
15	7.456 ÷ 0.006 =	34	6,408 ÷ 30 =
16	47,565 ÷ 700 =	35	25.68 ÷ 0.08 =
17	17.84 ÷ 0.08 =	36	38,934 ÷ 80 =
18	311.4 ÷ 0.09 =	37	137,500 ÷ 5,000 =
19	4.018,4 ÷ 0.008 =	38	94,236 ÷ 20 =
20	40,296 ÷ 300 =	39	15,384 ÷ 4 =
21	13.51 ÷ 0.7 =	40	17.92 ÷ 0.07 =

【实训2】 用商除法进行多位数除法练习，保留两位小数。

1	3,062 ÷ 27 =	6	8,236 ÷ 944 =
2	5,408 ÷ 36 =	7	2,189 ÷ 487 =
3	288.72 ÷ 520 =	8	0.2472 ÷ 0.28 =
4	3,442 ÷ 45 =	9	1,208 ÷ 414 =
5	92,546 ÷ 136 =	10	46.35 ÷ 0.219 =

11	7,685 ÷ 35 =	26	0.701342 ÷ 0.0142 =
12	9,341 ÷ 422 =	27	3,369.6 ÷ 809 =
13	21,840 ÷ 345 =	28	4,221.4 ÷ 0.4567 =
14	201.5 ÷ 0.44 =	29	764.80 ÷ 509 =
15	7.456 ÷ 0.106 =	30	0.7218 ÷ 0.109 =
16	475.65 ÷ 71 =	31	86.38 ÷ 0.357 =
17	17.84 ÷ 18 =	32	17,436 ÷ 41,444 =
18	3,114 ÷ 647 =	33	10.98 ÷ 0.1586 =
19	4.0184 ÷ 0.028 =	34	6,408 ÷ 306 =
20	402.96 ÷ 1.301 =	35	25.68 ÷ 0.748 =
21	103.51 ÷ 0.897 =	36	38,934 ÷ 8,044 =
22	791.26 ÷ 0.00474 =	37	137,500 ÷ 509 =
23	0.210,1765 ÷ 0.785 =	38	94,236 ÷ 2,077 =
24	9,712.81 ÷ 0.743 =	39	15,384 ÷ 1,454 =
25	42,536 ÷ 607 =	40	1,782 ÷ 2,117 =

三、改商除法

在除法运算中，当被除数或余数大于或等于除数时，挨位商；被除数或余数小于除数时，被除数首位直接改为商数，它的运算和商除法的运算步骤基本相同，只是置数、置商和减积的档次不同而已。

（一）改商除法的运算步骤

1. 算前定位和置数

首先确定个位档，然后用公式"M－N"来确定被除数置入档，将被除数布入算盘，默记除数。

2. 估商

估商又叫试商，同笔算除法一样，反用大九九口诀。一位除法，从被除数的首位或前两位与除数首位的比较中看被除数含有几倍除数就商几；多位除法的估商比较困难，为了快速估商，一般不用整个除数去估商，而是把估商部位简化，通常可以采用3种方法估商。

(1) 除首估商。当除数的第二位是 0、1、2 时，用除数的首位与被除数相比较估商。如 735÷21＝35，除数的第二位是 1，则用 2 来估商，7÷2 首商估为 3。

(2) 除首加 1 估商。当除数的第二位是 7、8、9 时，用除首估商容易偏大，则用除数的首位加上 1，再与被除数相比较估商。如 675÷27＝25，除数的第二位是 7，则用 2＋1＝3 来估商，6÷3 首商估为 2。

(3) 除二位估商。当除数的首位是 1 时，用上述两种方法估商偏差都较大，所以用除数的前两位与被除数相比较估商。例如，855÷15＝57，除数的首位是 1，用除数的前两位 15 与被除数比较，85÷15，首商估为 5。

【注意】 估商要遵循"宁小勿大"的原则。

3. 立商位置

原则：够除挨位商，不够除本档改商。被除数与除数同位数相比，大于等于除数(够除)，挨位立商，即在被除数首位数的前档置商；而被除数与除数同位数相比，小于除数(不够除)，则把被除数的首位数字改为商数。

4. 减积

将被除数置于算盘后，默记除数。挨位商时，商与除数首位乘积的十位数是 0 不用减，个位积从商的右一档减去；本档改商时，拨商与减乘积的十位数在同一档位同时完成，个位积从商的右一档减去。

5. 商数或余数

商与除数相乘，其积数从被除数中减去以后，如果被除数减没了，那么算盘上的数字就是商数，直接按照算盘上的个位写出得数即可；如果商右边还有数字，这个数就是余数，把余数作为第二次的被除数重新开始估商、置商和减积，直到被除数减没了或已计算到所要求的精确度为止。

【例 2-60】 7,393.5÷5＝1,478.7。

计算过程：

(1) 定位和置数：置数档＝4－1＝3。

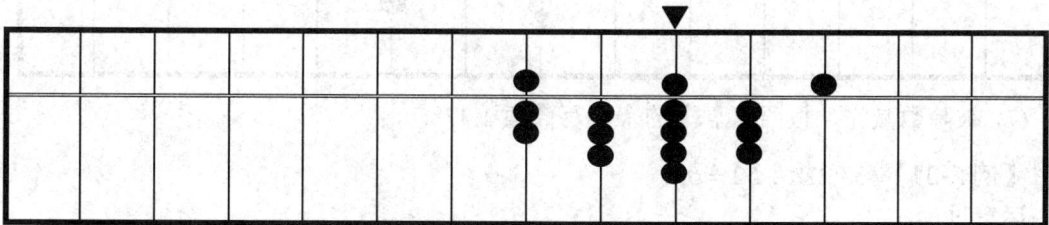

(2) 估商：7＞5 够除，挨位商 7÷5 商 1，减去 1×5＝05。

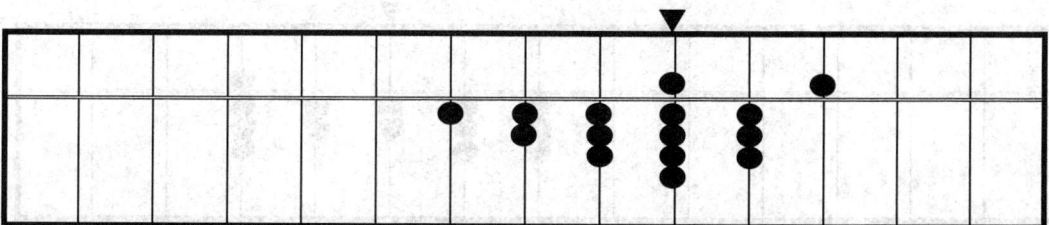

(3) 2 < 5 不够除，本档改商 4，减去 4 × 5 = 20。

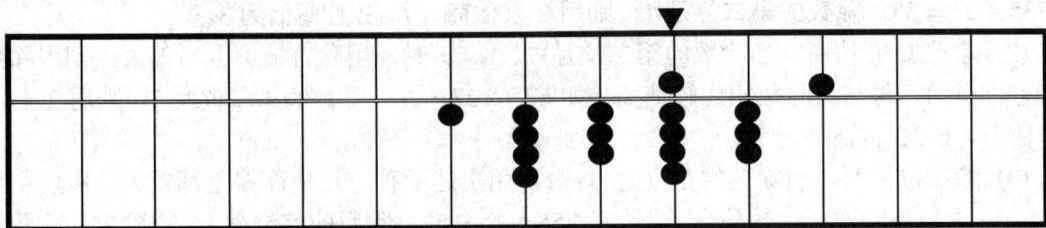

(4) 3 < 5 不够除，本档改商 7，减去 7 × 5 = 35。

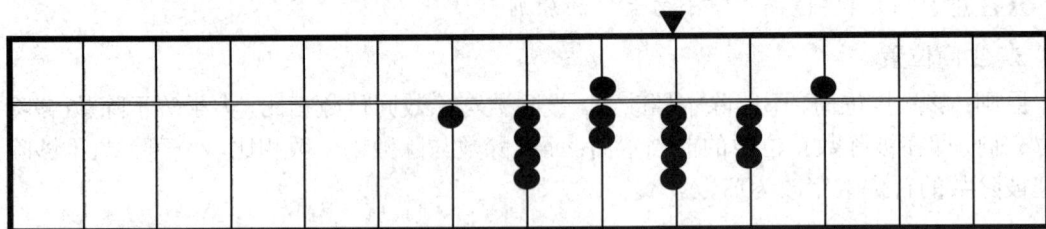

(5) 4 < 5 不够除，本档改商 8，减去 8 × 5 = 40。

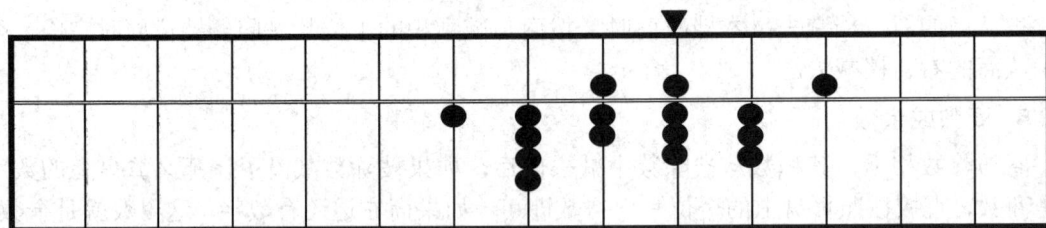

(6) 3 < 5 不够除，本档改商 7，减去 7 × 5 = 35。

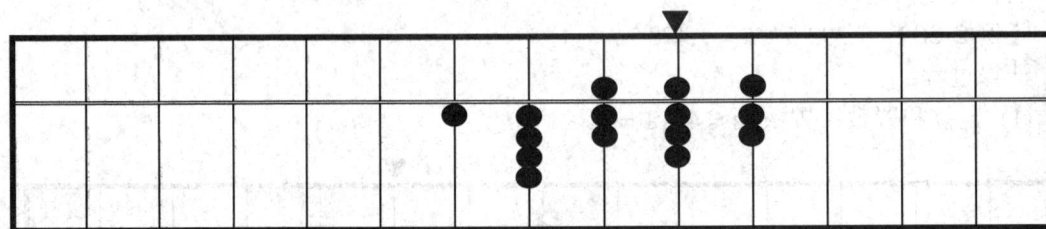

(7) 被除数减完，按照算盘上的个位写商数 1,478.7。

【例 2-61】　33,228 ÷ 52 = 639。

运算过程：

(1) 定位和置数：置数档 = 5 − 2 = 3。

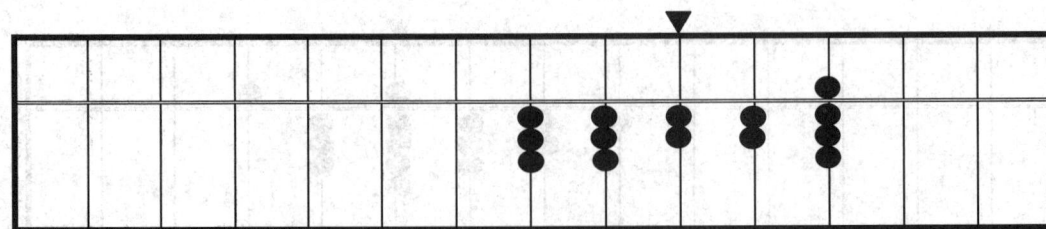

（2）估商：3＜5不够除，本档改商6，从商的本位起退位依次减乘积6×5＝30；6×2＝12。

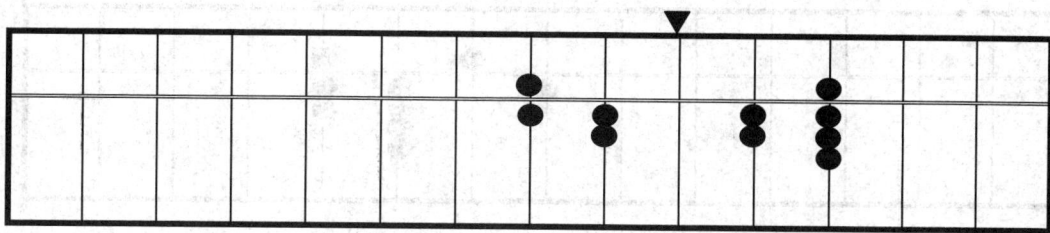

（3）2＜5不够除，本档改商3，从商的本位起退位依次减乘积3×5＝15；3×2＝06。

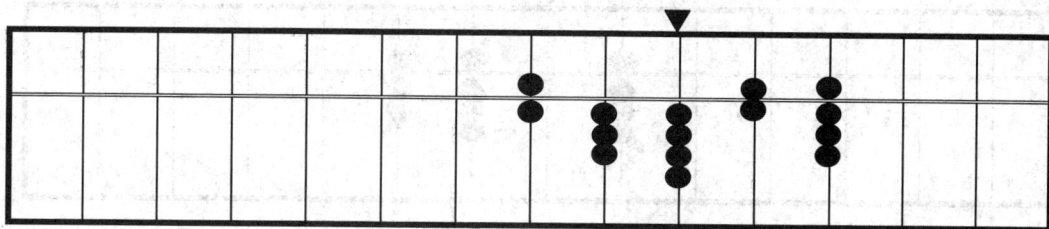

（4）4＜5不够除，本档改商9，从商的本位起退位依次减乘积9×5＝45；9×2＝18。

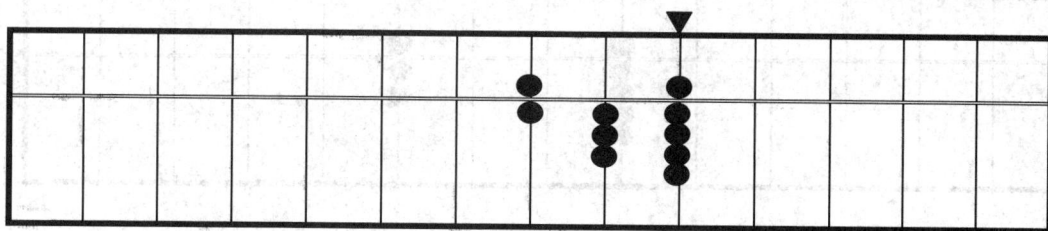

（5）被除数减完，按照算盘上的个位写商数639。

（二）补商和退商

在实际生活中由于多位数除法除数的位数多，心算估商难免出现偏小或偏大的情况，出现这种情况，就需要调商。调商的办法是用补商和退商进行的，调整试商后就可以继续运算。

1. 补商

在除法运算中由于估商偏小，从被除数中减去商和除数的乘积后余数仍大于或等于除数，这时就需要把商调大，这种调整叫补商。

补商的方法就是商数加一，挨档减一次除数。

如果补一次商后，余数仍大于或等于除数，就需要再补一次商，以此类推，直到商的右边档的余数小于除数为止。

【例2-62】 1,547÷17＝91。

计算过程：

(1) 定位和置数：置数档 = 4 – 2 = 2。

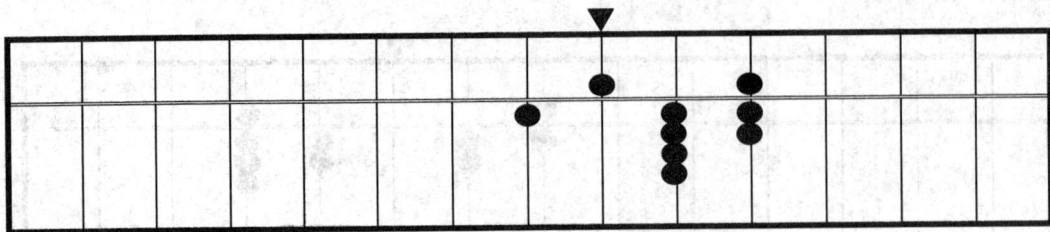

(2) 估商：15 < 17 不够除，本档改商 8，减去 8 × 1 = 08；8 × 7 = 56。

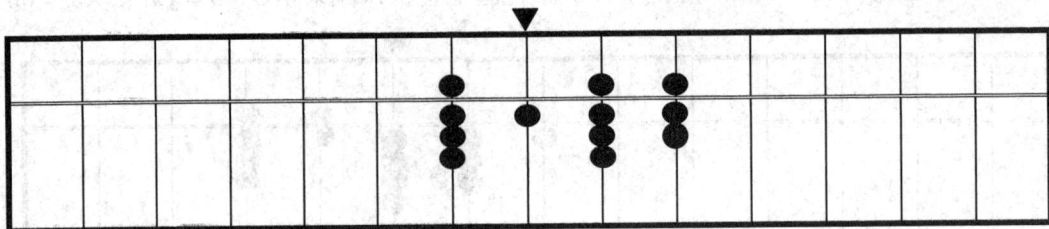

(3) 18 > 17 够除，挨位补 1，减去 1 × 17 = 17。

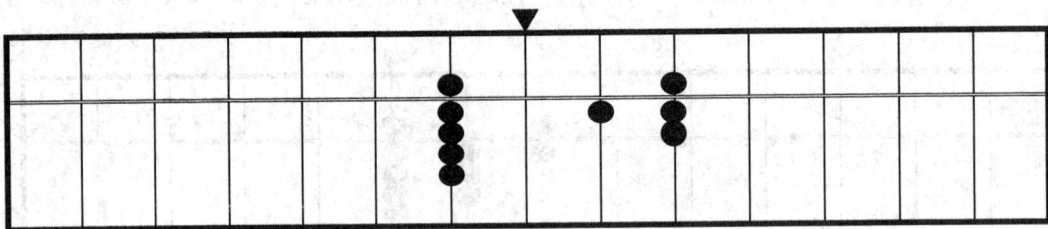

(4) 17 = 17 够除，挨位商 1，减去 1 × 1 = 01；1 × 7 = 07。

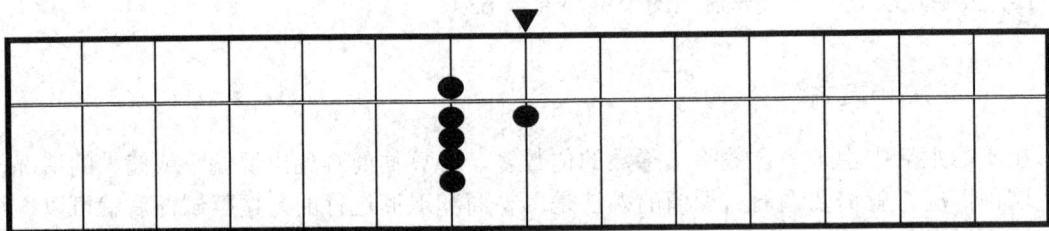

(5) 被除数减完，按照算盘上的个位写商数 91。

2. 退商

在除法运算中由于估商偏大，从被除数中减去商和除数的乘积时，会出现不够减，这时需要把商调小，这种调整叫退商。

退商的方法就是商数减一，挨档加已乘减过的除数，然后用调整后的商与未乘减的除数继续乘减。

【例 6-63】　1,739 ÷ 25 = 69.56。

计算过程：

(1) 定位和置数：置数档 = 4 − 2 = 2。

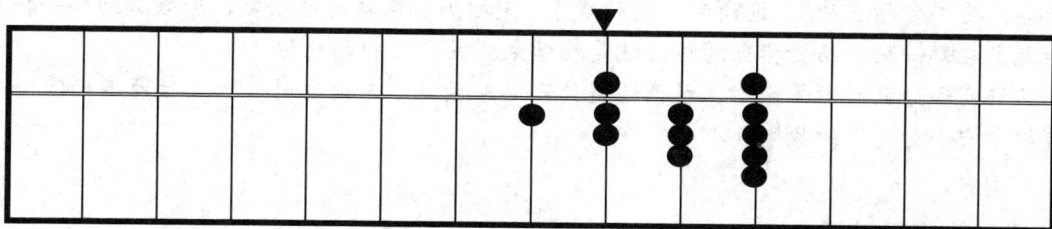

(2) 估商：1 < 2 不够除，本档改商 7，减去 7 × 2 = 14；7 × 5 = 35，不够减。

(3) 商调整为 6，挨档加已乘过的除数 2；用调整后的商 6 与未乘过的 5 继续乘减，减去 6 × 5 = 30。

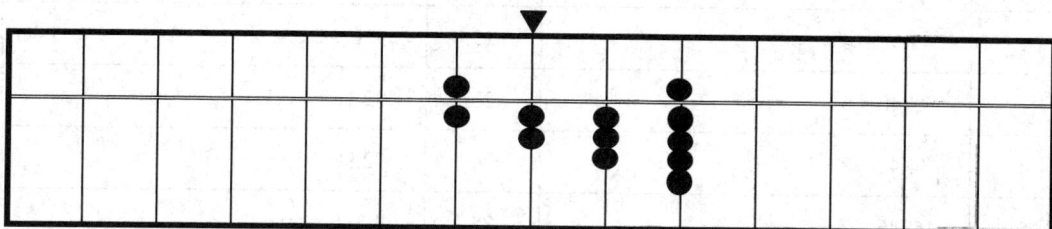

(4) 23 < 25 不够除，本档改商 9，减去 9 × 2 = 18；9 × 5 = 45。

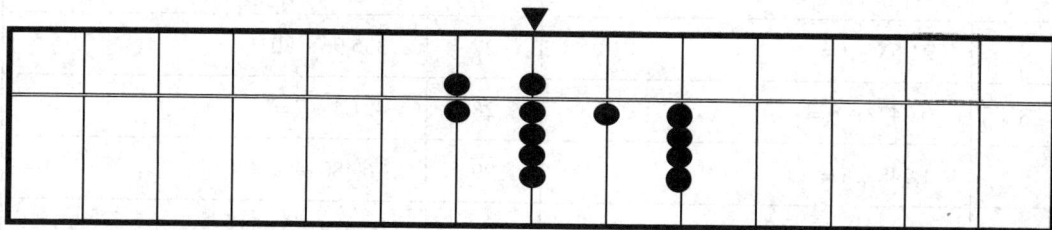

(5) 14 < 25 不够除，本档改商 5，减去 5 × 2 = 10；5 × 5 = 25。

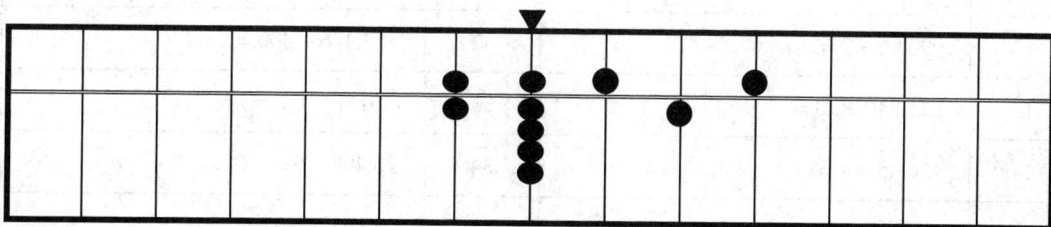

(6) 15 < 25 不够除，本档改商 6，减去 6 × 2 = 12；6 × 5 = 30。

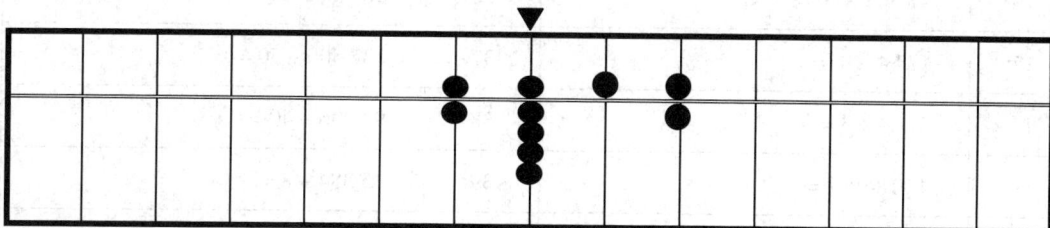

(7) 被除数减完，按照算盘上的个位写商数 69.56。

【注意】 中途退商后，用调整后的商与未减乘的除数继续乘减的档位容易弄错，为避免出错，要"食指点积"。退商时，商数减1，挨档加已乘减过的除数，除数加到哪一档，食指就点在哪一档，而食指点的档位就是继续乘减的十位积的档位。

从补商和退商的运算来看，补商比退商容易，因此，在运算时，如果估商不确定，应该遵循"宁小勿大"的原则。

(三) 改商除法实训

【实训1】 用改商除法进行一位数除法练习。

1	2,104 ÷ 8 =	21	951 ÷ 7 =
2	4,098 ÷ 4 =	22	926 ÷ 0.004 =
3	9,340 ÷ 5 =	23	92,165 ÷ 0.5 =
4	34.42 ÷ 8 =	24	72,981 ÷ 3 =
5	9,246 ÷ 3 =	25	4,236 ÷ 60 =
6	1,236 ÷ 6 =	26	342 ÷ 0.2 =
7	21.63 ÷ 7 =	27	336.96 ÷ 80 =
8	0.2472 ÷ 8 =	28	421.4 ÷ 7 =
9	1,248 ÷ 5 =	29	76,480 ÷ 50 =
10	4,635 ÷ 0.9 =	30	0.7218 ÷ 0.093 =
11	76.85 ÷ 5 =	31	86.38 ÷ 0.007 =
12	934.6 ÷ 2 =	32	17,436 ÷ 400 =
13	21,840 ÷ 30 =	33	10.98 ÷ 0.6 =
14	201.5 ÷ 4 =	34	6,408 ÷ 9 =
15	7.456 ÷ 0.06 =	35	25.68 ÷ 0.04 =
16	47,565 ÷ 70 =	36	38,934 ÷ 8 =
17	17.84 ÷ 8 =	37	137,500 ÷ 50 =
18	311.4 ÷ 3 =	38	94,236 ÷ 40 =
19	4.0184 ÷ 7 =	39	15,384 ÷ 8 =
20	40,296 ÷ 6 =	40	17.92 ÷ 5 =

【实训 2】 用改商除法进行多位数除法练习，保留两位小数

1	$9,862 \div 207 =$	21	$1,035.51 \div 0.8097 =$
2	$54,778 \div 377 =$	22	$7,991.26 \div 0.474 =$
3	$2,872 \div 5,920 =$	23	$0.2765 \div 0.75 =$
4	$3,472 \div 145 =$	24	$972.81 \div 0.43 =$
5	$925.46 \div 36 =$	25	$4,253 \div 67 =$
6	$82,306 \div 1,944 =$	26	$0.71342 \div 0.142 =$
7	$218,990 \div 4,817 =$	27	$33,669.6 \div 89 =$
8	$0.24721 \div 0.28 =$	28	$42,291.4 \div 0.467 =$
9	$1,208 \div 4,014 =$	29	$46,764.80 \div 540,9 =$
10	$46.395 \div 0.219 =$	30	$20.7218 \div 0.1209 =$
11	$76,857 \div 235 =$	31	$862.38 \div 0.57 =$
12	$93,419 \div 4,212 =$	32	$174,236 \div 2,144 =$
13	$21,847 \div 3,415 =$	33	$10.988 \div 0.15886 =$
14	$20,177.5 \div 0.44 =$	34	$640,578 \div 306 =$
15	$247.456 \div 106 =$	35	$24,525.68 \div 0.748 =$
16	$475,465 \div 711 =$	36	$38,934 \div 8,044 =$
17	$17.804 \div 108 =$	37	$1,375,300 \div 50.9 =$
18	$30,114 \div 2,647 =$	38	$9,423,336 \div 275,077 =$
19	$4.011,84 \div 0.28 =$	39	$157,384 \div 17,454 =$
20	$402.976 \div 301 =$	40	$17,782 \div 2,117 =$

【知识窗】

算 盘 歇 后 语

歇后语是中国人民在生活实践中创造的一种特殊语言形式，是一种短小、风趣、形

象的语句。它由前后两部分组成：前一部分起"引子"作用，像谜语，后一部分起"后衬"作用，像谜底，十分自然贴切。在一定的语言环境中，通常说出前半截，"歇"去后半截，就可以领会和猜想出它的本意，所以就称为歇后语。歇后语也叫俏皮话，有谚语的作用。算盘曾是我国人民在生产生活中广泛使用的传统计算工具，被誉为第五大发明。在我国的语言中，人们把算盘和歇后语结合在一起，创作并形成了丰富多彩的算盘歇后语。

算盘歇后语大致上可分为以下七类：

第一，谐音类。例如：和尚庙里打算盘——庙(妙)算；当兵的背算盘——找仗(账)打；拿着算盘串门——找仗(账)打。这类歇后语是利用同音字或近音字相谐，由原来的意义引申出所需要的另一种意义。

第二，珠算口诀类。从常用的珠算口诀中引申出一种意义来。如：二一添作五——双方平分；九九归一——都是一个源；一下五去四——以少胜多；二下五去三——一个不留；三下五去二——干脆利落；三下五去四——错打了算盘；二下五去一——错打了算盘。

第三，打(拨)算盘类。瞎子打算盘——瞎算；念口诀打算盘——又唱又打；潜水艇里打算盘——(老谋)深算；飞机里打算盘——空算；和尚庙里打算盘——庙(妙)算；土地爷打算盘——神机妙算；叫化子打(拨)算盘——穷有穷打算；黑屋里打算盘——暗算，暗中盘算；半天云里打算盘——算得高；走路拨算盘——手脚不闲；年三十夜拨算盘——满打满算；老会计拨算盘——精打细算。

第四，算盘珠子类。算盘上珠——一个顶五；算盘珠子——任人拨打；算盘珠子——拨拨动动，不拨不动；算盘珠子——拨一下，动一下；算盘珠子——在上为五，在下为一；算盘珠子——唔拨唔动；算盘珠子——两头挨磕打；算盘上的珠子——拨之则动；算盘上的珠子——听人摆弄；算盘珠子响——有声有色；没框的算盘珠——全散了；吃了算盘珠子——心中有数；老虎吃算盘珠——心中有数；肚里有数；算盘子进位——以一当十；算盘珠子脱了框——无用；木框里的算盘珠子——由人摆布，任人摆布。

第五，某某的算盘类。城隍庙的铁算盘——难算，算不清，不由人算；城隍庙的算盘——不由人算；账房的算盘——一个子儿不差；穷人的算盘——打出不打进；会计的算盘——天天打；会计的算盘——无空闲。

第六，打"小算盘"类。腰里别着把算盘——处处算小账；腰里别算盘——时刻为个人打算；腰里挂算盘——光为自己打算；脑门上挂算盘——算在眼前；屁股后挂算盘——光为自己打算；一只手如意，一只手算盘——只打进账。

第七，心中有数类。哑巴肚里挂算盘——心中自有巧打算，暗打算；吃下了算盘珠子——心里有数；老虎吃算盘珠——心中有数，肚里有数；胸口挂算盘——心中有数。

当然，还有其他一些算盘歇后语，例如：瘦账肥算盘——积少成多；腿档夹算盘——走一步算一步；半路上丢算盘——失算了；要饭的借算盘——穷有穷打算；手拿算盘串门子——找人算账；掂着算盘上门——找人算账；拿着算盘串门——找仗(账)打；屎壳郎爬在算盘上——混账；会计拿算盘——算啦；算盘的命——不怕打；算盘上的数字——明摆着。众多的算盘歇后语丰富着祖国的语言宝库，从中也可以看出算盘曾在人们生产生活中发挥过重要的作用。

四、除法自我测试

【实训1】 普通五级除法自测，保留两位小数，时间20分钟，对32题为合格。小组比比看，看谁更快更准。

1	$30,072 \div 358 =$	21	$50,022 \div 794 =$
2	$4,674 \div 82 =$	22	$13,752 \div 180 =$
3	$16,416 \div 608 =$	23	$1,083.506 \div 607 =$
4	$11,305 \div 3.7 =$	24	$288,439 \div 47 =$
5	$40,420 \div 43 =$	25	$10,360 \div 35 =$
6	$10,530 \div 27 =$	26	$1,008 \div 21 =$
7	$7,452 \div 69 =$	27	$88,768 \div 206 =$
8	$1,273 \div 19 =$	28	$3,551 \div 67 =$
9	$2,033 \div 107 =$	29	$73,255 \div 91 =$
10	$13,636 \div 0.46 =$	30	$2,262 \div 26 =$
11	$2,691 \div 63 =$	31	$5,796 \div 92 =$
12	$8,636 \div 508 =$	32	$18,226 \div 701 =$
13	$98 \div 47 =$	33	$14,280 \div 28 =$
14	$86.42 \div 1.19 =$	34	$1.306 \div 0.46 =$
15	$1,014 \div 26 =$	35	$3,876 \div 68 =$
16	$61,540 \div 805 =$	36	$6,068 \div 82 =$
17	$1,462 \div 17 =$	37	$41.246 \div 71 =$
18	$3,002 \div 38 =$	38	$0.6764 \div 0.19 =$
19	$7,848 \div 72 =$	39	$3,953 \div 67 =$
20	$2,064 \div 86 =$	40	$14,274 \div 409 =$

【实训 2】 普通四级除法自测，保留两位小数，时间 20 分钟，对 32 题为合格。小组比比看，看谁更快更准。

1	66,049 ÷ 258 =	21	12,630 ÷ 614 =
2	7,849,256 ÷ 368 =	22	32,145 ÷ 143 =
3	314,358 ÷ 906 =	23	39,966 ÷ 903 =
4	6.253,4 ÷ 3.08 =	24	11,845 ÷ 571 =
5	54,968 ÷ 102 =	25	12,493 ÷ 401 =
6	32,457 ÷ 205 =	26	3,179 ÷ 107 =
7	18,889.2 ÷ 306 =	27	12,528 ÷ 213 =
8	1,908.2 ÷ 32.9 =	28	54,283 ÷ 103 =
9	294.564 ÷ 923 =	29	210.65 ÷ 1.43 =
10	9,113.52 ÷ 452 =	30	65,479 ÷ 49.7 =
11	18,152.3 ÷ 172 =	31	30,219 ÷ 719 =
12	3,200.24 ÷ 12.6 =	32	644,789 ÷ 348 =
13	11,346.25 ÷ 42.9 =	33	1,932.45 ÷ 458 =
14	21,845 ÷ 235 =	34	79,462 ÷ 327 =
15	22,456 ÷ 478 =	35	125,859 ÷ 603 =
16	634,579 ÷ 254 =	36	71,305 ÷ 471 =
17	321,545 ÷ 246 =	37	3,730.25 ÷ 82.9 =
18	32,567 ÷ 457 =	38	65,028 ÷ 305 =
19	12,548 ÷ 286 =	39	5,378 ÷ 324 =
20	19,740 ÷ 919 =	40	123,654 ÷ 1.23 =

【实训3】 普通三级除法自测，保留两位小数，时间20分钟，对32题为合格。小组比比看，看谁更快更准。

1	2,355,108 ÷ 318 =	21	94,798 ÷ 682 =
2	1,126,236 ÷ 2,956 =	22	1,626,443 ÷ 3,908 =
3	1,802.918 ÷ 709 =	23	15.5399 ÷ 2.57 =
4	752,717 ÷ 832 =	24	287,020 ÷ 452 =
5	21.709802 ÷ 4.05 =	25	416,783 ÷ 4.19 =
6	680,466 ÷ 762 =	26	509,712 ÷ 164 =
7	98,344 ÷ 647 =	27	27.2865 ÷ 6.35 =
8	791,904 ÷ 904 =	28	63.0267 ÷ 71.8 =
9	96.6379 ÷ 19.2 =	29	255.216 ÷ 409 =
10	267,386 ÷ 539 =	30	992,235 ÷ 1254 =
11	145,140 ÷ 708 =	31	76,389 ÷ 125 =
12	366,464 ÷ 895 =	32	194,768 ÷ 592 =
13	0.708269 ÷ 0.190,4 =	33	498,108 ÷ 806 =
14	322,688 ÷ 125,3 =	34	88,128 ÷ 459 =
15	277,186 ÷ 901 =	35	628.89674 ÷ 80.27 =
16	209.3169 ÷ 4.98 =	36	270,336 ÷ 705 =
17	373,945 ÷ 523 =	37	16.19843 ÷ 3.15 =
18	105,324 ÷ 134 =	38	64,801 ÷ 473 =
19	438,692 ÷ 48.6 =	39	3,284,876 ÷ 690,1 =
20	46,889 ÷ 107 =	40	2.96687 ÷ 2.85 =

【**实训 4**】 普通一级除法自测，保留两位小数，时间 20 分钟，对 32 题为合格。小组比比看，看谁更快更准。

1	371.4203 ÷ 43.99 =	21	649,712.4 ÷ 72.77 =
2	66,454,037 ÷ 773 =	22	53,830.8 ÷ 15.07 =
3	55,683.1 ÷ 9,186.9 =	23	1,983,918 ÷ 3,468 =
4	2,734,226 ÷ 814 =	24	399,148.3 ÷ 188.49 =
5	1,240,850 ÷ 2,075 =	25	212,122 ÷ 26.01 =
6	2,570,445 ÷ 717 =	26	80,452,594 ÷ 943 =
7	27,370,088 ÷ 161.86 =	27	9,601,626 ÷ 138 =
8	2,213,436 ÷ 417 =	28	163,685.2 ÷ 29.11 =
9	23.4888 ÷ 13.45 =	29	1,512,819 ÷ 531 =
10	397.8216 ÷ 61.57 =	30	4,343,226 ÷ 602 =
11	33.4714 ÷ 6.4073 =	31	3,602,720 ÷ 472 =
12	1,907,955 ÷ 467 =	32	1,564,524 ÷ 5,054 =
13	43,805,758 ÷ 447.53 =	33	17,298.4 ÷ 1.7532 =
14	34,318,496 ÷ 643 =	34	17,170,566 ÷ 286 =
15	4,501,958 ÷ 8,269 =	35	2,144,532 ÷ 2,481 =
16	112.9429 ÷ 39.51 =	36	3,960,440.3 ÷ 761.25 =
17	8,857,992 ÷ 979 =	37	4,577,225 ÷ 765 =
18	5,530,815 ÷ 4,795 =	38	21.8996 ÷ 9.9834 =
19	10,948,248 ÷ 1,546 =	39	235.5019 ÷ 70.85 =
20	33,415 ÷ 13.57 =	40	391.704 ÷ 152 =

【实训5】 全国技能比赛模拟题，1～60题保留两位小数，61～120题保留四位小数)
小组比比看，看谁更快更准。

1	$1,772.012 \div 906.4 =$	24	$4,506.91723 \div 36.8 =$
2	$57.623 \div 0.864 =$	25	$91,723.4506 \div 46.8 =$
3	$9,246,750.72 \div 813 =$	26	$513,950 \div 87,046 =$
4	$918,472 \div 605.3 =$	27	$302,514.64 \div 497 =$
5	$76,193.34 \div 823 =$	28	$4,078.51 \div 23.9 =$
6	$35,612,403.2 \div 79.8 =$	29	$497,190.96 \div 9,175 =$
7	$8,324,060.54 \div 195.7 =$	30	$6,413.9509 \div 978.52 =$
8	$81,056,949.4 \div 3,277 =$	31	$5,897.09257 \div 762.34 =$
9	$945,190.4 \div 537.04 =$	32	$10,723.6098 \div 7,162.34 =$
10	$73,206 \div 59,724 =$	33	$9,658.61 \div 32.74 =$
11	$87,036.18 \div 42,593 =$	34	$781,927.56 \div 56.043 =$
12	$706,998.18 \div 2,451.9 =$	35	$78,654.063 \div 92.13 =$
13	$80,061,470.79 \div 9,325=$	36	$485,056 \div 9,172.36 =$
14	$83,069.2 \div 157.4 =$	37	$40,318.949 \div 6.257 =$
15	$69,012.43 \div 538.7 =$	38	$934,357.775 \div 806.5 =$
16	$1,780,636.29 \div 542.9 =$	39	$3,170,826 \div 18,349 =$
17	$9,078.410 \div 732,892 =$	40	$54,963,724.6 \div 718,203 =$
18	$53,789,845 \div 402.64 =$	41	$670,245,362 \div 891 =$
19	$84,632 \div 75.09 =$	42	$308.202 \div 18.6 =$
20	$14,505,398.2 \div 283,687 =$	43	$170,582 \div 7.286 =$
21	$63,706.5 \div 4.95 =$	44	$479,159,207 \div 0.368 =$
22	$24,342.15 \div 3,585 =$	45	$15,607,492.8 \div 2,843 =$
23	$7,536.9 \div 4,612 =$	46	$2,956,105.07 \div 81.37 =$

47	72,294.10 ÷ 14,906 =	71	53,923,408 ÷ 7,084 =
48	250,317,919 ÷ 468 =	72	9.5018015 ÷ 34.762 =
49	78.29046 ÷ 0.0135 =	73	71.2056 ÷ 84.396 =
50	201,580.8 ÷ 36.791 =	74	97.451 ÷ 32.08 =
51	1,468,088.96 ÷ 3,952 =	75	9.7517982 ÷ 4.306 =
52	905,143,602 ÷ 73,268 =	76	134.71638 ÷ 908.562 =
53	246,710 ÷ 890.5 =	77	93,126 ÷ 8,054 =
54	987,560 ÷ 4,312 =	78	70.31728 ÷ 853.942 =
55	17,409.685 ÷ 236.85 =	79	831.05912 ÷ 47.26 =
56	6,205,615.7 ÷ 93,417.8 =	80	193,841.32 ÷ 85,062 =
57	82,549 ÷ 30.67 =	81	302.3886 ÷ 786 =
58	68,127.06 ÷ 59.43 =	82	89.203 ÷ 756 =
59	62,502.787,62 ÷ 97.841 =	83	6.29407814 ÷ 6.356 =
60	2,680,083,264 ÷ 795.134 =	84	0.842073 ÷ 75.36 =
61	79,362 ÷ 4,616 =	85	0.69375 ÷ 87.61 =
62	530,146,285 ÷ 879 =	86	53,424,578 ÷ 87.61 =
63	58.041 ÷ 379 =	87	1.0749813 ÷ 65.283 =
64	1,593,762.5 ÷ 80.04 =	88	1,864.79269 ÷ 305 =
65	637.587 ÷ 8,415 =	89	607.23076 ÷ 93.4 =
66	84,037,517 ÷ 29.6 =	90	0.87312 ÷ 13,479 =
67	845,175,632 ÷ 32.906 =	91	14,605.9 ÷ 9,378 =
68	0.9253266 ÷ 58.938 =	92	91.3507736 ÷ 62.94 =
69	1,567.68 ÷ 2,493 =	93	5,764.3 ÷ 9,018.2 =
70	2,580.19448 ÷ 376 =	94	9,283.6125 ÷ 4,671 =

95	$38.905,3 \div 9,018.2 =$	108	$21,934 \div 76.95 =$
96	$578,258.43 \div 910,436 =$	109	$0.28506394 \div 17.394 =$
97	$532,650 \div 7,894 =$	110	$856.30926 \div 741 =$
98	$931,025.17 \div 782,456 =$	111	$495,883.387 \div 81,510 =$
99	$369,481 \div 7,502 =$	112	$1,729.8 \div 4,506.3 =$
100	$76,194 \div 25,308 =$	113	$8,426.1 \div 7,199 =$
101	$591,760,352 \div 4.28 =$	114	$986.473 \div 9,812.5 =$
102	$773,547 \div 62.89 =$	115	$9,870.268 \div 4,351 =$
103	$74,832,049 \div 6,159 =$	116	$402.7796895 \div 2,376 =$
104	$78.5118 \div 426 =$	117	$980.415928 \div 23.76 =$
105	$87.20495 \div 361 =$	118	$249.12 \div 508.673 =$
106	$31.08567 \div 29.4 =$	119	$283,097.4 \div 546,971 =$
107	$396.0472 \div 5,418.2 =$	120	$9,084.3 \div 756.2 =$

附录　珠算技术等级鉴定

附录1　全国珠算、珠心算鉴定办法

(试行)

第一条　为了进一步弘扬珠算文化，发展珠算、珠心算事业，全国各级珠算(心算)协会，应在社会上大力推广珠算、珠心算教育，积极开展珠算、珠心算鉴定活动，不断普及和提高我国珠算、珠心算水平。为加强对鉴定工作的管理，使之进一步规范化、科学化，从而保障鉴定工作的统一性、严肃性和权威性，特制定本办法。

第二条　本办法适用于依据《中国珠算协会珠算技术等级鉴定标准》《中国珠算心算协会少儿珠心算等级鉴定标准(试行)》《中国珠算心算协会珠心算能手等级鉴定标准(试行)》《中国珠算协会珠算式心算鉴定标准》中的五项全能段位标准进行的珠算、珠心算鉴定活动。

第三条　鉴定分珠算鉴定和珠心算鉴定。珠算鉴定分普通级和能手级两档。普通级设6～1级，6级最低，1级最高；能手级设6～1级，6级最低，1级最高。珠心算鉴定分等级和段位两档。等级分少儿级和能手级，少儿级分10～1级，10级最低，1级最高；能手级分8～1级，8级最低，1级最高。段位设初段1～10段，初段最低，10段最高。

第四条　鉴定的项目及要求。

(一) 珠算鉴定设加减算、乘算和除算三项，每项正确题数均达到同一级别，才能认定该级别合格。

(二) 珠心算等级鉴定，能手 1～8 级和少儿 1～6 级设加减算、乘算和除算三项，每项正确题数均达到同一级别，才能认定该级别合格。7～10 级只设加减算一项。

(三) 珠心算段位鉴定设加减算、乘算、除算、账表算和传票算五项，每项的得分均达到同一段位，才能认定该段位合格。

第五条　各级别鉴定题的题型、题量。

(一) 珠算鉴定题型、题量详见中珠〔1999〕24 号文件《中国珠算协会关于继续执行〈中国珠算协会珠算技术等级鉴定标准〉和公布执行〈中国珠算协会珠算式心算鉴定标准〉的通知》附件 1。

(二) 珠心算鉴定题型、题量详见中珠〔2006〕22 号文件《关于颁发〈中国珠算心算协会少儿珠心算等级鉴定标准〉(试行)和〈中国珠算心算协会珠心算能手等级鉴定标准〉(试行)的通知》附件 1、2。

(三) 珠心算段位鉴定题型、题量详见中珠〔1999〕24 号文件附件 3。珠算、珠心算鉴定样题见《中国珠算心算协会珠算、珠心算鉴定题型》。

第六条　珠算、珠心算鉴定均采用限时限量方式。

(一) 珠算能手级加减算两张试卷 20 题，限时 10 分钟；乘算和除算一张试卷，各 20 题，限时 10 分钟。三项一场鉴定限时 20 分钟。

(二) 珠算普通级加减、乘、除三项一张试卷，每项 10 题，鉴定限时 20 分钟。

(三) 少儿珠心算 1～6 级鉴定，加减算、乘算和除算三项一张试卷，每项 10 题，鉴定限时 10 分钟；7～10 级只设加减算一项，一张试卷，每项 10 题，鉴定限时 5 分钟。

(四) 珠心算能手 1～8 级鉴定，加减算、乘算和除算三项一张试卷，鉴定限时 15 分钟。加减算 1～8 级均为 10 题；乘算和除算 1～5 级均为 20 题，6～8 级均为 15 题。

(五) 珠心算段位初段～10 段鉴定，加减算五张试卷 50 题，乘算两张试卷 120 题，除算三张试卷 180 题，账表算四张试题，横向 80 题，纵向 20 题，传票算 50 题。每项限时 5 分钟。

第七条　错题与扣分。

(一) 答数必须书写清楚，凡字迹过于潦草评分人员确实无法准确辨认的做错题论。

(二) 更改答数必须将原答数用单线画去，重新写上新的答数。凡不用画线更正，任意涂改数字的做错题论。

(三) 小数点、分节号必须有明显区别，凡属小数点漏点或点错位置的作错题论；段位鉴定中答题正确但分节号漏点或错点的每题扣 1 分。

(四) 珠心算段位鉴定中，已计算的题中的空题为跳题，每跳一题，除本题不给分外，还要多扣一题分数。

第八条　鉴定考试的程序如下：

(一) 报名。报考人员须持照片到当地珠算(心算)协会，填写报名单，缴纳费用，领取准考证。并由工作人员编好考核日期、时间、场次、场地、座号等。

(二) 鉴定考试。

1. 每场鉴定至少要有两名鉴定员现场主考。主考兼记时员、发令员。

2. 鉴定考试一般只考一卷，不同场次要更换试卷。

3. 考生入场后，主考应宣布考场纪律，将沿虚线折好的试卷正面向下发给考生，统一发令填写姓名等项。并由鉴定员检验有关证件，核对试卷填写内容无误后，主考方可发令开始，考生翻卷答题。

4. 主考发令停止后，考生应立即停止计算，工作人员即刻收卷，清点数量无误后，送交评分员评卷。

（三）评卷。试卷评定分初评、复评，最后由鉴定员核定等级或段位。段位鉴定试卷按全国珠心算比赛计分标准计分，等级鉴定试卷只判对或错，不打分。

（四）填发珠算、珠心算鉴定证书。对考试合格的考生，应及时填发证书。证书打印填写要清晰，印章要齐全，手续要完备，底册应备案。

第九条　考生须知如下：

（一）遵守鉴定考场规定，服从指挥。

（二）考生入场后在指定的座位上坐好，做好鉴定前的准备，保持安静。若宣布鉴定开始时考生不到场，则以弃权论。参加鉴定的考生如有冒名顶替，一经查实，取消鉴定资格。

（三）鉴定员发出预备口令后，考生才能把鉴定试卷翻过来。发生"开始"口令后，方可进行计算。

（四）考生必须独立完成答题，不得使用算盘以外的计算工具，否则取消考试资格。答题时用黑、蓝签字笔、圆珠笔或钢笔，如用红笔或铅笔答题无效。

（五）在签订员发出"考试结束"口令时，考生应立即停止计算及书写答案，等待签订员收卷。

（六）考生在考试过程中如有询问事宜，应在考试后向鉴定员反映，不得干扰考试秩序。

（七）如遇签订试卷数码不清、难以辨认时，考生可在原数码上方自行更改为 1～9 中的数字，并按更改后数字计算，在该场鉴定结束后向监场的鉴定员说明。

第十条　鉴定标准使用范围及用途。

凡机关、团体、企业、事业、部队、学校及幼儿园的干部、工人、农民、军人、学生、幼儿及城乡个人等，均可向当地珠算(心算)协会报名，参加珠算、珠心算鉴定考试，取得相应级别的珠算、珠心算鉴定证书。

《中国珠算协会珠算技术等级鉴定标准》是我国考核珠算水平的唯一标准。

《中国珠算心算协会少儿珠心算等级鉴定标准》(试行)和《中国珠算心算协会珠心算能手等级鉴定标准》(试行)，是我国考核少儿和学生普及珠心算教育水平的唯一标准。

《中国珠算协会珠算式心算鉴定标准》其段位标准是我国考核优秀珠心算选手技术水平的唯一标准。

第十一条　鉴定的权限。

珠算、珠心算等级鉴定工作，按照分级管理的原则，由各省、自治区、直辖市，解放军、铁道、新疆兵团及计划单列市珠算(心算)协会负责，并根据各自情况，制定具体办法，划分鉴定范围，积极开展工作。

其他系统珠算(心算)协会开展鉴定工作，应征得省、自治区、直辖市和计划单列市珠算(心算)协会同意，按照块块为主，条块结合的原则，共同完成鉴定任务。珠心算段位鉴定工作，由中国珠算心算协会直接负责，以省为单位组织鉴定。

第十二条　鉴定员的基本要求：

(一) 必须努力学习珠算、珠心算知识，积极钻研和熟练掌握鉴定工作业务，认真执行鉴定标准和鉴定办法。在鉴定工作中，要坚持原则、公正无私、认真负责、一丝不苟，积极完成任务。

(二) 要坚决维护鉴定工作的统一性、严肃性和权威性，认真把好鉴定质量关。不徇情舞弊、不泄露试题、不弄虚作假、不发人情证。

第十三条　鉴定员设一、二级两个级别，职责如下：

(一) 一级鉴定员，负责对鉴定标准规定的所有级别和段位进行评定工作，并要求能够独立编拟鉴定试题。

(二) 二级鉴定员，负责对鉴定标准规定的珠算普通级、少儿珠心算等级和珠心算能手等级进行评定工作。

第十四条　鉴定工作人员的管理。

鉴定员一般由省级珠算(心算)协会负责培训，经考核合格后，统一颁发鉴定员证书，持证上岗。对工作人员发生的违纪问题，必须严肃处理，直至取消其参与鉴定工作资格。是鉴定员的，要吊销其鉴定员资格证书。

第十五条　鉴定试卷管理。

鉴定试卷必须符合《标准》的要求，由中国珠算心算协会和省、自治区、直辖市，解放军、铁道、新疆兵团及计划单列市珠算(心算)协会，按统一格式编拟印制。使用电脑拟题软件，必须符合《标准》的要求。试卷题库，应保持多品种，不断更新。试卷要严格保密、专人负责、手续完备、严防泄密。珠算能手级鉴定实行一套题，按完成正确题数确定六个级别。普通级虽拟定了六个级别六套题的标准，各级珠算(心算)协会在实施过程中可根据具体情况灵活掌握，亦可以采用两套题确定六个级别，按打对题数定级的办法。用一级考题鉴定 1～3 级，对 9 题为一级，对 8 题为二级，对 6 题为三级；用四级考题鉴定 4～6 级，对 8 题为四级，对 7 题为五级，对 6 题为六级。

第十六条　鉴定证书管理。

各种珠算、珠心算鉴定证书均由中国珠算心算协会统一印制，其他任何单位与个人不得翻印仿制，违者必究。

中国珠算心算协会只向省、自治区、直辖市，解放军、铁道、新疆兵团及计划单列市(含原单列市)珠算(心算)协会及有鉴定权的系统珠算(心算)协会提供证书。

鉴定证书实行计算机管理和制证。制证及管理软件由中国珠算心算协会印制供应各地。

证书要由专人管理，不得遗失，不准发人情证。颁证要建立完整的制度，杜绝漏洞。

第十七条　鉴定财务管理。

鉴定工作实行有偿服务，合理收费。各级珠算(心算)协会可在章程规定的业务范围内进行珠算、珠心算鉴定收费。收费对象为学习珠算、珠心算并自愿参加鉴定的人员；鉴定收费具体内容包括：报名费、考场费、试卷费、阅卷费等；鉴定收费标准应分成人、学生和幼儿二个档次和珠算、珠心算普级鉴定。

珠算、珠心算鉴定收费标准各单位可根据本地实际情况、工作成本等因素自行合理制定。

各珠算(心算)协会开展此项工作应遵守国家有关法律法规，按照国家统一会计制度的规定进行会计核算。

第十八条 本办法自公布之日起，在全国范围内试行，凡过去有关鉴定工作的文件、规定与本办法抵触的，以本办法为准。

本办法解释权、修改权属于中国珠算心算协会。

附录2 全国珠算技术等级鉴定模拟题

全国珠算技术普通级五级鉴定模拟题(A)

1. 加减算题(每题 10 分，限时 10 分钟)合格分数线 160 分

(一)	(二)	(三)	(四)	(五)
602	8,476	489	327	4,405
3,826	251	627	694	723
714	943	7,065	5,038	−846
9,579	480	680	−751	256
380	7,209	523	916	2,507
2,409	135	1,834	2,607	−890
341	846	257	−183	743
528	217	369	450	−3,025
176	2,930	6,408	8,764	714
6,049	547	726	−923	869
394	608	4,813	415	−526
589	9,035	342	−2,348	9,106
741	168	2,085	756	284
7,123	486	791	−132	620
639	1,769	769	6,097	-6,049

(六)	(七)	(八)	(九)	(十)
436	796	9,608	3,769	356
1,705	843	742	−208	702
284	1,025	185	5,031	5,034
498	736	960	325	−721
720	502	5,804	−196	905
3,465	3,469	736	483	2,486
217	154	217	6,027	−791
568	4,340	348	−280	4,036
913	527	7,903	346	−250
2,458	6,903	571	531	305
742	845	243	7,086	843
156	214	625	−215	−1,062
4,203	326	2,054	743	754
632	5,078	712	−1,034	−169
8,046	637	6,408	502	3,206

2. 乘算题(每题 5 分，限时 5 分钟，精确到 0.01)		3. 除算题(每题 5 分，限时 5 分钟，精确到 0.01)	
(一)	$623 \times 75 =$	(一)	$2,823 \div 76 =$
(二)	$48 \times 519 =$	(二)	$35,834 \div 437 =$
(三)	$209 \times 37 =$	(三)	$1,728 \div 32 =$
(四)	$36 \times 524 =$	(四)	$223.2 \div 9.3 =$
(五)	$73 \times 86 =$	(五)	$22.766 \div 762 =$
(六)	$917 \times 563 =$	(六)	$14.14 \div 0.54 =$
(七)	$39 \times 52 =$	(七)	$5.292 \div 84 =$
(八)	$603 \times 75 =$	(八)	$17.595 \div 207 =$
(九)	$1.86 \times 3.24 =$	(九)	$624.47 \div 27 =$
(十)	$3.47 \times 6.82 =$	(十)	$34.62 \div 7.6 =$

全国珠算技术普通级五级鉴定模拟题(B)

1. 加减算题(每题 10 分，限时 10 分钟)合格分数线 160 分				
(一)	(二)	(三)	(四)	(五)
4,076	463	4,326	378	2,486
253	1,752	750	8,462	763
639	841	637	−193	−901
752	9,437	218	2,830	245
638	206	9,025	504	3,068
5,084	853	745	963	−723
726	710	203	−7,059	895
849	2,438	846	148	609
7,502	524	5,082	321	1,438
237	615	639	−269	284
4,689	7,186	942	4,836	−750
248	649	184	−208	309
921	923	6,837	751	5,438
648	208	215	3,468	−215
2,570	5,042	2,490	−257	7,062

续表

（六）	（七）	（八）	（九）	（十）
3,846	247	8,462	4,698	562
273	6,028	703	–105	723
150	759	258	367	9,028
986	183	741	854	–430
4,037	420	9,250	2,138	5,378
529	9,085	836	–462	624
384	742	751	728	859
625	159	384	847	–2,037
9,034	843	6,975	603	839
287	8,604	213	–1,890	–754
159	725	825	254	4,862
1,203	943	346	3,628	–236
436	4,876	5,037	749	1,762
2,507	218	211	–234	240
341	6,234	7129	6,028	138

2. 乘算题(每题 5 分，限时 5 分钟，精确到 0.01)		3. 除算题(每题 5 分，限时 5 分钟，精确到 0.01)	
（一）	47 × 218 =	（一）	25,942 ÷ 763 =
（二）	806 × 39 =	（二）	4,836 ÷ 62 =
（三）	3.18 × 6.27 =	（三）	4,765 ÷ 21.8 =
（四）	26 × 75 =	（四）	1,692 ÷ 47 =
（五）	436 × 92 =	（五）	47 ÷ 0.36 =
（六）	257 × 843 =	（六）	25 ÷ 92 =
（七）	48 × 69 =	（七）	75,768 ÷ 902 =
（八）	905 × 84 =	（八）	179 ÷ 213 =
（九）	72 × 648 =	（九）	1,820 ÷ 74 =
（十）	2.36×7.85 =	（十）	367÷68.3 =

全国珠算技术普通级五级鉴定模拟题(C)

1. 加减算题(每题 10 分，限时 10 分钟)合格分数线 160 分

(一)	(二)	(三)	(四)	(五)
429	736	9,187	982	9,082
605	8,024	364	5,609	-147
937	159	208	-835	503
3,051	207	1,895	427	6,928
742	5,863	743	296	-819
176	612	564	7,078	1,391
1,583	3,975	137	-914	456
318	408	7,042	541	634
7,890	341	629	-1,763	765
264	9,084	710	350	-7,098
925	590	3,051	-198	276
8,079	1,657	169	4,071	-614
412	403	835	864	3,587
7,503	826	416	-659	346
867	679	8,072	3,072	-892

(六)	(七)	(八)	(九)	(十)
907	7,324	567	325	7,081
8,613	563	423	4,567	-139
527	789	4,638	-678	529
398	3,832	759	789	-2,643
2,175	691	8,106	5,430	3,957
649	257	972	-214	490
836	908	817	193	-381
752	6,075	390	846	762
3,260	416	6,685	-6,057	1,274
481	140	241	902	805
5,016	8,309	819	7,649	-726
378	297	3,794	-287	963
743	578	517	591	4,937
9,851	1,903	8,605	8,926	-205
962	617	392	-249	879

续表

2. 乘算题(每题 5 分,限时 5 分钟,精确到 0.01)		3. 除算题(每题 5 分,限时 5 分钟,精确到 0.01)	
(一)	4,687 × 95 =	(一)	4,482 ÷ 54 =
(二)	83 × 527 =	(二)	69.408 ÷ 96 =
(三)	426 × 89 =	(三)	175.09 ÷ 305 =
(四)	368 × 759 =	(四)	3,763 ÷ 53 =
(五)	3,025 × 6.4 =	(五)	41,492 ÷ 82 =
(六)	85 × 386 =	(六)	21,701 ÷ 507 =
(七)	362 × 85 =	(七)	2,789 ÷ 41 =
(八)	78 × 204 =	(八)	35.78 ÷ 35 =
(九)	4.06 × 5.28 =	(九)	4,704 ÷ 84 =
(十)	83 × 6,479 =	(十)	66,393 ÷ 746 =

全国珠算技术普通级五级鉴定模拟题(D)

1. 加减算题(每题 10 分,限时 10 分钟)合格分数线 160 分				
(一)	(二)	(三)	(四)	(五)
541	784	9,165	576	9,142
937	159	364	−835	−147
3,051	207	208	427	503
742	5,863	1,895	296	6,928
176	612	743	7,078	−819
1,583	3,012	564	−914	1,391
318	408	137	541	456
7,890	341	7,042	−1,763	634
264	9,084	629	350	765
925	590	710	−198	−7,098
8,079	1,657	3,051	4,071	276
412	403	169	864	−614
7,503	826	835	−659	3,587
586	679	416	3,072	346
		8,456		−892

续表

（六）	（七）	（八）	（九）	（十）
907	7,324	567	325	7,081
8,613	563	423	4,567	−139
527	789	4,638	−678	529
398	3,832	759	789	−2,643
2,175	691	8,106	5,430	3,957
649	257	972	−214	490
836	908	817	193	−381
752	6,075	390	846	762
3,260	416	6,685	−6,057	1,274
481	140	241	902	805
5,016	8,309	819	7,649	−726
378	297	3,794	−287	963
743	578	517	591	4,937
9,851	1,903	8,605	8,926	−205
782	517	843	−632	230

2. 乘算题(每题 5 分，限时 5 分钟，精确到 0.01)

（一）	$52 \times 218 =$
（二）	$826 \times 39 =$
（三）	$3.18 \times 6.27 =$
（四）	$26 \times 75 =$
（五）	$406 \times 92 =$
（六）	$257 \times 843 =$
（七）	$48 \times 69 =$
（八）	$905 \times 84 =$
（九）	$72 \times 648 =$
（十）	$2.51 \times 7.84 =$

3. 除算题(每题 5 分，限时 5 分钟，精确到 0.01)

（一）	$25,942 \div 754 =$
（二）	$4,836 \div 51 =$
（三）	$4,765 \div 21.8 =$
（四）	$1,692 \div 47 =$
（五）	$47 \div 0.36 =$
（六）	$32 \div 92 =$
（七）	$75,768 \div 902 =$
（八）	$179 \div 213 =$
（九）	$1,820 \div 74 =$
（十）	$525 \div 68.3 =$

全国珠算技术普通级四级鉴定模拟题(A)

1. 加减算题(每题 10 分，限时 10 分钟)合格分数线 160 分

（一）	（二）	（三）	（四）	（五）
785	934,872	812,495	980	485,169
691,308	49,207	6,037	47,298	−9,021
2,536	8,026	9,416	−635	7,607
829	53,864	375	4,701	758
46,197	9,516	851,763	510,924	−613
3,279	894	216	−8,563	71,304
5,643	7,612	469	9,172	−8,245
756,284	5,439	964	4,018	5,827
971	385	8,035	367	406
369	607	2,304	86,914	913,287
205	894	587	−752	−35,946
4,682	564,213	46,918	309	7,068
7,458	146	253	−4,692	970
81,203	8,627	71,869	578	−423
976	759	2,108	502,186	932
（六）	（七）	（八）	（九）	（十）
3,418	2,836	930,178	2,103	813,560
206	472	254	70,865	−9,254
7,960	965	5,640	−586	379
874	347,618	329	349	8,501
41,026	509	817,634	758,012	−463
369,125	731,942	859	−2,470	5,172
745	8,605	2,710	49,163	936
6,917	439	31,695	−5,702	−76,289
809	564	204	3,516	4,165
53,462	3,748	2,917	968	325,714
529	382	346	−4,076	426
6,180	64,195	8,652	967	−87,501
347	7,914	6,729	413,582	9,683
3,758	5,382	354	−839	407
405,216	91,603	12,673	164	−928

续表

2. 乘算题(每题 5 分，限时 5 分钟，精确到 0.01)		3. 除算题(每题 5 分，限时 5 分钟，精确到 0.01)	
(一)	79 × 3,871 =	(一)	356,124 ÷ 503 =
(二)	2,917 × 902 =	(二)	347,578 ÷ 427 =
(三)	204 × 0.7103 =	(三)	0.088,608 ÷ 0.208 =
(四)	1,063 × 93 =	(四)	16,191 ÷ 63 =
(五)	85 × 5,642 =	(五)	1,360 ÷ 85 =
(六)	58 × 4,823 =	(六)	621,969 ÷ 901 =
(七)	389 × 487 =	(七)	22,912 ÷ 716 =
(八)	54 × 3,016 =	(八)	2,199,978 ÷ 369 =
(九)	706 × 369 =	(九)	1,320.57 ÷ 219 =
(十)	0.8156 × 573 =	(十)	46,197 ÷ 87 =

全国珠算技术普通级四级鉴定模拟题(B)

1. 加减算题(每题 10 分，限时 10 分钟)合格分数线 160 分				
(一)	(二)	(三)	(四)	(五)
82,047	8,374	960,523	39,027	425
654	536	784	6,548	731,206
509	465,498	2,648	−312	4,692
40,685	702	39,056	472	−26,384
937	9,027	614	823,604	427
3,296	694	5,802	−2,830	561
361,479	320,875	315	562	−3,749
325	46,356	452,709	−1,756	902,813
6,573	7,472	2,673	70,183	176
708	641	896	−961	−5,428
709,539	195	95,704	347	351
4,602	5,203	8,163	67,528	−902
651	489	6,328	293	47,625
8,473	23,168	437	−5,416	8,024
184	473	8,049	629	−713

续表

（六）	（七）	（八）	（九）	（十）
7,649	19,542	603,429	16,582	7,861
20,315	2,315	7,036	−619	432
827	408	26,541	243	25,078
6,431	920,671	934	8,920	−6,921
987	256	8,752	−2,136	384
140,698	197	637	802,571	809,745
708	5,729	815	854	−2,189
174	873	39,206	−65,348	603
9,256	203,964	5,423	702	517
78,042	57,236	397	469	−4,326
304	1,048	914,608	−5,291	931
5,821	8,359	972	198,075	204
350,678	721	2,569	−362	−17,652
934	697	847	4,816	438
6,823	9,018	375	703	−167

2. 乘算题(每题 5 分，限时 5 分钟，精确到 0.01)		3. 除算题(每题 5 分，限时 5 分钟，精确到 0.01)	
（一）	4,207 × 89 =	（一）	581,526 ÷ 726 =
（二）	168 × 7,104 =	（二）	272,745 ÷ 435 =
（三）	52 × 9,026 =	（三）	39,302 ÷ 86 =
（四）	0.6083 × 7.350 =	（四）	3.8601 ÷ 2.05 =
（五）	2,571 × 36 =	（五）	292.752 ÷ 963 =
（六）	83 × 1,245 =	（六）	12,177 ÷ 27 =
（七）	485 × 392 =	（七）	347 ÷ 149 =
（八）	7,506 × 81 =	（八）	15,300 ÷ 45 =
（九）	694 × 592 =	（九）	8,881 ÷ 107 =
（十）	92 × 0.6703 =	（十）	55,936 ÷ 608 =

全国珠算技术普通级四级鉴定模拟题(C)

1. 加减算题(每题 10 分，限时 10 分钟)合格分数线 160 分

(一)	(二)	(三)	(四)	(五)
623	986,540	569	87,695	1,235
5,479	69,327	7,903	5,437	62,478
401	783	378	702	-3,604
8,576	5,129	8,640	-3,246	7,698
890	804	102,935	695	-54,320
6,134	986	57,029	-56,789	109,876
290	8,732	9,653	9,402	-623
93,457	419	624	387	845
7,196	6,097	6,085	7,643	6,507
195,046	932	564	390	719
873	70,365	120	120,496	-2,458
206,345	631,287	490	-64,320	793
279	879	3,756	783	-34,806
89,210	9,501	624,578	-3,967	572
7,254	743	48,327	135,469	478,335

(六)	(七)	(八)	(九)	(十)
9,860	79,865	421	186,543	543,986
12,345	803,421	5,320	-20,875	-72,103
609	765	67,886	439	765
8,723	4,320	9,542	-7,875	-5,430
809,451	678	108,075	601	298
786	8,432	954	-7,109	98,315
12,985	357	870	234	-107,203
439	896	652	9,541	6,451
8,760	5,104	7,183	-643	320
325	327	732	785,210	-7,968
3,678	6,892	521	30,697	785
920	65,057	380	896	4,563
3,546	892,761	9,867	-2,189	706
542	724	782,543	721	-5,431
104,873	3,896	12,765	8,543	296

续表

2. 乘算题(每题 5 分，限时 5 分钟，精确到 0.01)		3. 除算题(每题 5 分，限时 5 分钟，精确到 0.01)	
(一)	97 × 4,326 =	(一)	154,242 ÷ 209 =
(二)	2,786 × 805 =	(二)	283,075 ÷ 63.1 =
(三)	27.8 × 0.96 =	(三)	20,210 ÷ 96 =
(四)	3,789 × 56 =	(四)	81,751 ÷ 81.7 =
(五)	87 × 5,783 =	(五)	2,023 ÷ 53 =
(六)	63 × 7,896 =	(六)	62,853 ÷ 861 =
(七)	456 × 783 =	(七)	32,146 ÷ 0.392 =
(八)	28 × 9,547 =	(八)	3,180.256 ÷ 736 =
(九)	804 × 793 =	(九)	212,352 ÷ 960 =
(十)	8,347 × 6.4 =	(十)	24,402 ÷ 83 =

全国珠算技术普通级四级鉴定模拟题(D)

1. 加减算题(每题 10 分，限时 10 分钟)合格分数线 160 分				
(一)	(二)	(三)	(四)	(五)
678	96,453	9,246	810,657	21,690
79,564	874	357	4,309	−8,756
906,321	5,060	908	−7,985	934,867
852,912	7,621	6,125	432	320
369	865,792	834	5,321	−495
4,786	46,375	960,751	−765	86,124
54,637	239	87,326	9,680	−978
403	8,745	3,652	543	641
7,801	780	24,783	6,382	3,742
579	916	967	7,541	679
4,395	182,749	8,542	962,837	−8,947
67,021	623	789	708	523
1,765	3,521	6,073	−83,452	6,463
2,468	789	875,326	749	578,036
379	6,784	634	−645	−4,783

续表

（六）	（七）	（八）	（九）	（十）
210	93,678	963	5,892	6,715
8,743	5,432	4,578	745	804
96,541	173	562	−631	−523
8,325	246	8,704	4,579	198,756
102,478	3,579	541	596	927
512	304	907,643	−86,704	320
3,437	6,786	578	102,679	−8,451
659	531	5,104	783	93,708
398,270	8,625	13,846	−874	913
674	509	569	6,125	−2,701
783	865,793	276,958	−9,308	865
47,195	43,521	307	76,540	−5,327
8,470	749	6,180	−8,206	69,178
509	4,187	59,642	247,359	964,321
3,271	320,675	8,735	196	378

2. 乘算题(每题 5 分，限时 5 分钟，精确到 0.01)		3. 除算题(每题 5 分，限时 5 分钟，精确到 0.01)	
（一）	53 × 7,862 =	（一）	754,137 ÷ 837 =
（二）	3,792 × 504 =	（二）	284,086 ÷ 356 =
（三）	2.83 × 6.54 =	（三）	2.4624 ÷ 0.304 =
（四）	4,078 × 24 =	（四）	49,572 ÷ 68 =
（五）	85 × 6,325 =	（五）	159,657 ÷ 57 =
（六）	87 × 5,436 =	（六）	25,433 ÷ 877 =
（七）	691 × 783 =	（七）	26,942 ÷ 709 =
（八）	63 × 1,782 =	（八）	1,635,228 ÷ 378 =
（九）	205 × 963 =	（九）	2,840.88 ÷ 3.56 =
（十）	7.82 × 5.64 =	（十）	27,864 ÷ 72 =

全国珠算技术普通级三级鉴定模拟题(A)

1. 加减算题(每题 10 分，限时 10 分钟)合格分数线 160 分

(一)	(二)	(三)	(四)	(五)
68,419	607	69,451	763,021	74,896
950,237	49,582	327	458	530,128
706	352,016	8,706	−31,794	6,534
8,051	98,371	405,962	5,067	−21,079
91,283	601,943	70,360	376,289	790
304,728	4,896	9,528	−59,405	605,362
639	18,602	10,837	148	−47,158
26,145	962	291,086	8,925	9,203
9,357	732,079	56,473	−36,079	469
72,418	7,593	2,108	201,158	712,038
154,906	824	8,345	9,510	−54,682
843	13,965	740,639	−87,624	935
2,089	3,609	97,564	497	−106,427
36,752	260,784	385,602	601,362	3,718
708,431	85,417	497	−36,705	−90,546

(六)	(七)	(八)	(九)	(十)
6,804.39	80.36	175.36	3,497.26	890.32
517.12	973.58	720.93	−5.34	−457.16
9.25	7,246.94	4.08	670.23	9,108.51
7,908.51	1.07	8,365.31	−186.85	36.84
146.87	8,053.41	581.46	8,021.56	−210.33
72.36	197.52	6,543.70	45.09	8,649.04
5.09	82.46	29.82	2.97	6.53
9,781.23	9.73	90.24	−796.18	−341.92
42.05	658.49	652.41	1,503.24	98.23
369.12	4,236.07	9.65	67.56	1,506.72
4,603.78	9.58	43.56	4.12	−843.09
7.62	570.19	2,194.73	−930.12	19.57
29.56	62.34	260.89	5,143.02	7.42
806.43	473.85	7.62	−89.57	5,280.36
308.59	9.45	9,125.06	302.64	−6.18

续表

2. 乘算题(每题 5 分,限时 5 分钟,精确到 0.01)		3. 除算题(每题 5 分,限时 5 分钟,精确到 0.01)	
(一)	765 × 928 =	(一)	673,128 ÷ 753 =
(二)	8,134 × 652 =	(二)	136,104 ÷ 159 =
(三)	3.281 × 7.41 =	(三)	2.901116 ÷ 0.827 =
(四)	827 × 4,093 =	(四)	571,608 ÷ 623 =
(五)	196 × 837 =	(五)	207,564 ÷ 294 =
(六)	0.0674 × 895 =	(六)	644.3391 ÷ 81.5 =
(七)	328 × 629 =	(七)	363.432 ÷ 687 =
(八)	478 × 0.2037 =	(八)	56,419.7 ÷ 69.24 =
(九)	326 × 81,049 =	(九)	435,978 ÷ 94.5 =
(十)	607 × 492 =	(十)	254,031 ÷ 293 =

全国珠算技术普通级三级鉴定模拟题(B)

1. 加减算题(每题 10 分,限时 10 分钟)合格分数线 160 分				
(一)	(二)	(三)	(四)	(五)
2,105.47	9,102.54	9.51	812.08	2,704.81
784.19	36.71	2,407.38	43.67	−6.59
70.56	5.16	98.23	−2.96	650.34
1.48	741.89	310.56	5,719.43	−79.23
6,549.32	458.03	9.48	−352.08	8,143.76
304.26	73.14	8,026.70	4.61	−915.08
95.23	197.78	95.41	4,608.97	2.31
729.15	8,029.56	729.63	−861.05	7,821.43
2.43	6.01	6,140.98	7,032.29	64.95
8,357.60	62.53	58.23	8.56	−982.54
306.54	257.96	912.34	31.72	7.31
4.95	6,839.04	5.06	741.56	6,103.28
97.36	2.34	684.72	5,350.11	435.97
1,946.03	648.52	684.72	32.11	−51.86
201.85	7,195.06	5,107.49	−789.03	204.79

(六)	(七)	(八)	(九)	(十)
973,085	70,261	3,581	874,231	10,657
4,216	526	209,476	695	−4,289
61,027	9,841	62,947	−23,408	217,358
832,594	510,367	203	6,714	604
6,049	95,402	43,158	487,039	−56,798
42,603	6,095	785,602	−60,123	823,419
895	21,938	791	953	705
29,062	197,574	93,618	9,602	−3,014
102,736	68,321	25,061	14,807	58,627
493	832	609,384	315,296	627,493
74,512	7,245	128	6,024	802
2,018	812,407	43,476	89,371	−32,184
183,625	83,064	781,953	508	7,605
29,746	794,215	4,809	921,743	641,327
823	379	562	−48,169	85,906

2. 乘算题(每题 5 分，限时 5 分钟，精确到 0.01)

3. 除算题(每题 5 分，限时 5 分钟，精确到 0.01)

(一)	$876 \times 902 =$	(一)	$149.123 \div 204 =$
(二)	$7,524 \times 8.03 =$	(二)	$776,179.2 \div 951.2 =$
(三)	$463 \times 71,845 =$	(三)	$2,154,617 \div 4,073 =$
(四)	$208 \times 8.035 =$	(四)	$3,207.69 \div 4.93 =$
(五)	$639 \times 247 =$	(五)	$736,702 \div 1,538 =$
(六)	$36,801 \times 75.4 =$	(六)	$67.564 \div 921 =$
(七)	$785 \times 463 =$	(七)	$480.351 \div 49.3 =$
(八)	$916 \times 8,025 =$	(八)	$352,875 \div 375 =$
(九)	$41.97 \times 6,183 =$	(九)	$379.4169 \div 5.47 =$
(十)	$789 \times 206 =$	(十)	$634,432 \div 368 =$

全国珠算技术普通级三级鉴定模拟题(C)

1. 加减算题(每题 10 分，限时 10 分钟)合格分数线 160 分

(一)	(二)	(三)	(四)	(五)
96,418	706	96,451	673,012	84,769
850	94,582	237	458	530,128
706	352,017	8,705	−41,794	−56,340
8,051	89,371	409,672	5,067	2,097
81,293	501,946	51	367,289	578
304,876	5,896	7,563	−58,602	602,385
932	18,602	12,849	148	−74,815
62,145	765	291,076	5,829	9,203
70,418	732,049	65,412	−36,097	−649
154,806	7,593	290	204,516	712,038
680	824	8,345	9,730	−45,862
3,094	10,365	740	−78,624	935
36,752	3,609	97,564	497	106,724
708,431	260,784	375,702	−601,302	−3,871
823	85,417	497	36,705	90,546

(六)	(七)	(八)	(九)	(十)
8,406.93	60.38	751.93	4,379.62	980.23
571.42	973.57	4.08	5.34	−457.16
5.29	7,246.94	8,365.31	−760.29	9,801.50
7,908.15	7.01	270.89	816.23	36.48
143.87	8,052.15	29.73	816.85	−210.75
72.36	198.62	581.46	8,021.45	8,649.07
50.90	83.41	6,435.12	−45.02	34.26
9,761.58	9.73	90.25	2.97	−391.34
308.64	657.39	652.31	−697.10	87.95
430.50	4,236.01	9.68	1,503.24	1,506.73
296.13	8.96	43.06	76.85	−843.09
4,602.78	570.18	2,914.73	4.71	19.57
7.62	62.43	360.79	−930.42	7.42
29.56	2,495.07	7.64	5,143.06	−5,280.63
806.43	473.85	9,125.06	−89.57	8.16

续表

2. 乘算题(每题 5 分，限时 5 分钟，精确到 0.01)		3. 除算题(每题 5 分，限时 5 分钟，精确到 0.01)	
(一)	675 × 829 =	(一)	677,222 ÷ 793 =
(二)	9,248 × 753 =	(二)	150.732 ÷ 158 =
(三)	40,785 × 6.91 =	(三)	3.901117 ÷ 0.926 =
(四)	728 × 3,094 =	(四)	517,608 ÷ 632 =
(五)	187 × 936 =	(五)	239.158 ÷ 3 94 =
(六)	76.42 × 9.56 =	(六)	633.4481 ÷ 92.5 =
(七)	237 × 849 =	(七)	413.952 ÷ 768 =
(八)	587 × 0.2049 =	(八)	65,419.82 ÷ 79.23 =
(九)	237 × 91.048 =	(九)	345,879 ÷ 83.5 =
(十)	706 × 394 =	(十)	365,012 ÷ 384 =

全国珠算技术普通级三级鉴定模拟题(D)

1. 加减算题(每题 10 分，限时 10 分钟)合格分数线 160 分				
(一)	(二)	(三)	(四)	(五)
6,104.57	7,102.45	8.59	913.04	3,407.18
748.91	36.71	1,403.65	−42.76	5.69
70.65	6.14	89.23	6.92	−560.43
4.18	741.89	2,047.38	6,817.35	98.32
2,549.23	458.03	310.56	−352.08	9,143.67
305.36	74.31	8.49	4.61	−915.08
98.47	186.92	6,026.75	5,608.79	6.21
729.15	9,029.54	95.41	861.05	8,721.34
4.27	6.01	738.36	−6,034.92	64.95
8,357.01	36.42	8,140.98	7.56	−892.46
406.53	257.89	59.23	81.79	3.71
4.95	8,395.04	921.34	−742.80	−7,104.28
97.48	3.27	6.05	8,360.14	435.97
1,946.03	648.52	784.62	35.61	18.56
201.85	6,195.60	8,901.47	−789.02	−502.83

续表

（六）	（七）	（八）	（九）	（十）
6,416	625	902,765	987	2,498
974	8,914	63,947	−32,108	317,659
71,205	601,357	302	6,815	−406
832,593	94,502	34,816	874,039	56,937
8,047	5,096	875,603	−60,123	932,143
43,602	12,839	971	971	502
985	196,475	86,318	9,342	−4,061
94,063	85,320	8,452	−15,607	18,324
102,736	842	52,061	327,496	−629,810
394	8,725	907,384	6,024	208
47,512	713,408	218	−98,371	−32,185
5,081	72,064	34,756	508	6,507
183,563	894,127	872,593	931,437	541,329
92,746	379	9,408	−84,169	−58,906

2. 乘算题(每题 5 分，限时 5 分钟，精确到 0.01)		3. 除算题(每题 5 分，限时 5 分钟，精确到 0.01)	
（一）	768 × 904 =	（一）	221,544 ÷ 306 =
（二）	6,735 × 8.06 =	（二）	768,754 ÷ 942.1 =
（三）	374 × 82,569 =	（三）	3,249,972 ÷ 3,021 =
（四）	307 × 9,048 =	（四）	2,306.97 ÷ 5,094 =
（五）	936 × 427 =	（五）	649,565 ÷ 1,385 =
（六）	63,108 × 74.5 =	（六）	56,745 ÷ 832 =
（七）	857 × 346 =	（七）	390,452 ÷ 38.42 =
（八）	827 × 9,036 =	（八）	306,965 ÷ 65.7 =
（九）	5,198 × 7,248 =	（九）	468.3179 ÷ 43.2 =
（十）	987 × 602 =	（十）	855,544 ÷ 467 =

全国珠算技术普通级二级鉴定模拟题(A)

1. 加减算题(每题 10 分，限时 10 分钟)合格分数线 160 分

(一)	(二)	(三)	(四)	(五)
58,371.62	48.57	506.17	34,820.57	9,074.28
41.35	83,157.42	86,794.25	−79.01	21,096.43
3,904.78	2,839.31	83.94	9,104.63	76.18
40.93	57,604.19	408.13	−65.32	795.04
57,319.26	6,850.93	29.67	2,380.49	−5,471.72
629.48	8,145.32	9,265.70	46.27	13.65
2,565.14	482.59	8,693.41	−6,035.92	601.34
53.81	3,254.97	305.87	42.15	−6,830.19
182.57	73.42	6,512.94	596.78	57.83
37.69	961.38	30.57	−1,472.83	−527.74
9,208.34	34.29	3,014.89	218.79	4,901.32
7,360.92	9,073.57	729.46	87.10	43,786.53
493.18	60.71	15.31	−9,530.46	925.76
4,785.27	459.82	3,502.17	764.83	−8,501.63
879.62	701.57	94,528.76	83,051.96	25.91

(六)	(七)	(八)	(九)	(十)
157,648	82,931	29,103	7,190,354	306,952
8,618,502	1,504	984,561	862,241	8,821,504
402,365	3,267,849	7,308	−3,076	−5,806
4,039	2,685	795,864	25,841	143,415
658,721	573,437	3,015	718,602	−90,829
12,509	61,394	64,758	−1,934	36,237
865	952,083	524,587	5,274,068	9,742
3,764	40,456	32,109	−39,841	7,512,473
12,085	802,375	8,063,294	25,265	−560,937
9,437	35,164	87,546	510,917	87,201
67,852	8,967,201	234,017	−2,178	1,526
3,049	6,728	8,956	40,485	−728,094
275,648	804,135	4,923,175	804,973	37,680
34,709	6,827	10,812	−82,906	−5,914
9,303	105,943	286,931	43,893	643,859

续表

2. 乘算题(每题 5 分，限时 5 分钟，精确到 0.01)		3. 除算题(每题 5 分，限时 5 分钟，精确到 0.01)	
(一)	$543 \times 7,619 =$	(一)	$17,433.702 \div 286 =$
(二)	$2,467 \times 98.31 =$	(二)	$171.95 \div 362 =$
(三)	$9,368 \times 704 =$	(三)	$3,571.595 \div 408.93 =$
(四)	$85.2 \times 56 =$	(四)	$247.818 \div 802 =$
(五)	$3,284 \times 7,051 =$	(五)	$907.489 \div 2.36 =$
(六)	$6,073 \times 1,248 =$	(六)	$5,460.441 \div 6,047 =$
(七)	$4,697 \times 8.03 =$	(七)	$2,592.2637 \div 786 =$
(八)	$701 \times 2,368 =$	(八)	$362,768 \div 574 =$
(九)	$46.92 \times 5,137 =$	(九)	$3.5496 \div 0.4608 =$
(十)	$96.73 \times 245 =$	(十)	$82.296 \div 274 =$

全国珠算技术普通级二级鉴定模拟题(B)

1. 加减算题(每题 10 分，限时 10 分钟)合格分数线 160 分				
(一)	(二)	(三)	(四)	(五)
871,804	7,630,958	351,692	624	861,945
95,624	73,521	80,475	9,575,512	−7,302
7,265	804,796	421,358	−320,453	9,712,565
70,318	3,945,312	6,703,186	9,451,741	−83,127
728,736	9,207	98,207	8,079	594,672
7,813	651,834	6,512	−95,860	430,271
69,203	20,781	947,803	6,908	17,965
8,315,927	935,640	354,716	2,183	26,032
8,013	1,872	69,208	509,256	8,579
647,205	6,054	718,345	−87,625	−32,704
6,481	70,928	2,096	630,741	5,860
8,357	463,592	4,158	−54,037	347,029
509,261	8,071	9,069,270	365,491	6,198
74,183	56,134	83,745	−81,739	−203,974
250,978	807,925	9,602	730,158	564

续表

(六)	(七)	(八)	(九)	(十)
9,617.42	49.68	65,027.84	87,596.34	369.05
35.80	312.07	36.59	4,703.53	82,106.52
4,726.19	4,195.86	754.36	−629.45	831.96
67,937.92	367.25	2,918.60	9,371.20	−12.57
405.83	7,856.92	3,428.91	65.62	3,970.65
4,816.45	170.23	62.17	−18,034.76	−423.78
2,508.94	98.46	657.23	912.87	49.36
261.87	3,507.31	7,890.45	85.08	−7,306.40
40.38	80,713.27	721.84	−7,460.19	680.19
75,348.61	5,984.64	97.56	25.76	39,045.74
524.70	20.38	40,678.21	893.07	83.92
30.49	495.70	9,105.73	4,306.45	−759.28
423.86	57,841.03	19.69	53.29	4,671.06
93.40	57.93	890.65	725.64	−830.49
8,357.29	7,034.81	3,279.87	6,140.78	5,231.68

2. 乘算题(每题 5 分，限时 5 分钟，精确到 0.01)

(一)	$1.2763 \times 20.58 =$
(二)	$489 \times 2,835 =$
(三)	$8,574 \times 3,096 =$
(四)	$31.87 \times 435.7 =$
(五)	$6,912 \times 537 =$
(六)	$654.8 \times 0.0879 =$
(七)	$40.12 \times 0.2356 =$
(八)	$93.014 \times 452 =$
(九)	$628 \times 921 =$
(十)	$8,307 \times 70,549 =$

3. 除算题(每题 5 分，限时 5 分钟，精确到 0.01)

(一)	$107.904 \div 281 =$
(二)	$5,234.914 \div 608.67 =$
(三)	$270.368 \div 476 =$
(四)	$248.127 \div 309 =$
(五)	$798,043 \div 268 =$
(六)	$2,003.704 \div 5,329 =$
(七)	$543.269 \div 6.18 =$
(八)	$821.916 \div 948 =$
(九)	$4.8792 \div 0.4507 =$
(十)	$62.496 \div 168 =$

全国珠算技术普通级二级鉴定模拟题(C)

1. 加减算题(每题 10 分，限时 10 分钟)合格分数线 160 分

(一)	(二)	(三)	(四)	(五)
80,713	4,360,598	625,391	6,425	961,845
59,264	73,251	74,804	5,973,018	−3,702
781,048	408,796	241,538	−320,846	9,812,567
96,502	6,954,213	7,530,186	8,954,721	81,307
238,714	5,790	89,207	−7,068	−592,674
9,265	561,384	5,612	95,213	3,089,516
7,831	20,781	497,083	4,608	−340,721
941,529	359,046	716,354	−3,179	28,965
9,013	7,812	20,698	205,846	−17,032
965,107	4,605	817,543	79,215	5,689
586,371	20,789	2,096	−630,784	−23,704
7,358	346,952	4,358	54,026	6,851
409,261	7,081	8,609,271	265,491	347,029
74,183	65,314	83,754	−81,739	−6,198
250,948	708,295	6,902	730,158	203,974

(六)	(七)	(八)	(九)	(十)
7,619.24	68.49	74,026.83	86,597.34	2,580.40
53.08	213.17	36.59	−9,702.53	71,036.52
3,472.19	5,194.86	574.30	3,096.81	−381.96
85,297.91	637.23	1,892.06	−371.42	57.21
504.83	8,756.93	3,408.19	65.18	4,970.65
2,618.54	270.52	71.62	18,034.29	−142.78
4,085.39	98.46	526.71	−912.83	94.53
261.97	2,507.31	8,940.53	58.21	8,306.40
30.48	70,813.26	721.48	7,640.19	−680.19
425.71	4,981.65	57.40	25.76	38,045.74
94.03	30.28	30,486.21	−893.07	−83.92
52,087.16	495.61	9,105.74	4,306.45	5,231.68
40.39	67,841.03	18.62	35.29	−958.27
7,358.62	27.95	890.56	−752.64	6,417.08
432.86	6,034.81	2,379.85	6,140.78	730.49

续表

2. 乘算题(每题 5 分，限时 5 分钟，精确到 0.01)		3. 除算题(每题 5 分，限时 5 分钟，精确到 0.01)	
(一)	$0.3617 \times 50.82 =$	(一)	$105.187 \div 293 =$
(二)	$398 \times 1,924 =$	(二)	$4,523.914 \div 407.68 =$
(三)	$7,496 \times 8.035 =$	(三)	$253.056 \div 659 =$
(四)	$13.87 \times 347.5 =$	(四)	$287.232 \div 408 =$
(五)	$9,612 \times 326 =$	(五)	$869.041 \div 2.57 =$
(六)	$456 \times 0.0947 =$	(六)	$1,765.912 \div 6,218 =$
(七)	$50.21 \times 0.4185 =$	(七)	$453.2689 \div 7.19 =$
(八)	$83,014 \times 481 =$	(八)	$819.285 \div 965 =$
(九)	$268 \times 60,759 =$	(九)	$3.8792 \div 0.3507 =$
(十)	$7,505 \times 892 =$	(十)	$45.936 \div 184 =$

全国珠算技术普通级二级鉴定模拟题(D)

1. 加减算题(每题 10 分，限时 10 分钟)合格分数线 160 分				
(一)	(二)	(三)	(四)	(五)
69,482.73	59.68	650.17	95,812.36	5,193.28
30.50	72,046.31	68,974.52	-9,341.87	29.03
2,893.67	3,958.24	38.49	47,601.25	-7,895.42
510.40	57,604.19	92.76	-478.69	19,740.26
46,208.15	6,580.93	840.31	3,516.80	52.38
730.59	7,041.32	5,629.09	69.32	-407.69
4,876.23	4,325.70	3,968.14	-704.63	523.61
50.91	284.95	503.78	82.19	4,719.85
182.64	73.42	2,156.49	6,570.41	36,875.47
35.78	806.54	49,852.67	23.98	926.01
9,370.56	43.92	30.75	-4,046.15	-3,248.57
8,147.29	8,061.47	4,031.98	92.83	69.32
508.13	70.61	297.64	574.61	-473.85
6,214.09	954.82	51.03	9,263.08	95.62
879.62	607.12	5,302.71	-810.54	875.15

续表

（六）	（七）	（八）	（九）	（十）
648,157	28,913	92,013	7,123,896	789,531
402,365	5,041	489,561	48,105	−65,108
856,271	8,265	3,780	−6,792	274,073
3,049	2,364,450	759,684	2,081	49,817
8,618	653,012	2,105	45,728	−826,105
469	72,908	46,578	−90,267	963,472
9,762	64,153	32,019	5,403	4,736,201
7,364	259,084	75,846	916,238	2,065
21,058	901,435	9,063,185	20,159	893,741
7,943	9,867,023	524,017	−43,975	−65,024
85,276	8,267	9,856	908,217	7,893
4,309	409,315	3,492,745	−45,108	5,602
527,468	7,682	8,102	340,865	−79,316
43,907	510,943	903,286	−79,621	9,148,729
8,201,965	234,017	624,503	6,154	6,987

2. 乘算题(每题 5 分，限时 5 分钟，精确到 0.01)

（一）	$708 \times 6,543 =$
（二）	$3,672 \times 89.65 =$
（三）	$8,639 \times 603 =$
（四）	$75.1 \times 68.294 =$
（五）	$2,348 \times 5,071 =$
（六）	$3,076 \times 2,184 =$
（七）	$6,249 \times 80.5 =$
（八）	$107 \times 6,832 =$
（九）	$26.94 \times 7.316 =$
（十）	$85,173 \times 279 =$

3. 除算题(每题 5 分，限时 5 分钟，精确到 0.01)

（一）	$9,346.998 \div 798 =$
（二）	$254.031 \div 293 =$
（三）	$3,594.8736 \div 403.89 =$
（四）	$200.448 \div 783 =$
（五）	$796,079 \div 1.47 =$
（六）	$6,528,480 \div 7,035 =$
（七）	$364.6592 \div 985 =$
（八）	$338.861 \div 643 =$
（九）	$2.8793 \div 0.3507 =$
（十）	$45.936 \div 231 =$

全国珠算技术普通级一级鉴定模拟题(A)

1. 加减算题(每题 10 分，限时 10 分钟)合格分数线 160 分

(一)	(二)	(三)	(四)	(五)
47.69	871,293.60	9,873.15	76,239.41	324,517.93
87,624.15	9,054.83	157,082.67	5,682.79	−93,703.65
3,710.84	639.52	209.17	−468.97	428.09
54,806.70	7,820.39	41.26	809,316.34	−9,186.27
95.96	26,183.97	98,365.48	43.75	35,849.12
538,439.58	21.46	3,698.04	−6,702.51	187,564.83
953.47	68,734.02	286,851.93	65,981.23	−8,917.04
9,547.01	907.61	986.15	−57.92	95.46
72,394.85	246,379.35	9,704.14	439,576.86	2,769.85
68.74	5,328.47	65.82	3,298.50	−69,481.07
761,829.36	91,467.52	35,216.78	830.64	97.23
697.10	91.78	258,731.69	−47,659.38	602.78
4,036.95	526.43	98.03	91.87	458,314.62
423,765.79	760,284.15	57,280.45	746,382.49	−743.59
930.04	95.37	539.27	−807.65	21.70

(六)	(七)	(八)	(九)	(十)
67,428	2,618,734	827,104	3,456,789	45,891,720
92,678,503	549,970	6,658,327	−891,263	502,634
1,935	45,863,125	4,653	70,823	8,346
416,279	519,847	903,218	2,975	507,743,692
9,817	1,032	69,145	5,384,168	−805,927
645,394	36,975,784	2,198,837	29,167,350	7,668,165
43,051,796	653,420	581,672	−45,719	−7,254
7,834,256	8,469,037	5,064	76,438,125	471,096
85,671	2,459	47,125	79,834	−50,183
2,759,843	815,973	3,781	−7,216,342	5,726,439
7,064	93,071,864	13,856,397	38,763,950	−45,317
91,412	5,728,396	34,702	−342,197	61,804,725
6,143,859	89,605	5,692,438	5,028	−8,572,693
825,976	6,218	76,105,923	576,273	8,149
6,584,390	30,957	4,768,095	−4,859	83,256

续表

2. 乘算题(每题 5 分，限时 5 分钟，精确到 0.01)		3. 除算题(每题 5 分，限时 5 分钟，精确到 0.01)	
(一)	6,547 × 1,398 =	(一)	123,438.75 ÷ 132 =
(二)	28.34 × 657.09 =	(二)	7,532.63 ÷ 764 =
(三)	8,375 × 2,903 =	(三)	11,147,544 ÷ 51,609 =
(四)	70,893 × 4,652 =	(四)	26,807 ÷ 350 =
(五)	3,807 × 4,219 =	(五)	2,246.976 ÷ 3,984 =
(六)	8,537 × 42.16 =	(六)	24,351.17 ÷ 716 =
(七)	40.83 × 279.6 =	(七)	2,193.246 ÷ 31.762 =
(八)	435.9 × 70,126 =	(八)	136,741.17 ÷ 703 =
(九)	54,309 × 8,716 =	(九)	6,732.768 ÷ 7,456 =
(十)	8,627 × 4,039 =	(十)	289,757 ÷ 53,094 =

全国珠算技术普通级一级鉴定模拟题(B)

1. 加减算题(每题 10 分，限时 10 分钟)合格分数线 160 分				
(一)	(二)	(三)	(四)	(五)
36.79	781,392.06	8,973.15	67,923.14	243,715.69
78,624.51	9,054.38	157,082.64	−9,856.27	65,307.93
3,710.84	639.52	207.91	648.90	245.06
537,629.41	8,720.34	41.26	908,261.43	−6,819.72
54.96	26,183.97	98,265.43	34.57	34,608.95
79,106.28	21.46	3,698.04	−5,072.16	197,645.21
925.46	78,634.02	286,341.59	81,659.34	−7,981.30
8,647.35	907.61	896.15	−74.29	2,769.84
72,394.58	246,578.93	9,607.42	439,586.71	56.94
67.85	8,923.46	64.85	2,739.58	−68,491.07
761,859.36	91,467.52	35,216.78	−821.46	23.89
967.10	91.78	258,731.69	74,596.03	−705.43
4,039.65	526.43	98.03	84.91	459,718.62
234,856.79	760,824.51	59,380.42	746,293.85	−642.58
715.04	67.94	539.27	−807.69	57.12

续表

（六）	（七）	（八）	（九）	（十）
28,764	1,826,437	728,401	2,387,456	18,459,207
91,873,205	45,079	90,657,328	891,263	−534,091
1,935	87,693,145	4,653	−73,804	6,438
416,276	519,826	803,219	5,729	8,962,753
8,743	2,301	51,964	4,169,385	−805,927
647,895	35,961,782	2,196,837	92,350,167	−4,527
43,051,769	420,653	642,591	78,541	713,069
8,473,652	6,038,479	9,047	83,974	20,475
68,175	9,203	45,162	−6,437,215	−5,439,726
2,759,863	871,915	8,753	38,594,863	31,457
4,076	93,864,071	12,653,846	7,502	41,835,706
91,412	5,723,698	74,092	−910,243	−7,502,693
6,273,854	81,406	5,692,437	45,879,621	9,481
285,976	6,743	67,923,105	253,147	72,356
5,746,281	29,584	4,985,076	−8,546	7,813

2. 乘算题(每题 5 分，限时 5 分钟，精确到 0.01)		3. 除算题(每题 5 分，限时 5 分钟，精确到 0.01)	
（一）	4,756 × 2,839 =	（一）	111,549.64 ÷ 134 =
（二）	39.21 × 456.07 =	（二）	134 ÷ 63 =
（三）	7,385 × 3,902 =	（三）	8,643.74 ÷ 41.508 =
（四）	60,972 × 5,842 =	（四）	13,258.036 ÷ 460 =
（五）	2,708 × 6,317 =	（五）	87,908.2 ÷ 2,873 =
（六）	7,583 × 43.26 =	（六）	1,301.469 ÷ 617 =
（七）	20.76 × 385.7 =	（七）	26,537.18 ÷ 2,683 =
（八）	345.9 × 60.712 =	（八）	1,540.042 ÷ 604 =
（九）	45,903 × 7,816 =	（九）	127,163.16 ÷ 6,347 =
（十）	7,862 × 8,532 =	（十）	5,090.294 ÷ 62,093 =

全国珠算技术普通级一级鉴定模拟题(C)

1. 加减算题(每题 10 分，限时 10 分钟)合格分数线 160 分				
(一)	(二)	(三)	(四)	(五)
130,865.14	95.23	267,834.01	267,834.01	3,420.93
92.81	410,683.72	98.52	98.52	572,603.18
892,654.23	258.36	285.36	−285.36	98.24
268.12	61,574.08	51,749.68	5,149.68	−45,037.62
16,499.81	2,407.93	4,271.83	−4,271.83	358.19
2,014.08	918.57	856.09	856.09	−9,578.12
230,168.81	21,987.42	16,742.47	−16,742.47	74.23
653,862.52	41.42	23.31	25.31	683,907.47
98,580.23	7,092.64	4,267.14	4,267.14	635.94
259.56	973,206.85	973,306.98	973,306.98	−17,864.94
84,200.41	35,419.68	35,041.21	−35,041.89	6,412.58
878,963.92	316,978.46	152,987.65	152,987.64	609,158.37
2,654.12	17.31	80.95	80.95	−92,670.19
3,945.02	561.37	563.17	−563.12	86.24
85,940.21	6,435.28	8,436.21	8,436.28	−1,795.86
(六)	(七)	(八)	(九)	(十)
513,348	8,967,341	21,698	385,276	6,712
82,095,864	8,205	407,153	−4,701	16,980,345
806,175	31,427,096	73,852,409	43,810	−8,049,236
6,723,019	716,080	1,539,640	37,456,789	827,409
4,567	8,731	6,927	−9,207,463	−35,917
79,152	7,509,348	893,593	69,587	8,396
75,682,930	75,820,469	47,682	123,349	3,157,428
825,706	392,106	91,754,240	2,051,978	−720,869
6,329	82,391	8,536	−6,401,597	29,541,785
468,135	23,845,078	16,782	3,824	79,158
30,597	7,984	27,483,957	610,176	−4,638,690
74,907,261	1,456,239	530,419	−96,253	2,365
6,952	982,745	5,862,734	54,263,791	46,394,816
6,349,728	21,932	4,168	4,538	741,928
52,864	852,123	4,569	−4,916,205	58,630

续表

2. 乘算题(每题 5 分,限时 5 分钟,精确到 0.01)		3. 除算题(每题 5 分,限时 5 分钟,精确到 0.01)	
(一)	5,764 × 1,398 =	(一)	121,977.45 ÷ 315 =
(二)	38.12 × 470.56 =	(二)	6,731.12 ÷ 523 =
(三)	6,538 × 4,079 =	(三)	12,647.292 ÷ 23,079 =
(四)	30,178 × 5,493 =	(四)	42,907.8 ÷ 350 =
(五)	2,807 × 3,176 =	(五)	2,385.314 ÷ 5,734 =
(六)	7.185 × 43.92 =	(六)	37,183.8 ÷ 741 =
(七)	56,904 × 8,174 =	(七)	1,499,862 ÷ 2,613 =
(八)	30.78 × 496.2 =	(八)	348,222.47 ÷ 709 =
(九)	325 × 60.85 =	(九)	6,122.125 ÷ 8,375 =
(十)	8,276 × 4,019 =	(十)	375,848 ÷ 62,047 =

全国珠算技术普通级一级鉴定模拟题(D)

1. 加减算题(每题 10 分,限时 10 分钟)合格分数线 160 分				
(一)	(二)	(三)	(四)	(五)
36.79	781,392.06	8,973.15	67,923.14	243,715.69
78,624.51	9,054.83	157,082.64	−9,856.27	65,307.93
3,710.84	639.52	207.91	648.90	245.06
537,629.41	8,720.34	41.26	908,261.43	−6,819.72
54.96	26,183.97	98,265.43	81,659.34	34,608.95
79,106.28	21.46	3,698.04	−74.29	197,645.95
925.46	78,634.02	286,341.59	439,586.71	57.12
8,647.35	907.61	896.15	2,739.58	−7,981.30
72,394.58	246,578.93	9,607.42	−821.46	2,768.84
67.85	8,923.46	64.85	74,596.03	56.94
761,859.36	91,467.52	35,216.78	84.91	−68,491.07
967.10	91.78	258,731.69	746,293.85	23.89
4,039.65	526.43	98.03	−807.69	−705.43
234,856.79	760,824.51	59,380.42	−5,072.16	459,718.62
715.04	67.94	539.27	586.45	−24,856.23

续表

（六）	（七）	（八）	（九）	（十）
28,764	1,826,456	728,401	852,763	7,621
91,873,205	45,079	90,657,328	891,263	16,089,534
1,932	87,693,145	4,653	−73,804	−8,235,049
416,276	519,826	803,219	5,729	406,827
8,743	2,301	51,964	4,169,385	−17,395
647,895	35,961,782	2,196,837	92,350,167	8,603
43,701,259	420,653	642,591	78,541	3,742,159
8,473,652	6,038,479	9,047	83,974	−679,028
68,175	9,203	45,162	−6,497,401	29,836,451
2,759,863	871,915	8,753	38,594,863	14,579
4,076	93,864,071	12,653,862	7,502	−4,712,693
91,412	5,723,689	74,092	−910,243	3,257
62,742,854	81,406	75,469,802	45,236,791	46,581,394
5,746,281	6,743	23,016,845	253,147	−429,641

2. 乘算题(每题 5 分，限时 5 分钟，精确到 0.01)

3. 除算题(每题 5 分，限时 5 分钟，精确到 0.01)

（一）	$4,756 \times 2,839 =$	（一）	$111,549.64 \div 134 =$
（二）	$39.21 \times 456.07 =$	（二）	$8,634.74 \div 87.5 =$
（三）	$7,385 \times 3,902 =$	（三）	$13,258.036 \div 41.51 =$
（四）	$60.97 \times 5,842 =$	（四）	$87,908.2 \div 4,623 =$
（五）	$2,708 \times 6,317 =$	（五）	$1,301.469 \div 2,873 =$
（六）	$7,583 \times 43.26 =$	（六）	$26,537.18 \div 617 =$
（七）	$20.76 \times 386 =$	（七）	$1,540.042 \div 2,683 =$
（八）	$345.9 \times 90.41 =$	（八）	$127,631.16 \div 604 =$
（九）	$45,903 \times 7,816 =$	（九）	$5,090.294 \div 6,347 =$
（十）	$7,862 \times 5,426 =$	（十）	$286,757 \div 43.056 =$

全国珠算技术能手级鉴定模拟题

一、加减算题(一) (每题 10 分，限时 10 分钟)

一	二	三	四	五
82,075,694.32	3,197,584.26	95,168.57	78,345,678.90	613,902.43
2,306.26	9,351.48	7,904,951.49	8,451.76	8,374.05
96,493.65	835,279.62	316,285.13	−503,716.54	32,167,269.84
6,135,824.97	43,190.81	3,074.26	6,234,567.89	−56,751.62
683,740.51	62,379,605.12	31,849.34	86,305.62	6,379,840.79
7,052.19	658,413.98	45,850,732.68	3,927,839.45	−95,583.38
790,153.48	3,921,067.04	768,306.81	−90,984.38	2,416.27
73,564,278.73	4,732.35	7,289.71	409,290.81	50,934,638.10
19,519.02	31,280,826.57	38,098,613.09	−1,043.09	741,097.51
9,451,681.81	762,948.79	678,420.92	10,327,129.10	−6,850,125.96
2,390.64	6,312.62	3,542,697.85	−2,982.57	85,419,349.48
92,139,846.07	28,419,751.98	17,237,106.74	659,760.23	−38,476.27
92,139,846.07	98,260.87	5,460,839.27	5,768,345.38	3,754,015.39
65,788.92	528,038.74	84,287.63	64,297,459.64	−5,230.78
824,194.76	26,914.05	9,370.19	−80,174.82	916,758.06

六	七	八	九	十
13,256	53,840,315	709,153	4,891,237	4,317
682,097	31,246	2,648	−36,398	617,984
6,483	786,978	4,937,362	75,628,146	7,532,793
7,970,564	67,240	394,495	43,579	−1,235
29,395	3,602	51,824	−9,405	73,509
61,094,132	5,424,153	328,685,276	157,850	35,158,476
2,610	15,864	18,037	−8,012,683	−95,261
6,738,748	8,502,791	70,630,519	5,962	3,876,042
37,257,807	198,086	6,701	23,984,721	24,849,128
1,921	9,319	3,783,985	60,314	−670,650
849,365	978,916	605,450	−708,097	17,027,894
40,163,248	40,643,260	8,278,369	51,693,135	8,573
75,092	59,689	24,932	−9,357,986	−31,249
807,531	2,045,971	1,685	4,894	4,358,482
30,679	68,524	37,398,401	−435,219	−204,367
9,786,928	14,703,859	56,748	9,107	17,294
8,457	2,396	9,263	27,056,328	6,901
53,413,293	7,810,423	370,529	−74,265	583,758
972,014	586,107	18,485,376	2,318,304	83,351,583
5,647,875	786,978	3,148,297	213,627	−7,492,679

加减算题(二)

十一	十二	十三	十四	十五
6,203,518.41	31,205.83	30,245,708.91	6,835,169.27	309,684.14
7,073.81	413,572.94	23,971.36	56,128.03	52,436.71
43,941,405.67	2,342,780.58	9,350,497.08	−714,345.65	4,193,309.82
6,390.78	85,019.40	7,059.84	80,243,950.12	−1,827.45
28,681.52	4,960.12	182,620.23	−987,604.51	5,648,761.08
365,794.09	66,097,831.39	9,684.56	8,021.35	26,917,084.31
24,580,136.43	720,198.65	36,183.12	20,529,817.64	−204,935.62
74,029.16	9,354.71	671,205.52	−50,236.19	25,103.97
807,247.95	3,045,917.08	53,068,316.51	1,403.46	32,786,246.26
3,439,802.31	1,906,423.12	2,806,542.72	3,916,582.71	−7,510.59
2,958.24	8,646.21	4,930.85	−2,978.62	360,495.38
713,063.82	54,867,087.36	74,920,217.68	495,037.81	78,458,327.64
62,645,891.07	51,970.58	97,061.39	58,357,804.36	−74,138.93
59,740.34	309,216.45	609,172.54	−14,956.75	−7,506,210.85
5,831,907.12	95,724,309.27	5,738,764.21	3,473,082.03	2,960.21

十六	十七	十八	十九	二十
3,141,916	7,801	457,890	18,603,459	32,784,960
674,520	528,793	1,072	−562,348	95,041
97,048	15,842,076	7,349,648	8,172	−163,789
28,305,404	80,537	80,372	−34,234	4,250,632
9,317	4,973,605	42,507,431	4,079,618	8,106
86,135	9,480	61,219	−423,724	−306,217
2,453,259	715,348	5,094,506	72,306,581	8,095
860,701	29,031,921	71,053	92,708	73,432,324
81,094,369	6,154,269	6,294	−6,285,146	−71,852
8,062	63,157	90,738,980	8,970	1,947,473
74,502,870	60,302,012	263,715	32,871,465	−39,508
137,456	6,478	8,105,809	34,708	27,620,816
3,508	837,569	76,810,394	−217,549	451,792
620,935	2,608,703	51,728	3,085,972	−3,506,284
49,047	19,480	4,802	1,058	9,867
3,784,820	75,124,859	4,267,435	−6,954,703	−5,293,758
8,295	480,365	21,486,075	675,810	10,734,582
95,716	2,903,417	8,491	21,569	3,981
16,371,453	2,834	14,723	48,380,247	−76,314
7,237,095	56,098	950,284	−2,493	980,562

二、乘算题(限时 5 分钟。答题要求：精确到 0.0001)

一	12.5046 × 3.7108 =	十一	8,936 × 50,712 =
二	4,156 × 8,019 =	十二	40.75 × 5.2038 =
三	46.28 × 7.51359 =	十三	2,168 × 5,497 =
四	30,928 × 4,715 =	十四	0.65184 × 0.00975 =
五	296,158 × 43,510 =	十五	68,054 × 37,096 =
六	2,784 × 6,273 =	十六	87,931 × 780,926 =
七	6,078 × 4,593 =	十七	2,569 × 36,138 =
八	0.5482 × 85.0769 =	十八	816,504 × 3,417 =
九	73,025 × 18.4691 =	十九	91,234 × 17,568 =
十	75,056 × 0.8124 =	二十	370,261 × 9,026 =

三、除算题(限时 5 分钟　答题要求　精确到 0.0001)

一	21,377,805 ÷ 4,106 =	十一	0.26031743 ÷ 0.6352 =
二	1,306,058,387 ÷ 140,867 =	十二	65,281,047 ÷ 2,939 =
三	188,408,213 ÷ 2,749 =	十三	2,128,520,857 ÷ 61,503 =
四	256,178,233 ÷ 4,712.05 =	十四	4.635658 ÷ 68,105 =
五	5,246,029,999 ÷ 3,814 =	十五	1,547.870214 ÷ 852.17 =
六	4,031,628,862 ÷ 0.6358 =	十六	12,717,632 ÷ 1,508 =
七	1.76625273 ÷ 948,314 =	十七	365,287.031 ÷ 952.17 =
八	44.27735 ÷ 0.0374 =	十八	19,905,393 ÷ 7,892 =
九	68,354,530 ÷ 8,204 =	十九	133,556,857 ÷ 34,052 =
十	56,723,456 ÷ 9,305 =	二十	5,178.32713 ÷ 714.21 =

说明	要求对题数	级别	一	二	三	四	五	六	
		加减算	18	16	14	12	10	8	
		乘算	18	16	14	12	11	10	
		除算	18	16	14	12	11	10	

项目三　点钞与验钞技能

【学习目标】

专业能力：了解点钞的基础知识，熟悉点钞、记数、捆钞的方法，动作要领，技巧；了解人民币的基础常识，熟悉五套人民币的特点。

方法能力：通过点钞技能的学习和训练，提高眼手脑并用的能力；通过验钞技能的学习，培养观察与警觉意识，养成善于思考，发现问题的能力，独立学习新知识并运用新知识解决问题的能力。

社会能力：通过小组竞赛培养学生的团队合作意识和沟通能力，并在学习中发现乐趣。

个人能力：通过点钞与验钞的训练，养成认真专注，勤奋刻苦，追求完美的职业习惯。

【学习准备】

人民币练功券、挡板、捆钞条、名章、甘油、海绵池、人民币各种票样。

【引导问题】

(1) 你了解点钞技术的发展吗？

(2) 你能快速而准确的清点纸币吗？

(3) 你了解人民币的发展历程吗？

(4) 你能准确快速地识别真假人民币吗？

任务一　点钞技能

点钞是人们日常生活中不可缺少的一项基本技能，是眼手脑三合一的一项操作技术。作为一名财经人员，点钞技术的高低、速度的快慢、质量的好坏，会直接影响工作的效率和质量，它是从事金融、财经工作必须熟练掌握的一项基本技能。

一、点钞方法

点钞方法多种多样，各具特色。其中单指单张和多指多张点钞法是教育部全国会计技能竞赛项目。根据持钞方式的不同可以分为手持式和手按式，将钞券握在手中为手持式点钞法；将钞券按在桌面上操作为手按式点钞法。

点钞方法的具体分类如图 3-1 所示。

```
                                    ┌─ 单指单张
                          ┌─ 手持式 ─┤─ 单指多张
                          │         ├─ 多指多张
                 ┌─ 手工点钞 ─┤         └─ 扇面点钞
                 │        │
        点钞方法 ─┤        │         ┌─ 单指单张
                 │        └─ 手按式 ─┤
                 │                  └─ 多指多张
                 └─ 机器点钞
```

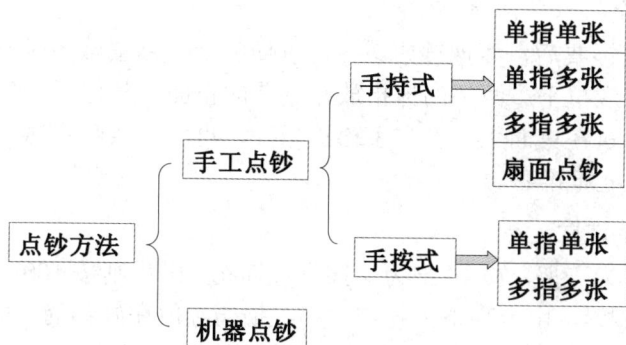

图 3-1　点钞方法分类

二、手工点钞的基本要求

手工点钞是一项比较重要的、技术性很强的工作，要求达到迅速、准确并能鉴别真假。掌握过硬的点钞技能，对于财经类专业学生是非常重要的。点钞要求是按照"五好钱捆"的标准，票币查点要做到点准、挑净、墩齐、捆紧、盖章清楚，亦即查点出来的票币要符合以上五个方面的基本要求。在整点票币的过程中，一般都必须经过拆把、持票、清点、记数、墩齐、扎把、盖章几个环节，因此，点钞人员在点钞操作中要遵循以下基本要求：

1. 正确的坐姿

点钞的坐姿会直接影响点钞技术的发挥和提高。正确的坐姿应该是：直腰挺胸，身体自然，肌肉放松，双肘自然放在桌上，持票的左手腕部接触桌面，右手腕部稍抬起，整点货币轻松持久，活动自如。因此，点钞开始前，要选择高度适当的座位，一般高于平时写字的座位，使双肘能在桌面上转动自如。总之，点钞要自然大方，给人一种美的享受。

2. 操作定型，用品定位

点钞时用到的账册、算盘、计算器、图章、印台、沾水盒、捆扎条以及其他点钞用具要提前准备好，摆放整齐，按使用顺序固定位置放好，以便点钞时使用顺手。

例如，将未清点的票款放在左侧，将海绵盒放在中间，捆扎条放在右侧上部，清点完的票款放在右侧，这样摆放紧凑、方位得当、距离适宜，便于操作。

3. 点数要准确

点数准确是点钞技术的核心内容。只有在准确的基础上求快，才能保证点钞质量。要做到点数准确，就必须做到集中精力，双手点钞，两眼看钞，脑子记数。亦即手、眼、脑互相配合，共同完成点钞的操作过程。

4. 动作要连贯

点钞过程中每个环节都必须紧密衔接，即在拆把、清点、墩齐、捆扎、盖章等每个环节要连贯协调。清点时的动作应连贯，清点速度均匀，不能忽快忽慢，也不能忽多忽少。

5. 开扇要均匀

使用各种点钞方法时，都应将票子打开成微扇形，扇面上每张钞票的间隔距离应该保持基本一致，便于捻动并可防止夹张，能提高点钞的速度和准确性。

6. 钞票要墩齐

每点完 100 张钞票后，要把钞票墩齐，以便扎把。钞票墩齐时要求四条边水平，不露头、不错开、卷角应拉平。两手的拇指放在钞票的正面，其他手指放在钞票的背面，使钞票的正面朝身体横执在桌面上，左右手松拢墩齐，再将钞票竖起墩齐，使钞票四端整齐，然后用左手持钞做扎把准备。

7. 扎把要松紧适度

纸币够 100 张为一把，够 10 把为一捆进行捆扎。硬币则按 100 枚为一卷进行包扎。不够把(卷)的为零张(枚)，由上小下大扎在一起，损伤券放在好券的上面。

钞票扎把松紧要适度，小把以提起把中第一张钞票不被抽出为准。按"#"字形捆扎的大捆，以用力推不变形、抽不出票把为标准。

8. 盖章要清晰

盖章时点钞过程中的最后一个环节，扎完把后，要在腰条纸上盖上清点人的名章，表示对此把钞票的质量和数量负责。因为盖章是分清责任的标志，所以图章一定要盖得清晰，以看得清行号、姓名为准。

三、手持式单指单张点钞法

手持式单指单张点钞法是最基本、最常用，也是最简单，使用范围非常广泛的点钞方法，可用于收、付款等工作，用于清点各种新旧钞票以及各种面额不等的钞票。采用这种方法，由于清点时能看到的面积比较大，易于识别真假票币，便于挑剔损伤券。缺点是点一张记一张，劳动强度较大。

手持式单指单张点钞法可分为以下环节：

(一) 拆把和持钞

坐姿端正，钞票下面向内，左手拇指、无名指和小拇指在钞票正面，食指和中指在钞票背面，将钞票左端中间处夹于中指和无名指之间，食指和拇指从两侧轻握钞票，钞票左端尽量靠近手指根部，食指伸开，其他手指自然弯曲，左手腕向内弯扣，同时食指向前伸勾断扎抄纸条。

持钞方法可以双手起钞也可以单手起钞。

1. 双手起钞

钞券横放，左手的中指、无名指弯向手心夹住钞券左端，食指伸直支撑背面，拇指放在正面 1/2 处，钞券正面向下。右手拇指在钞券正面右上角，其余四指在后；右手将钞券向背面后推，压成弓形，两手配合捻动形成扇面。钞券自然直立桌面，垂直略向桌面倾斜，做好点钞准备。

2. 单手起钞

钞券横放，左手的中指、无名指弯向手心夹住钞券左端，食指伸直支撑背面，拇指放在正面 1/2 处，钞券正面向下。左手拇指按压侧面的棱，同时向上移动，借助桌面摩擦，顺势将钞券向上背面翻推，压成弓形，形成扇面。钞券自然直立桌面，垂直略向桌面倾斜，做好点钞准备。

图 3-2 所示为手持式单指单张持钞姿势。

图 3-2 手持式单指单张持钞姿势

（二）清点

拆把后，钞票正面斜对点钞员，左手持钞并形成瓦形后，右手食指和中指平行托住钞票背面右上角，保持位置固定，用拇指指尖逐张向下捻动钞票右上角，捻动幅度要小，不要抬得过高。要轻捻，食指在钞票背面的右端配合拇指捻动，左手拇指按捏钞票不要过紧，要配合右手起自然助推的作用。右手的无名指配合拇指将捻起的钞票向下弹拨，拇指捻动一张，无名指弹拨一张，左手拇指随着点钞的进度，逐步向后移动，食指向前推移钞票，以便加快钞票下落的速度。

图 3-3 所示为手持式单指单张点钞方式。

图 3-3 手持式单指单张点钞方式

（三）记数

采用心记数法，每捻一张记一个数，记数时应默记，不要念出声，做到脑、眼、手密切配合。记数方法可以是习惯记数法，即从 1 数到 100；也可以是心里准确默记 123456789 "一"，"一"代表 10 张，123456789 "二"，依次类推，到 "十" 为止是 100 张。用心记数，简单快捷。记数与点钞同时进行，初学者要掌握好记数的节奏，逢整数 10、20 等时，意念上应有停顿。

四、手持式四指四张点钞法

手持式四指四张点钞法，指点钞时用小指、无名指、中指、食指依次捻下一张钞票，一次清点四张钞票的方法。手持式四指四张点钞法适用于现金的收、付款和整点，速度快，效率高。适用于复点和竞赛，记数省力，灵活协调，动作范围小，能够逐张识别假钞票和挑剔残破钞票。

(一) 持钞

钞券横立桌面，正面朝向身体，左手五指伸直向下，中指在前，食指、无名指、小指在后，将钞票夹紧，四指同时弯曲将钞票轻压成 U 形，拇指在钞票的侧面 1/2 处，食指搭在钞券上端，左手横握钞券与身体平行，做好点钞预备。

图 3-4 所示为手持式四指四张持钞姿势。

图 3-4　手持式四指四张持钞姿势

(二) 清点

右手腕抬起，右手拇指伸直，托住钞券右下角背面，拇指保持位置固定，其余四指弯曲并拢， 从小指开始捻起钞券右下角第一张、无名指第二张、中指第三张、食指第四张。依次捻起，循环往复，直到点完。左手拇指、食指推动或控制张数下滑，左手拇指也随着右手清点逐渐移动，以适应逐渐减少的厚度。清点过程中，将钞券拿起至胸前，右手腕抬起略高于左手，四指呈斜线弧面摆动。

图 3-5 所示为手持式四指四张点钞方式。

图 3-5　手持式四指四张点钞方式

(三) 记数

采用分组记数法，边点边默记数目，每次点四张为一组，每点一组记一个数，实际清点的组数乘 4，再加尾零张。

【注意】　操作时，充分发挥指关节的作用，加快往返速度，四指并拢，动作幅度要小，扇面均匀，双手协调配合。

五、手持式单指多张点钞法

手持式单指多张点钞法是在手持式单指单张的基础上发展起来的。在清点钞券的过程中快速方便，适合于复点。

（一）持钞

持钞方法和手持式单指单张点钞法一样，可以双手起钞也可以单手起钞。

1. 双手起钞

钞券横放，左手的中指、无名指弯向手心夹住钞券左端，食指伸直支撑背面，拇指放在正面 1/2 处，钞券正向下。右手拇指在钞券正面右上角，其余四指在后；右手将钞券向背面后推，压成弓形，两手配合捻动形成扇面。钞券自然直立桌面，垂直略向桌面倾斜，做好点钞准备。

图 3-6 所示为双手起钞姿势。

图 3-6　双手起钞姿势

2. 单手起钞

钞券横放，左手的中指、无名指弯向手心夹住钞券左端，食指伸直支撑背面，拇指放在正面 1/2 处，钞券正向下。左手拇指按压侧面的棱，同时向上移动，借助桌面摩擦，顺势将钞券向上背面翻推，压成弓形，形成扇面。钞券自然直立桌面，垂直略向桌面倾斜，做好点钞。

（二）清点

右手拇指从钞券右上角均匀捻出 2 张或 5 张，捻动的张数越多，拇指尖伸出钞面越大，看准张数，无名指弹出 2 张或 5 张，依次重复，直到点完为止，捻动的幅度要小。

（三）记数

采用分组记数法，边点边默记数目，2 张为一组，记一个数，共 50 组，即 100 张；五张为一组，共 20 组，即 100 张。实际工作或比赛时，实际清点的组数乘 2 或 5，加尾零张即为张数。

六、手持式五指五张点钞法

手持式五指五张点钞法，指点钞时钞票离开桌面，用右手 5 个手指一次各捻动一张，一次清点 5 张钞券的点钞方法。

（一）持钞

钞券竖拿，左手的无名指、小指弯向手心夹住钞券下端。左手的拇指、中指握住钞券两侧，将钞券向上、向背面掀起呈 U 形，食指弯曲支撑钞券背面，左手的拇指、小指、无名指、中指握住掀起的钞券。

图 3-7 所示为手持式五指五张持钞姿势。

图 3-7　手持式五指五张持钞姿势

（二）清点

右手拇指从钞券右上角(或左上角)向下拨起第一张，接着用食指、中指、无名指和小指依次从右上角向下方拨起第二张、第三张、第四张、第五张，完成一次清点。然后再从拇指开始，循环操作，直到点完为止，用力要均匀。

图 3-8 所示为手持式五指五张点钞方式。

图 3-8　手持式五指五张点钞方式

（三）记数

采用分组记数法，边点边默记数目，每次点 5 张为一组，记一个数，数到 20 组，即 100 张。

手持式五指五张点钞法主要靠五指拨钞，用力均匀，点钞速度较快较省力。

七、扇面式点钞法

扇面式点钞法，指把钞票捻成扇面状进行清点的方法。这种点钞方法速度快，是手工点钞中效率最高的一种。但它只适合清点新钞券和复点。

（一）持钞

钞票竖拿，左手拇指在票前下部中间票面约四分之一处。食指、中指在票后同拇指一起捏住钞票，无名指和小指拳向手心。右手拇指在左手拇指的上端，用虎口从右侧卡住钞票成瓦形，食指、中指、无名指、小指均横在钞票背面，做开扇准备。

（二）开扇

开扇是扇面点钞的一个重要环节，扇面要开得均匀，为点数打好基础，做好准备。

开扇方法：以左手为轴，右手食指将钞票向胸前左下方压弯，然后再猛向右方闪动，同时右手拇指在票前向左上方推动钞票，食指、中指在票后面用力向右捻动，左手指在钞票原位置向逆时针方向画弧捻动，食指、中指在票后面用力向左上方捻动，右手手指逐步向下移动，至右下角时即可将钞票推成扇面形。如有不均匀地方，可双手持钞抖动，使其均匀。打扇面时，左右两手一定要配合协调，不要将钞票捏得过紧，如果点钞时采取一按十张的方法，扇面要开小些，便于点清。

图 3-9 所示为扇面点钞开扇。

图 3-9　扇面点钞开扇

（三）清点

左手持扇面，右手中指、无名指、小指托住钞票背面，拇指从钞票右上角一厘米处开始，一次按压五张或十张；按下后食指迅速档券；拇指继续向前按下第二组，以此类推，直到点完。为配合右手按动速度，左手应随右手点数速度向内转动扇面，以迎合右手按动，每次按压的张数越多，速度越快，清点的难度也越大。

图 3-10 所示为扇面清点操作。

图 3-10 扇面清点操作

(四) 记数

采用分组记数法。一次按 5 张为一组，记满 20 组为 100 张；一次按 10 张为一组，记满 10 组为 100 张。

(五) 合扇

清点完毕合扇时，将左手向右倒，右手托住钞票右侧向左合拢，左右手指向中间一起用力，使钞票竖立在桌面上，两手松拢轻墩，把钞票墩齐，准备扎把。

八、手按式点钞法

手按式点钞法是指点钞时，两肘或手扶在桌上，一只手进行点数的点钞方法。可以分为单指单张点钞法和多指多张点钞法等。

(一) 手按式单指单张点钞法

1. 按钞

将钞票横放在桌上，正面朝上，距离胸前 20 厘米左右，用左手小指和无名指按住钞票的左方四分之一处，右手的小指和无名指压住钞票的右方四分之一处，然后用右手的拇指托起右下角一小部分钞票，双手的中指分别放在钞票的中部。

2. 清点

先用右手食指与拇指摩擦向上捻起一张钞票，同时左手拇指向上勾起，推送到左手的食指与中指之间夹住，然后继续用右手食指向上捻动钞票，再用左手的拇指送到左手的食指与中指之间夹住，依次连续重复此动作，直到点完为止。

3. 记数

手按式单指单张点钞法的记数和手持式单指单张点钞法记数一样。采用心记数法，每捻一张记一个数，记数时应默记，不要念出声，做到脑、眼、手密切配合。记数方法可以是习惯记数法，即从 1 数到 100；也可以是心里准确默记 123456789 "一"，"一"代表 10 张，123456789 "二"，依次类推，到 "十" 为止是 100 张。用心记数，简单快捷。记数与点钞同时进行，初学者要掌握好记数的节奏，逢整数 10、20 等时，意念上应有停顿。

(二) 手按式多指多张点钞法

1. 按钞

将钞票横放在桌上，正面朝上，距离胸前 20 厘米左右，用左手小指和无名指按住钞票的左方四分之一处。

2. 清点

先用右手无名指从钞票右下角向后向上捻起一张，随即中指、食指依此各捻起一张，捻起的三张为一组(或先用右手小指从钞票右下角向后向上捻起一张，随即无名指、中指、食指依此各捻起一张，捻起的四张为一组)。用左手拇指将点过的钞票向上推送到左手的食指与中指之间夹住，如此依此连续重复此动作，直到点完为止。

3. 记数

采用分组记数法，边点边默记数目。记数时，三张点钞以每三张为一组记一个数，四张点钞以每四张为一组记一个数。

九、点钞扎把、盖章的技巧

扎把、盖章是点钞操作的一道重要流程，操作时，扎把要松紧适度，均衡用力，紧而不断，盖章动作流畅，达到技术要求和质量标准。钞券整理墩齐、扎把、盖章紧密衔接是提高点钞速度的重要途径。

(一) 扎把的方法

点钞完毕后需要对所点钞票进行扎把，通常是 100 张捆扎成一把，分为缠绕式和扭结式两种方法。

1. 缠绕式

临柜收款采用此种方法，需使用牛皮纸腰条，其具体操作方法介绍如下：

(1) 将点过的钞票 100 张墩齐。

(2) 左手从长的方向拦腰握着钞票，使之成为瓦状(瓦状的幅度影响扎钞的松紧，在捆扎中幅度不能变)。

(3) 右手握着腰条头将其从钞票的长的方向夹入钞票的中间(离一端1/3～1/4处)从凹面

开始绕钞票两圈。

(4) 在翻到钞票原度转角处将腰条向右折叠 90 度，将腰条头绕捆在钞票的腰条转两圈打结。

(5) 整理钞票。

2. 扭结式

考核、比赛采用此种方法，需使用绵纸腰条，其具体操作方法介绍如下：

(1) 将点过的钞票 100 张墩齐。

(2) 左手握钞，使之成为瓦状。

(3) 右手将腰条从钞票凸面放置，将两腰条头绕到凹面，左手食指、拇指分别按住腰条与钞票厚度交界处。

(4) 右手拇指、食指夹住其中一端腰条头，中指、无名指夹住另一端腰条头，并合在一起，右手顺时针转 180°，左手逆时针转 180°，将拇指和食指夹住的那一头从腰条与钞票之间绕过、打结。

(5) 整理钞票。

(二) 钞券的盖章技巧

名章一般盖在钞券上侧的捆钞条上，盖章是点钞过程中的最后一个环节，在操作时，加盖点钞人员的名章，表示对清点钞券的质量、数量负责，盖章要清晰可见。

盖章时，左手迅速将捆扎完的钞券横立桌面，右手拿起名章，在钞券上侧的钞条上逐把盖章，不能漏盖，章放在右侧，以便拾拿，方便自如。

图 3-11 和图 3-12 分别为单把盖章和多把盖章。

图 3-11　单把盖章　　　　　　　　图 3-12　多把盖章

十、机器点钞

机器点钞操作简便、速度快。现在市面流行的点钞机多为智能点钞机，在清点钞票的过程中，通过电子计数器显示张数，同时具有验钞的功能，大大提高了工作效率，可以轻松检测识别残缺、辨别真伪、报警提示，减轻了劳动强度。

点钞机由捻钞、出钞、接钞、机架、电机、变压器、电子电路等多部分组成。根据点钞机的功能可分为全智能型点钞机、半智能型点钞机和普通型点钞机。全智能型点钞机功能齐全，适合现金流量大的单位选用。

图 3-13 所示为一台点钞机的外形。

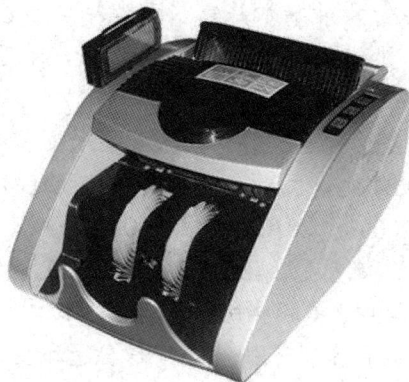

图 3-13 点钞机

在使用点钞机时，工作人员要按照规定的程序操作，准确喂钞、按键和取钞。

首先，打开点钞机，使其处于工作状态，再把待点钞票理好，码放整齐，开始点钞操作。为便于分张和下钞流畅，对于压紧的纸币应拍松后再捻开，否则容易下双张或出现"拥塞"现象。对于待清点的钞票，最好捻开成一个前低后高的斜面，平整放入喂钞台，使钞票从上面第一张依次自然下滑，通过捻钞轮进入机器内。

随着点钞机开始工作，握钞手指逐渐松开，切不可往下推挤钞票。喂钞台内的钞票清点完毕后，机器可自动停止。机器运行时，操作人员要认真进行检查，如发现有假钞、破损或其他异物，或者有绵软、霉烂的钞票时，要立即剔除，然后再继续清点。清点过程中若发现假币，机器就会自动停止，蜂鸣器发出"嘟嘟"几声报警信号，或在任意工作状态下指示灯亮，并且闪烁，计数显示窗显示"鉴伪方式显示符"，取出假币后按任意键继续清点。操作完毕，要注意检查机器上是否有遗漏钞票。

【知识窗】

印钞票的故事

老端小时候曾经有过那么一个幼稚的想法，我想：既然老百姓都没钱，既然钞票是政府印的，既然印钞票就像印书那么简单，那么为什么政府就不能大发善心，随便发一些钱给老百姓用呢？

这样一来，只要政府愿意，家家都可以变成万元户，甚至是十万元户。政府举手之劳就可以让所有人都富裕起来，这简直是利国利民的大好事，为什么政府就不愿意去做呢？

后来看了点经济学书籍，发现这么做似乎不靠谱。书上有这么一个"直升机撒钱"模型。话说有个国家的总统，他发现老百姓都生活困难，于是命令财政部长坐上直升机去撒钞票，他们撒钞票的方式非常精确，使得每个老百姓手头的货币都正好增加了一倍，那么老百姓的生活水平提高了吗？

经济学家认为，这种做法的效果基本是零，因为一旦你让每个人都增加了一倍的现金，那么物价也会增加一倍，撒钱的结果就是通货膨胀，干了等于白干，因此绝不应该这么做。

但是在现实社会中完全不是这样子。香港财政司司长曾俊华宣布，将向每名成年市民派发 6,000 元(港币，1 港币 ≈ 0.84 元人民币)。此前澳门已经连续四年为老百姓发钱了，2008 年是每人发 5,000 元澳门币，2009 和 2010 年都是 6,000 元澳门币。

港澳做法和美国人比起来，简直是小巫见大巫，目前美联储持有的美国国债规模已经达到了 1.1 万亿美元，到 2011 年中，美联储所持有美国国债的规模将超过中日两国的总和。美联储相当于美国的央行，他的钱哪里来的？还不是自己印出来的吗。

自从金融危机以来，美联储的资产负债表急剧扩大，美联储主席伯南克人送外号"直升机"，他有句名言是，要用"空投"的方式向市场提供美元。而第二轮量化宽松就是空投 6000 亿美元。

美国狂印钞票，那么中国呢？最近一段时间以来，全国各大媒体都在讨论一个话题"央行货币超发导致通胀"。这些专家们将中国最近的食品价格上涨归结为钞票印多了，但这个解释有个漏洞，全世界的粮价都在上涨，难道中国钞票印多了就会导致全球粮食涨价？貌似人民币还不是全球性货币吧。深入研究之后我们发现，事情的真相竟然同我们想象的正相反。

那些喝过西方经济学洋墨水的精英们认为，央行乱印钞票是导致通胀的根本原因，这句话在教科书上明明白白地写着。可是，既然美国是西方经济学的大本营，那为什么美国人却不遵守这条规则，不仅不遵守，反而大肆印钞呢？

你可能发现了很多没法解释的问题：一方面，美国经济教材上说不能乱印钞票，但是美国人却大开印钞机，印的钞票比谁都多；另一方面，中国法律规定不能乱印钞票，但人们却怪罪央行滥发钞票。直觉告诉你，真正的问题一定被有意无意地掩盖了。

近二十年来，中国增发的货币确实很多，但这些钱的主要来源是外汇占款，因为中国出口了商品，工厂拿到了美元，但是美元在中国不能流通，于是他找央行换回了人民币，他换回的人民币确实是央行印出来的。要想不印钞票也行，只要中国人都愿意免费出口，不拿美元，那么央行就不必印钞了，但这不可能发生。

所以说，保证充足的货币供应是实现经济增长的必要条件，没有货币供应就不会有经济增长。"印钞票"这三个字被有意无意地妖魔化了。

十一、技能实训

【实训1】 手持式单指单张点钞练习。

计时五分钟，要求起把、点数、扎把、拆把、盖章。小组成员比一比，看谁得分最高。

单指单张点钞成绩记录单

小组：   姓名：

选手实点把数			把	
01	02	03	04	05
06	07	08	09	10
11	12	13	14	15
16	17	18	19	20

填写要求：用(如 +1、+2、−3、−4)等数在相应的序号中填写差错张数

选手成绩评定(以下由裁判员填写)	
单指单张评分标准	成绩(得分用 + 数，扣分用 − 数)
1. 点对把得分：10 分 ×　　把	
2. 点错把扣分：10 分 ×　　把	
3. 没有拆把、扎把或扎把不符合要求扣分：2 分 ×　　把	
4. 甩把扣分：10 分 ×　　把	
5. 跳把扣分：10 分 ×　　把	
6. 抢点或超时点扣分：　　分	
7. 没有盖章扣分：1 分 ×　　把	
单指单张成绩	
裁判签字：	年　　月　　日

【实训 2】 四指四张点钞法散把抓点操作流程。

计时五分钟，要求起把、点数、扎把、拆把、盖章。小组成员比一比，看谁得分最高。

多指多张点钞成绩记录单

小组：   姓名：

多指多张清点结果(有选手填写)	
1. 整把清点把数	把
2. 最后一把已点零张数	张
选手成绩评定(以下由裁判员填写)	
多指多张评分标准	成绩(得分用 + 数，扣分用 − 数)
1. 点对把得分：10 分 ×　　把	
2. 最后一把已点零张数得分：最后一把点数 × 0.07	
3. 点错把扣分：10 分 ×　　把	
4. 没有拆把、扎把或扎把不符合要求扣分 2 分 ×　　把	
5. 甩把扣分：10 分 ×　　把	
6. 抢点或超时点扣分：　　分	
7. 没有盖章扣分：1 分 ×　　把	
8. 最后一把已点零张数扣分：最后一把点数 × 0.07	
多指多张成绩	
裁判签字：	年　　月　　日

任务二　验钞技能

一、人民币制度

1948 年 12 月 1 日，华北银行、北海银行和西北农民银行合并成立了中国人民银行，同时正式发行人民币作为全国统一的货币。人民币发行后，在逐步收兑、统一解放区货币的基础上，又迅速收兑了原国民党政府发行的伪法币、金圆券乃至银行券，并排除了当时尚有流通的金银外币等，从而建立了以人民币为唯一合法货币的、统一的货币制度。人民币制度从产生以来，伴随着我国经济和金融的不断发展而逐步趋于完善。

人民币制度主要包括以下几个方面内容：

(1) 人民币主币的单位为"元"，辅币的单位为"角"和"分"；1 元分为 10 角，1 角分为 10 分。

(2) 人民币没有含金量的规定，它属于不兑现的信用货币。人民币的发行保证是国家拥有的商品物资，黄金外汇储备主要是作为国际收支的准备金。

(3) 人民币是我国唯一合法的货币，严禁伪造、变造和破坏国家货币。

(4) 人民币的发行实行高度集中统一，中国人民银行是人民币唯一合法的发行机构并集中管理货币发行基金。

(5) 人民币对外国货币的汇率，由国家外汇管理局统一制定，每日公布，一切外汇买卖和国际结算都据此执行，人民币汇率采用直接标价法。

二、人民币的发展历史

我国货币历史悠久，种类丰富，绚丽多彩。人民币在我国货币文化历史中占有重要地位。人民币是指中国人民银行成立后于 1948 年 12 月 1 日首次发行的货币，新中国成立后为中华人民共和国法定货币，到 1999 年 10 月 1 日启用新版为止共发行五套，形成了包括纸币与金属币、普通纪念币与贵金属纪念币等多品种、多系列的货币体系。

(一) 第一套人民币

第一套人民币自 1948 年 12 月 1 日开始发行，共 12 种面额 62 种版别，其中 1 元券 2 种、5 元券 4 种、10 元券 4 种、20 元券 7 种、50 元券 7 种、100 元券 10 种、200 元券 5 种、500 元券 6 种、1,000 元券 6 种、5,000 元券 5 种、10,000 券 4 种、50,000 元券 2 种(1949 年发行的正面万寿山图景 100 元券和正面列车图景 50 元券各有两种版别)。

1948 年，随着人民解放战争的顺利进行，分散的各解放区迅速连成一片，为适应形势的发展，急需一种统一的货币替代原来种类庞杂、折算不便的各解放区货币。为此，1948 年 12 月 1 日，在河北省石家庄市成立中国人民银行，同日开始发行统一的人民币。当时任华北人民政府主席的董必武同志为该套人民币题写了中国人民银行行名。

人民币发行后，逐步扩大流通区域，原各解放区的地方货币陆续停止发行和流通，并按规定比价逐步收回。1949 年初，中国人民银行总行迁到北平(今北京)，各省、市、自治区相继成立中国人民银行分行，至 1951 年底，人民币成为中国唯一合法货币，在除台湾以外的全国范围流通。

图 3-14 所示为部分第一套人民币样张。

图 3-14　第一套人民币

（二）第二套人民币

1955 年 3 月 1 日公布发行的第二套人民币共 10 种，1 分、2 分、5 分、1 角、2 角、5 角、1 元、2 元、3 元和 5 元，1957 年 12 月 1 日又发行 10 元 1 种。同时，为便于流通，国务院发布命令，自 1957 年 12 月 1 日起发行 1 分、2 分、5 分三种硬币，与纸分币等值流通。后来，对 1 元纸币和 5 元纸币的图案、花纹又分别进行了调整和更换颜色，于 1961 年 3 月 25 日和 1962 年 4 月 20 日分别发行了黑色 1 元券和棕色 5 元券，使第二套人民币的版别分别由开始公布的 11 种增加到 16 种。

第二套人民币在设计、印制发行工作中，得到了周恩来、陈云等中央领导同志的极大关怀和高度重视。他们亲自审查了整个设计方案。在设计时，采纳了周总理提出的许多具体的、宝贵的修改意见，使第二套人民币设计主题思想明确，印制工艺技术先进，主辅币结构合理，图案颜色新颖。第二套人民币主景图案内容体现了新中国社会主义建设的风貌，表现了中国共产党革命的战斗历程和各族人民大团结的主题思想。钞票式样打破了原有的固定的四边框形式，采用了左右花纹对称的新规格；票面尺幅按面额大小分档次递增；整个图案、花边、花纹线条鲜明，精密、美观、活泼，具有民族风格。第二套人民币在印制工艺上除了分币外，其他券别全部采用胶凹套印，其中角币为正面单凹印刷；1 元、2 元、3 元和 5 元纸币采用正背面双凹印刷；10 元纸币还采用了当时先进的接线印刷技术。

此外，第二套人民币的凹印版是以我国传统的手工雕刻方法制作的，具有独特的民族风格，其优点是版纹深、墨层厚，有较好的反假防伪功能。因此，第二套人民币发行后立即得到了人民群众的欢迎，称赞这套人民币好看、好认、好算、好使。

图 3-15 所示为第二套人民币样张。

图 3-15　第二套人民币

(三) 第三套人民币

我国第三套人民币是 1962 年 4 月 20 日开始发行。第三套人民币在第二套人民币的基础上对版别进行了全面的调整、更换，取消了第二套人民币中的 3 元纸币，增加了 1 角、2 角、5 角和 1 元四种金属币。第三套人民币经过了 18 年的逐步调整、更换，共陆续收回第二套人民币(除 6 种纸、硬分币外)10 种，陆续发行第三套人民币 13 种，其中，10 元纸币 1 种、5 元纸币 1 种、2 元纸币 1 种、1 元纸币 1 种、5 角纸币 1 种、2 角纸币 1 种、1 角纸币 3 种、1 元硬币 1 种、5 角硬币 1 种、2 角硬币 1 种、1 角硬币 1 种。

直到 2000 年 7 月 1 日，第三套人民币才停止流通，历时 38 年。这套人民币从 1958 年开始统一设计，票面设计图案比较集中地反映了当时我国国民经济以农业为基础，以工业为主导，工农轻重并举的方针。在印制工艺上，第三套人民币继承和发扬了第二套人民币的技术传统、风格。制版过程中，精雕细刻，机器和传统的手工相结合，使图案、花纹线条精细；油墨配色合理，色彩新颖、明快；票面纸幅较小，图案美观大方。

图 3-16 所示为部分第三套人民币样张。

图 3-16　第三套人民币

（四）第四套人民币

1987年4月25日，国务院颁布了发行第四套人民币的命令，责成中国人民银行自1987年4月27日起，陆续发行第四套人民币。第四套人民币主币有1元、2元、5元、10元、50元和100元6种，辅币有1角、2角和5角3种，主辅币共9种。

第四套人民币共14种纸币，采取"一次公布，分次发行"的办法。1987年4月27日首先发行50元券和5角券，1988年5月10日发行了100元、2元、1元和2角纸币，1988年9月22日，发行了10元、5元、1角纸币。为提高人民币防伪能力，1992年8月20日，在全国发行了1990年版50元、100元纸币。根据1992年5月8日第97号国务院令，中国人民银行自1992年6月1日起发行了第四套人民币1元、5角、1角硬币。使第四套人民币结构更加完善。为便利市场流通，1995年3月1日和1997年4月1日，在全国发行了1990年版和1996年版1元纸币。1996年4月10日，在全国发行了1990年版2元纸币。

第四套人民币在设计思想、风格和印制工艺上都有一定的创新和突破。这套人民币体现了一个共同的主题思想，就是在中国共产党领导下，全国各族人民意气风发，团结一致，建设中国特色的社会主义。为了强调这一主题，100元纸币采用了我党老一辈革命家毛泽东、周恩来、刘少奇和朱德的侧面浮雕像；50元券又用了工人、农民和知识分子头像；其他券别采用了我国14个民族人物头像。票面人像清晰，栩栩如生。

图3-17所示为部分第四套人民币样张。

图3-17　第四套人民币

（五）第五套人民币

1999年10月1日，在中华人民共和国建国50周年之际，根据中华人民共和国国务院第268号令，中国人民银行陆续发行第五套人民币。

与前四套人民币相比，第五套人民币具有如下特点：

(1) 第五套人民币是由中国人民银行首次完全独立设计与印制的货币，这说明中国货币的设计印制体系已经成熟，完全有能力在银行系统内完成国币的设计、印制任务，且此套新版人民币经过专家论证，其印制技术已达到了国际先进水平。

(2) 第五套人民币通过有代表性的图案，进一步体现出我们伟大祖国悠久的历史和壮丽的山河，具有鲜明的民族性。

(3) 第五套人民币的主景人物、水印、面额数字均较以前放大，尤其是突出阿拉伯数字表示的面额，这样便于群众识别，会收到较好的社会效果。

(4) 第五套人民币应用了先进的科学技术，在防伪性能和适应货币处理现代化方面有了较大提高，可以说，这是一套科技含量较高的人民币。

(5) 第五套人民币在票幅尺寸上进行了调整，票幅宽度未变，长度缩小。

随着物价水平的不断提高，在商品交易中 10 元面额的主币逐步承担起找零的角色，相对其他面额的货币来讲，10 元面额票券的使用量较多，致使客观上需要一种介于 50 元与 10 元面额之间的票券担当重任，以满足市场货币流通的需要。因此，为了调整人民币流通结构，完善币制，第五套人民币增加了 20 元券。

图 3-18 所示为部分第五套人民币样张。

图 3-18　第五套人民币

(六) 2015 版第五套人民币 100 元纸币

2005 年版第五套人民币 100 元纸币发行以来，十年期间，现金流通和银行业金融机构对钞票处理的手段发生了巨大变化，自动售货设备和现金自动处理设备蓬勃发展，对人民币的机读性能提出了更高要求。一些不法分子也不断利用新技术来伪造人民币，给公众识别带来了困难。为更好地保护人民币持有人的利益，需要根据科学技术的发展，不断提高钞票的防伪技术和印制质量，保持人民币防伪技术的领先地位。为此，中国人民银行决定发行 2015 年版第五套人民币 100 元纸币，在保持规格、主图案、主色调等与 2005 年版第五套人民币 100 元纸币不变的前提下，对票面图案、防伪特征及其布局进行了调整，提高机读性能，采用了先进的公众防伪技术，使公众更易于识别真伪。

与 2005 年版第五套人民币 100 元纸币相比，2015 年版第五套人民币 100 元纸币在保持规格、正背面主图案、主色调等不变的情况下，对图案做了以下调整：

1. 正面图案主要调整

(1) 取消了票面右侧的凹印手感线、隐形面额数字和左下角的光变油墨面额数字。

(2) 票面中部增加了光彩光变数字，票面右侧增加了光变镂空开窗安全线和竖号码。

(3) 票面右上角面额数字由横排改为竖排，并对数字样式做了调整；中央团花图案中心花卉色彩由橘红色调整为紫色，取消花卉外淡蓝色花环，并对团花图案、接线形式做了调整；胶印对印图案由古钱币图案改为面额数字"100"，并由票面左侧中间位置调整至左下角。

2. 背面图案主要调整

(1) 取消了全息磁性开窗安全线和右下角的防复印标记。

(2) 减少了票面左右两侧边部胶印图纹，适当留白；胶印对印图案由古钱币图案改为面额数字"100"，并由票面右侧中间位置调整至右下角；面额数字"100"上半部颜色由深紫色调整为浅紫色，下半部由大红色调整为橘红色，并对线纹结构进行了调整；票面局部装饰图案色彩由蓝、红相间调整为紫、红相间；左上角、右上角面额数字样式均做了调整。

(3) 年号调整为"2015 年"。

2015 年版第五套人民币 100 元纸币与 2005 年版第五套人民币 100 元纸币的防伪技术和印制质量都有了一定的改进与提高。增加了防伪性能较高的光彩光变数字、光变镂空开窗安全线、磁性全埋安全线等防伪特征，提升了人像水印等防伪性能，改变了原有的冠字号码字形并增加了竖号码。根据防伪技术的新发展，取消了 2005 年版第五套人民币 100 元的光变油墨面额数字、隐形面额数字、凹印手感线 3 项防伪特征。总体来看，2015 年版第五套人民币 100 元纸币集成应用的防伪技术更为先进，布局更为合理，防伪技术水平较 2005 年版 100 元纸币有明显提升。

光彩光变技术是国际钞票防伪领域公认的前沿公众防伪技术之一，公众更容易识别。目前全世界已有包括中国、俄罗斯、欧元区在内的多个国家和地区的钞票采用了该技术。2015 年版第五套人民币 100 元纸币在票面正面中部印有光彩光变数字。垂直观察票面，数字"100"以金色为主；平视观察，数字"100"以绿色为主。随着观察角度的改变，数字"100"颜色在金色和绿色之间交替变化，并可见到一条亮光带在数字上下滚动。

光变镂空开窗安全线。位于票面正面右侧。当观察角度由直视变为斜视时，安全线颜色由品红色变为绿色；透光观察时，可见安全线中正反交替排列的镂空文字"￥100"。光变镂空开窗安全线对光源要求不高，颜色变化明显，同时集成镂空文字特征，有利于公众识别。

3. 防伪技术和印制质量的提升

2015 年版第五套人民币 100 元纸币还对原有的一些防伪技术和印制质量进行了提升。如，人像水印清晰度明显提升，层次更加丰富。采用了横竖双号码，并改变了原有的冠字号码字形，更符合公众识别习惯和机器读取要求，有利于冠字号码的识别与记录，也有利于防范变造货币。

三、第五套人民币的防伪特征

2005 版人民币具有以下防伪特征

(1) 固定水印。第五套人民币有固定水印位于正面左侧的空白处，50 元和 100 元为毛泽东人头像固定水印；1 元、5 元、10 元和 20 元为花卉固定水印，层次丰富。见图 3-19～图 3-23。

图 3-19　100 元、50 元人像水印

图 3-20　人民币 10 元月季花卉水印

图 3-21　人民币 20 元荷花水印

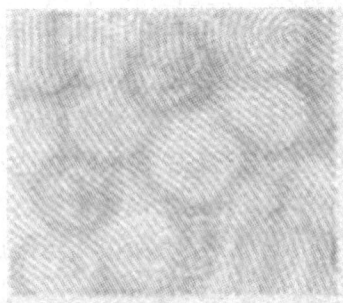

图 3-22　人民币 5 元水仙花水印

DN69940532

图 3-23　人民币 1 元兰花水印

(2) 雕刻凹版印刷。正面主景毛泽东头像，"中国人民银行"行名、盲文及背面主景等均采用雕刻凹版印刷，用手指触摸有明显凹凸感。

（3）凹印手感线。正面主景图案右侧，有一组自上而下规则排列的线纹，采用雕刻凹版印刷工艺印制，用手指触摸，有极强的凹凸感。

（4）全息磁性开窗安全线。背面中间偏右，有一条开窗安全线，开窗部分可以看到由缩微字符"￥100""￥50""￥20""￥10""￥5"组成的全息图案，仪器检测有磁性。

（5）手工雕刻头像。票面正面主景毛泽东头像，采用手工雕刻凹版印刷工艺，形象逼真、传神，凹凸感强，易于识别。

（6）胶印缩微文字。票面正面上方椭圆形图案中，多处印有胶印缩微文字，在放大镜下可看到"RMB"和"RMB100"；"RMB"和"RMB50"；"RMB"和"RMB20"；"RMB"和"RMB10"；"RMB"和"RMB5"字样。

（7）隐形面额数字。正面右上方有一装饰图案，将票面置于与眼睛接近平行的位置，面对光源做上下倾斜晃动，可以看到面额数字"100""50""20""10""5"字样。

（8）双色异形横号码。正面左下角印有双色异形横号码，左侧部分为暗红色，右侧部分为黑色。字符由中间向左右两边逐渐变小。

（9）光变油墨面额数字。票面正面左下方"100"字样，与票面垂直角度观察为绿色，倾斜一定角度则变为蓝色。50元面额与票面垂直角度观察为金色，倾斜一定角度则变为绿色。

（10）阴阳互补对印图案。票面正面左侧中间处和背面右侧中间处均有一圆形局部图案，迎光透视，可以看到正背面的局部图案合并组成一个完整的古钱币图案。

（11）白水印。位于正面双色异形横号码下方，迎光透视，可以看到透光性很强的水印"100""50""20""10""5"字样。

（12）无色荧光油墨印刷图案。正面行名下方脚印底纹处，在特定波长的紫外光下可以看到面额数字"100""50""20""10""5"字样，该图案采用无色荧光油墨印刷，可供机读。

除上述防伪特征外，2015年版第五套人民币100元纸币还有以下防伪特征：

（1）光变镂空开窗安全线（见图3-24）。位于票面正面右侧。垂直票面观察，安全线呈品红色；与票面成一定角度观察，安全线呈绿色；透光观察，可见安全线中正反交替排列的镂空文字"￥100"。

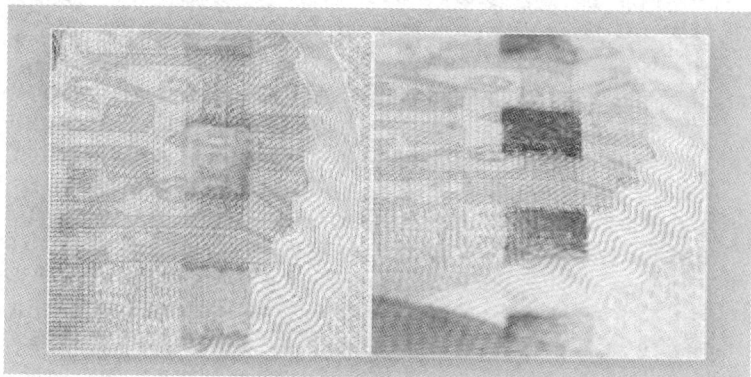

图3-24　光变镂空开窗安全线

（2）光彩光变数字（见图3-25）。位于票面正面中部。垂直票面观察，数字以金色为主；平视观察，数字以绿色为主。随着观察角度的改变，数字颜色在金色和绿色之间交替变化，而且可以看到一条亮光带上下滚动。

图 3-25　光彩光变数字

(3) 人像水印(见图 3-26)。位于票面正面左侧空白处。透光观察，可以看到毛泽东头像。

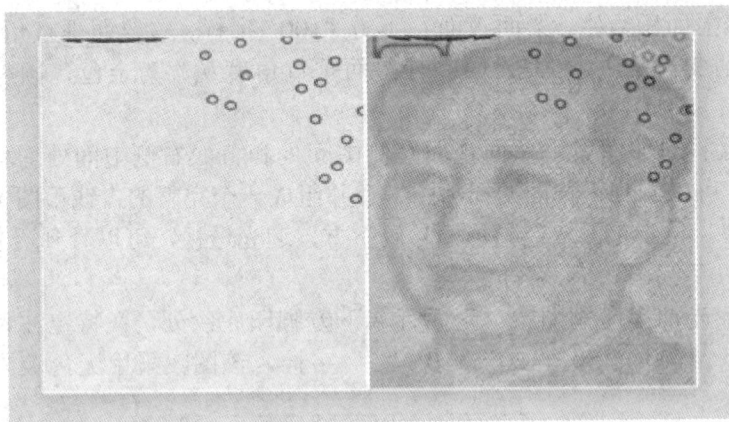

图 3-26　人像水印

(4) 胶印对印图案(见图 3-27)。票面正面左下方和背面右下方均有面额数字"100"的局部图案。透光观察，正、背面图案组成一个完整的面额数字"100"。

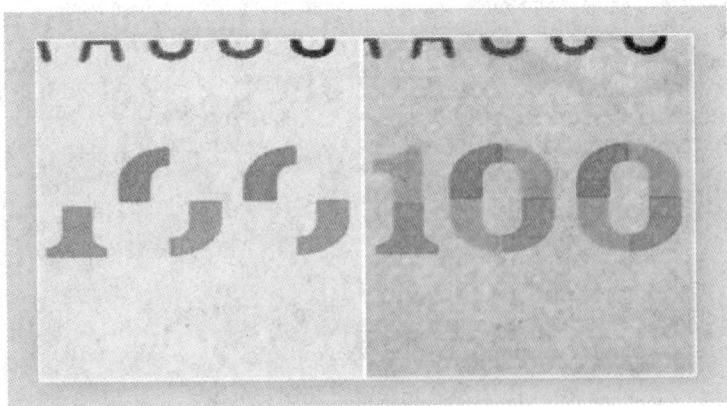

图 3-27　胶印对印图案

(5) 横竖双号码(见图 3-28)。票面正面左下方采用横号码，其冠字和前两位数字为暗红色，后六位数字为黑色；右侧竖号码为蓝色。

图 3-28　横竖双号码

(6) 白水印(见图 3-29)。位于票面正面横号码下方。透光观察，可以看到透光性很强的水印面额数字"100"。

图 3-29　白水印

(7) 雕刻凹印(见图 3-30)。票面正面毛泽东头像、国徽、"中国人民银行"行名、右上角面额数字、盲文及背面人民大会堂等均采用雕刻凹印印刷，用手指触摸有明显的凹凸感。

图 3-30　雕刻凹印

四、假币的类型和识别技巧

(一) 假币的类型

假币是指伪造、变造的货币。

(1) 伪造的货币是指仿照真币的图案、形状、色彩等，采用各种手段制作的假币。

(2) 变造的货币是指在真币的基础上，利用挖补、揭层、涂改、拼凑、移位、重印等多种方法制作，改变真币原形态的假币。

(二) 假币的识别技巧

人民币的流通量较大，交易频繁，假币的制作仿真越来越猖獗，警觉意识最重要。纸币真伪的识别通常采用人工识别和仪器检测相结合的方法，人工识别可以采用一看、二摸、三听、四测的识别方法。

一看，要看钞票的票面图案是否精细。如果图案模糊的一定有问题，即使是使用旧了、破了的钞票其图案都应是清晰的；二是要迎光看钞票的水印是否清晰，有没有层次感。如看人头像水印的眼眶、鼻头、耳轮等部位是否有立体感、层次感；三是要看安全线，整张票面图案是否连贯统一。

二摸，用手指头摸，用手指头轻轻触摸钞票上凹版印刷的部位，感受有无油墨的凹、凸感觉。

三听，钞票纸是特殊纸张，挺括耐折，用手指捏住钞边，用力抖动，或用另一只手弹动，钞票会发出清脆的声音。

四测，用放大镜检测图案印刷的接线技术及底纹线条，是否实线连贯；用紫光灯检测有无荧光图案和荧光反映；用磁性仪检测磁性印记。

五、假币的收缴与罚则

(一) 假币的收缴

金融机构在办理业务时发现假币，应由该金融机构两名以上业务人员当面予以收缴。对假人民币纸币，应当面加盖"假币"字样的戳记；对假外币纸币及各种假硬币，应当用统一格式的专用袋加封，封口处加盖"假币"字样戳记，并在专用袋上标明币种、券别、面额、张(枚)数、冠字号码、收缴人、复核人名章等细项。收缴假币的金融机构(以下简称"收缴单位")向持有人出具中国人民银行统一印制的《假币收缴凭证》，并告知持有人如对被收缴的货币真伪有异议，可向中国人民银行当地分支机构或中国人民银行授权的当地鉴定机构申请鉴定。收缴的假币，不得再交予持有人。

(二) 假币的罚则

金融机构有下列行为之一，但尚未构成犯罪的，由中国人民银行给予警告、罚款，同时，责成金融机构对相关主管人员和其他直接责任人给予相应纪律处分。

(1) 发现假币而不收缴的；

(2) 未按照本办法规定程序收缴假币的；

(3) 应向人民银行和公安机关报告而不报告的；

(4) 截留或私自处理收缴的假币，或使已收缴的假币重新流入市场的。

上述行为涉及假人民币的，对金融机构处以 1,000 元以上 5 万元以下罚款；涉及假外币的，对金融机构处以 1,000 元以下的罚款。

六、人民币的挑残和兑换

残损人民币是残缺人民币和污损人民币的统称。

残缺人民币是指票面撕裂或者票面明显缺失了一部分的人民币；污损人民币是指因自然或人为磨损、侵蚀，造成外观、质地受损，颜色变暗，图案不清晰，防伪功能下降，不宜再继续流通使用的人民币。为维护人民币信誉，保护国家财产安全和人民币持有人的合法权益，确保人民币正常流通，中国人民银行制定了《中国人民银行残缺污损人民币兑换办法》，具体兑换标准如下：

1. 全额兑换

能辨别面额，票面剩余四分之三(含四分之三)以上，其图案、文字能按原样连接的残缺、污损人民币，金融机构应向持有人按原面额全额兑换。

2. 半额兑换

能辨别面额，票面剩余二分之一(含二分之一)至四分之三以下，其图案、文字能按原样连接的残缺、污损人民币，金融机构应向持有人按原面额的一半兑换。纸币呈正十字形缺少四分之一的，按原面额的一半兑换。

3. 不予兑换

兑付额不足一分的，不予兑换；五分按半额兑换的，兑付二分。

【知识窗】

元代纸币的防伪及对人民币反假的借鉴作用

在中国历史上，元代纸币发展达到了最鼎盛时期，在我国货币发展史上具有重要影响。为了维护纸币的良好信誉和合法性，元朝统治者建立了一整套比较完备的管理制度，采取了各种防伪措施及方法，也收到了一定成效，但由于受各种因素的影响，元代纸币造假仍泛滥成灾，纸币最终成为一文不值的废纸。因此，在纸币的发行流通中，管理者如何有效地防止伪造币，保证纸币信用，稳定币值，是一个值得研究与探讨的课题。

一、元代伪钞的泛滥及其危害

纸钞造假几乎是随着纸钞发行同时出现，元代伪钞出现的时间基本上与政府法定纸钞发行流通的时间同步。据《元史·李德辉传》记载："中统元年，(李德辉)为燕京宜抚使。燕多剧贼，造伪钞，结死党杀人。"可见，纸币刚刚问世，就有人结伙伪造。后随着纸钞发行范围的不断扩大及时间的推移，纸钞造伪现象日趋严重。这当中既有主观原因，又有客观因素。归纳起来主要有以下几个方面的因素：

第一，纸币造伪有暴利可图。纸钞是元朝政府强制流通的最主要合法货币，百姓持纸钞可以交易万物，购买自己所需的任何物品。正因如此，才使造伪者在巨额利润的诱惑下，铤而走险，变造伪造纸钞。

第二，政府管理不善，措施废弛。设立回易库本来是为了方便人们倒换昏钞，维护正常的金融秩序，但由于回易库多设在大城市或经济发达之处，结果就给地处偏僻或经济落后地区的百姓带来极大的不便，也给造伪者以伪充真、以伪换昏提供了条件。

第三，吏治腐败加剧了伪币泛滥。一是有些官吏收受贿赂，不但放走造伪者，而且为了应付上司追查，竟然张冠李戴，官报私仇，草菅人命。二是有的官吏被造伪者收买，与他们沆瀣一气，狼狈为奸，成为造伪的直接参与者。甚至有的王侯将相与造伪者串通一气，为他们提供保护伞。三是有法不依，执法不力，使国家的货币制度不能顺利执行，防伪措施流于形式。

第四，赋税繁重，百姓被逼造伪。元政府为了保证纸钞的权威性，增加货币需求量，规定举凡酒、醋、盐、铁、门摊等税，以及各种赋税征科上，逐渐由白银、实物改为全部纸币缴纳。统治者为了满足自己骄奢淫逸的生活，不断增加税收的种类和数量，根本不顾人民死活。人民无可缴纳，或者自杀，或者逃跑；一部分百姓为求一线生机，不得不冒险造伪。

第五，印钞工艺简单、成本较低，技术容易掌握。造伪者屡禁不绝与当时的印钞技术不高有很大关系。

面对全社会的造假蔓延之风，为打击造伪者，保证经济秩序的正常运转，元政府采取了种种措施，也取得了一定成效。

首先，制定和完善了钞法及纸币造伪惩处的法律条文。元代惩处纸币造伪的法律条文，具有较强的针对性和可操作性，对当时出现的各种伪造纸币的现象，诸如对雕版伪造、挑补伪造、买使伪钞、买使挑钞、知情不报、渎职官吏等犯罪行为以及涉案的主从犯的处罚，均有具体明确的处罚规定。

其次，建立了完备的昏钞管理和管钞官员管理制度。纸币使用时间长了，容易破损昏烂，不利于流通使用。为处理这些昏钞，中统元年元政府在大都设立行用库(后改称回易库)，负责经办以昏钞换新钞的业务，百姓可以持昏钞到回易库倒换新钞。

再次，制定各种奖赏制度来调动全社会打击制造假钞的积极性。

元代纸钞的造伪主要有以下两种方式：第一种是采用雕造钞板、印章，大规模印造。《元典章》对此多有记载。利用此手段，可以在短期内印造大量伪钞，因而它是造伪者的首选方法。第二种是采取挑、剜、补、凑、描改真钞的方法，以真作伪，将小面额的纸币改成大额面值的纸币。

伪钞的出现，对元朝社会经济生活等方面造成的影响是不容忽视的。首先，伪钞的泛滥严重破坏了正常的金融秩序，影响了国家的财政收入，损害了百姓的利益，也使货币制度混乱不堪。其次，加剧了通货膨胀。最后，伪钞现象腐化了元朝官吏队伍，加深了社会矛盾。

为有效打击造假钞的行为，元政府于1297—1300年间，在杭州等地就破获印造伪钞案88起，囚禁关押涉案人员274人。

二、元代伪钞泛滥的防范措施

造成元代伪钞泛滥的原因是多方面的，元政府实行了对捕获、检举造伪者予以奖赏的制度。捉获、检举伪造纸币者的奖赏，视捉获、检举犯罪者所犯罪行的不同而有区别。

最后，针对早期纸钞图案雷同、制作粗糙等漏洞，改善了制作工艺，力图使伪造者无机可乘。

三、元代纸钞的防伪管理对当前人民币反假的借鉴作用

由于元代纸钞在全国范围内获得了通货的地位，所以伪造纸钞成了不法之徒获取财富的捷径。虽然元政府执行了严法酷刑来加以防范，但造伪者受利益驱使仍铤而走险，这样就造成了伪钞的泛滥成灾。尽管元政府纸钞防伪收效甚微，但其对钞法的整治，以完善和严密而著称于世，后来还成为许多国家制定纸币管理制度的重要参考依据。当时纸钞防伪的做法也可为当前人民币反假提供一些有益的启示和借鉴作用。

（一）加大科研投入力度，增强人民币防伪性能。要不断提高科研投入力度，加大对人民币防伪技术研究的支持，大量运用新技术从纸张、油墨及印刷工艺等方面增加人民币的防伪性能，定期翻新人民币版本，调整更新人民币防伪标识，使得伪造人民币现钞的成本和难度增加。

（二）进一步加大对伪造、贩卖假币犯罪分子的打击力度，形成齐抓共管的反假局面。虽然我国已制定出台了一系列人民币的反假及处罚规定，但制假和贩卖者受利益驱动，不惜被判处徒刑铤而走险。因此，各有关部门要进一步加大对伪造、贩卖假币犯罪分子的打击力度。公安部门要加强侦破工作，堵源头、捣窝点，加大打击力度；财政部门要设立专款，保证反假货币工作的经费需要；宣传部门要做好普及反假货币常识教育，利用各种宣传工具，做到反假知识家喻户晓；教育部门、群众团体、街道乡镇也要配合作好反假宣传教育工作；法院、检察院要加强案件的审理，依法严惩犯罪分子；海关、边防、工商等有关部门也要根据自己工作职责，积极配合，形成合力，齐抓共管，把反假货币工作落到实处。

（三）不断强化国际间的反假交流合作。随着人民币国际化进程日益加快，制贩假人民币犯罪分子将不仅局限在中国国内，国外伪钞制造者也会因巨额利润的诱惑而加入进来。为维护人民币国际声誉，在人民币国际化过程中，应分阶段逐渐扩大人民币反假货币工作国际交流范围及合作。首先，要强化边境地区的反假工作，不断加强与境外中央银行、商业银行的反假交流合作。要在跨境人民币现钞流量大的边境地区长期开展反假人民币宣传教育培训，同时，要切实加强与境外央行、商业银行的沟通与联系，及时掌握了解人民币现金在境外的流动、兑换和滞留及假人民币信息情况，建立应对假币威胁的反应机制，起到防范假币跨境蔓延、追踪跨境假币信息的作用。其次，在反假货币宣传、钞票防伪技术、打击制贩假币行为上要积极探索国际合作道路，不断开展与周边国家之间的反假交流，逐步扩大交流合作范围，构建人民币反假国际合作机制，最终形成反假人民币全球合作网络。

（四）积极推广非现金支付结算工具，减少现金流通量。大量使用人民币现钞结算无疑给假币滋生提供了方便，因此积极推广非现金结算，缩减公众现钞使用量在一定程度上会减少假币的滋生与蔓延。目前各种非现金结算工具已在城市得到了广泛的使用，而在农村牧区、偏远地区人民币现钞仍是最主要或唯一的支付手段。因而，不断优化非现金支付结算环境，尤其是在农村牧区、偏远地区加大非现金支付结算工具的推广力度，将有助于减少人民币的现钞流量，可有效控制假币的使用范围。

七、技能实训

【实训1】 回答下列问题。

1. 识别假币的技巧有哪些？

2. 残币兑换的标准是什么？

3. 2015 版第五套 100 元人民币有哪些防伪特征？

【实训2】 熟悉第五套人民币的防伪特征，熟悉防伪名称和位置，找出面值 100 元、50 元、20 元、10 元和 5 元的防伪特征，看谁找得最快、最准！

项目四　传票与账表计算技能

【学习目标】

　　专业能力：熟练掌握翰林提及计算器传票算的基本技能，掌握传票盲打的步骤和技巧。

　　方法能力：通过传票算和账表计算的学习和训练，提高眼手脑并用的能力，从而提高运算效率并养成善于思考、发现问题的能力，提高独立学习新知识并运用新知识解决问题的能力。

　　社会能力：通过小组竞赛培养学生的团队合作意识和沟通能力，并在学习中发现乐趣。

　　个人能力：熟练使用不同计算工具进行账表算，掌握账表算基本流程，达到考核标准。

【学习准备】

　　翰林提传票翻打机、传票、计算器。

【引导问题】

　　(1) 你知道什么是传票算和账表算吗？

　　(2) 你了解传票翻打机吗？

　　(3) 你能借助翻打机和计算器完成传票和账表的计算吗？

任务一　传票计算技能

一、翰林提传票算

　　传票算也称为传票翻打，是在经济核算过程中对各种单据、发票或凭证进行汇总计算的一种方法，一般采用加减运算。它是加减运算在实际工作中的具体应用，它可以为会计核算、财会分析、统计报表提供及时、准确、可靠的基础数字，是财经工作者必备的一项基本功，并被列入全国会计技能比赛的正式项目。

　　翰林提传票算的功能包括传票录、传票算、成长历程和设置。满足学生对数字小键盘的训练要求，以及在实际操作中手、眼、脑的配合。

(一) 翰林提传票算概述

1. 传票的介绍

　　翰林提专用传票(如图 4-1 所示)采用规格长约 19 厘米、宽约 8 厘米的 70 g 规格书写纸，用 4 号手写体铅字印刷，每本传票 100 页，每页五行数，由四至九位数组成。其中，四、九位数各占 10%，五、六、七、八位数各占 20%，都有两位小数；页内依次印有(一)至(五)的行次标记，设任意 20 页的 20 个数据(一组)累加为一题，0～9 十个数字均衡出现。

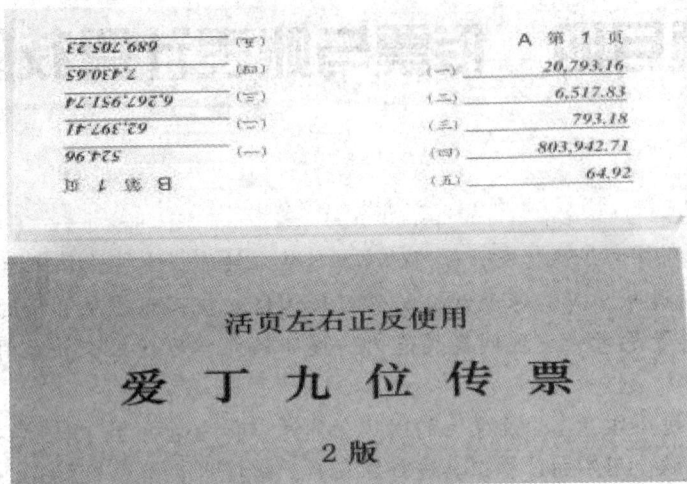

图 4-1 翰林提专用传票

2. 传票的算具

翰林提传票翻打机(见图 4-2)主要由主机、键盘、充电电池、智能充电器等部件组成，是全国会计技能比赛翻打传票项目专用设备。

图 4-2 翰林提传票翻打机

3. 使用方法

(1) 主界面选择【传票录入】进入到【传票录入】目录(见图 4-3)。

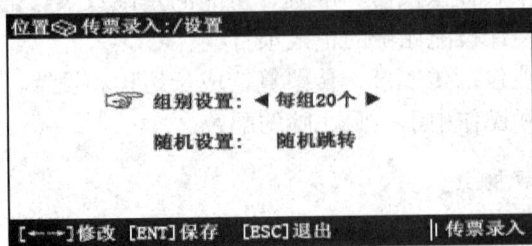

图 4-3 主界面

(2) 选择"[D]设置"，进行相关设置。设置完毕后按[Enter]自动保存设置。通过[↑↓]

键移动光标，[←→]键调整相关设置(见图4-4)。

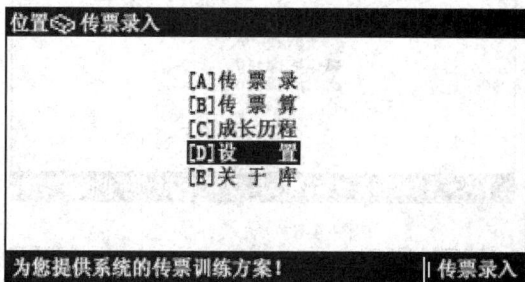

图4-4 进行相关设置

说明：此步骤只需在第一次使用时设置，或需要更改训练方式时设置。

(3) 在【传票录入】目录下选择"[B]传票算"，进入【传票算】功能菜单(见图4-5)。

图4-5 传票算功能菜单

(4) 选择"[B]传票算测试"或者"[A]传票算练习"。二者的区别在于：测试模式下，系统可以保存最后成绩，并且可以通过无线模块发送测试成绩，该模式可以在比赛时使用；练习模式下，系统不保存成绩，也不能发送成绩，但是可以保存成长历程，该模式只用作练习时使用。这里选择"[B]传票算测试"，进入如图4-6所示界面，选择"爱丁传票"。

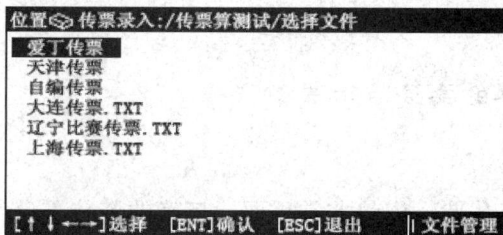

图4-6 选择"爱丁传票"

选择[爱丁传票]，下一步选择所要录入的传票页 A～D。如图4-7所示，选择[爱丁传票A]，之后设置测试时间、起始页、行次。

图4-7 选择爱丁传票 A

设置完毕后，按[Enter]键即可开始录入，录入界面如图4-8所示。

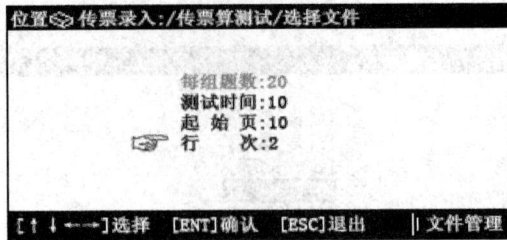

图 4-8　录入界面

关于录入界面的相关解释说明如下：

第一部分内容为：当前输入的组别、当前组的起止页、输入的行序号。

中间部分内容为：上一组数据的最终结果。

下面部分内容为：当前组数据的计算区域，学生可以任意+/－ 计算。

用户推出或者倒计时结束时，系统会自动计算成绩，并且显示在屏幕上，见图4-9。

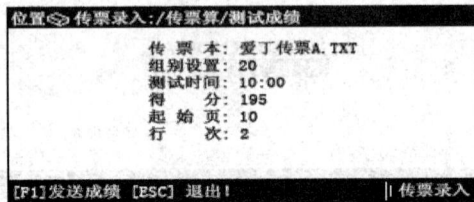

图 4-9　屏幕显示

4. 传票算计分规则

按照录入界面提示页码和行次进行累加，每组加和 20 题以回车键提交得到结果作为评断得分标准，即每一组为 20 分或 0 分，最后一组以时间到后的结果评定小分。

如图 4-9 所示，时间 10 分钟截止时，共完整计算 9 组，最后一组结果计算到前 15 题并正确，合计 195 分。

(二) 翰林提传票算的姿势与指法

1. 正确的翻打姿势

熟练运用小键盘翻打传票，姿势非常重要。正确的姿势不仅可减轻疲劳感，对提高速度也会起到事半功倍的效果。

坐姿：身体坐直，手腕要平直，打字的全部动作都在五个手指上，上身其他部位不要接触键盘。

手型：手指弯曲自然适度，手型形成勺状，轻放在小键盘上。

击键：主要靠手指和手腕的灵活运动，不是靠手臂运动来找键位。

节奏：敲击键盘要有节奏，击完键后手指立即回到基准位置。

分工：各手指分工明确，各司其职，不能越区域敲击按键。

力度：击键的力度适中，过轻无法保证速度，过重容易疲劳。击键要领：轻、快、准。

2. 精确的指法位置

翰林提键盘分为主键盘区、功能键区、编辑键区、状态指示区和小键盘区(见图 4-10)。翰林提传票算使用小键盘区，用右手操作，手指在键盘上的位置非常重要。表 4-1 所示为翰林提小键盘指法表。

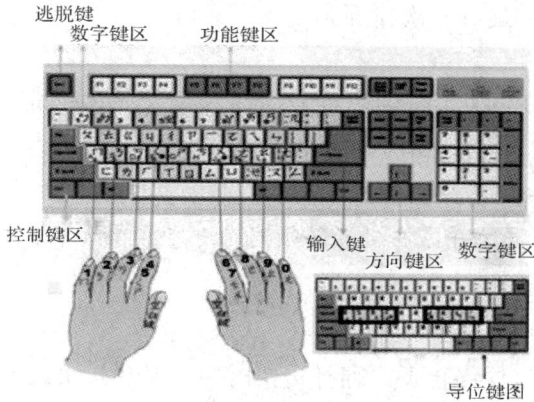

图 4-10 翰林提键盘

表 4-1 翰林提小键盘指法表

手指名称	基准键位	手指分工
右手大拇指		0
右手食指	4	Num Lock、7、4、1
右手中指	5	/、8、5、2
右手无名指	6	*、9、6、3、(小数点)
右手小拇指		-、+、Enter

(三) 翰林提传票算的具体步骤

翻打传票应熟练掌握整理、摆放、找页、翻页、记页、数页等基本功,即需要左右手的协调配合,做到随翻页随击键。

1. 整理传票

传票翻打前首先要检查传票是否有错误,有无缺页、重页、数码不清、错行、装订方向错误等,一经发现,应及时更换传票,检查无误后,方可整理传票。

(1) 墩齐:双手拿起传票在桌面上墩齐。

(2) 开扇:将传票捻成扇形,以便于翻页、找页。

具体方法:左手捏住传票的左上角,右手放在传票的右上角,然后,右手拇指向顺时针方向捻动,左手配合右手反方向用力,轻轻捻动成扇形。扇形幅度不宜过大,约20°～30°即可。

(3) 固定:用夹子将传票的左上角夹住,再用一个较小的票夹夹住传票最后一页的右下角,防止翻打时散乱。

2. 摆放合理

整理好的传票可根据需要摆放在桌面适当的位置,贴近小键盘,以便于看数翻打。

3. 找页迅速

由于翻打传票试题在拟题时不按自然顺序,而是相互交叉,要求在运算过程中前后找页，找页动作的快慢、准确与否，直接影响翻打传票的速度与准确率。一般翻动传票两三次就能找到需要的页数，最好一次找到。

4. 翻页准确

翻打传票要求用左手翻传票，右手敲击数字小键盘，两手同时进行。传票翻页方法是：

(1) 按：左手小指、无名指和中指按住传票的左下方。

(2) 翻：左手大拇指逐页翻起传票，并交给食指夹住。

【注意】 左手翻页与右手敲击键盘必须同时进行，票页不宜翻得过高，以能看清数据为准。

5. 记页到位

记页是指在运算中记住终止页。翻打传票时为了避免过页或不够页，应掌握记页的方法，当估计快要运算完该题时，用眼睛的余光扫视传票的页码，以防过页。

6. 数页精确

数页就是边翻打传票边默记已打过的页数，最好每打一页，默念一页，以 20 页一组为例，打第一页默念 1，打第二页默念 2……默念到 20 时核对该题的起止页数，如无误，立即按回车键。

二、计算器传票算

电子计算器是一种重量轻、速度快、价格低、准确性高、小巧便于携带的新型计算工具。本项目介绍简单计算器的基本操作和使用方法，并运用于实践。

(一) 计算器传票算概述

1. 传票的介绍

计算器传票算专用传票，一般每本 100 页，在左侧装订成册。每页 5 行数字，均为金额单位，每笔最高为 7 位，最低为 4 位。传票题每 20 页为一题，0～9 十个数字均衡出现(见图 4-11)。

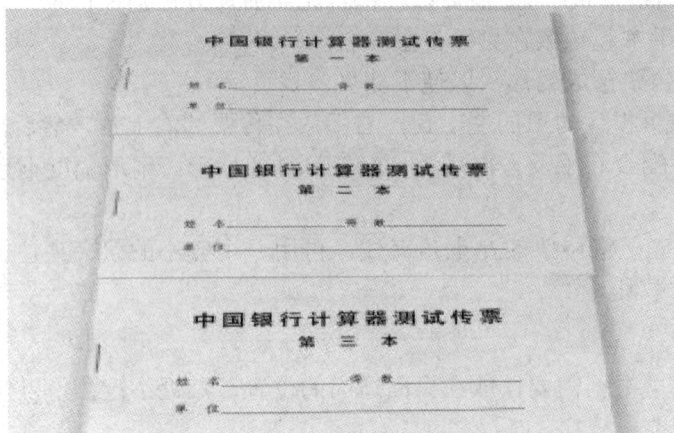

图 4-11　计算器传票算专用传票

2. 计算器的分类

计算器的种类很多,型号不一,按其功能可分为两类:一类是简单型计算器(见图 4-12);另一类是多功能计算器(见图 4-13)。

简单型计算器功能较少,只能进行一般的加、减、乘、除四则运算,而多功能型计算器除了进行四则运算以外,还能进行三角函数、对数、复数等各种运算。本项目只介绍简单型计算器。

图 4-12 简单型计算器

图 4-13 多功能计算器

3. 计算器的按键功能

计算器的按键包括数字键、符号键和功能键,各按键在使用过程中起着不同的作用。下面以图 4-12 所示的简单型计算器为例介绍最常用的按键及使用方法(见表 4-2)。

表 4-2 电子计算器按键功能表

符号	按键名称	功　　能
GT	总和键	按"="键后,再按下此键,可将数值累计
M+	记忆加法键	可以连续追加,把目前显示的值放在存储器中
M-	记忆减法键	将已储存的数值减去当前显示值
MR	累计显示键	调出(M+)、(M-)键存入的数据
MC	清除记忆存储键	按下此键存储器的内容均被清除
MU	损益运算键	完成利率和税率计算
CE\C	清除键	计算器内储存的所有内容均被清除
+4320F	小数点选位键	F 表示浮动小数,满档,运算时按实际数据如实输入; 0 表示整数运算或运算结果取整数; 2、3、4 表示固定有效小数点位数
5/4	四舍五入键	在指定的位数之后执行四舍五入

（二）计算器传票的指法和注意事项

1. 准确的指法

表 4-3 给出了简单计算器指法表。

表 4-3　简单计算器指法表

手指名称	基准键位	手指分工
右手大拇指	—	0 和开关键
右手食指	4	7，4，1 (退位键)
右手中指	5	8，5，2，00
右手无名指	6	9，6，3(小数点)
右手小拇指	—	+、-、×、÷

2. 计算器传票需注意的事项

(1) 放置适当。计算器的位置放置没有固定的要求，一般根据操作人员的实际情况放于击打感觉最舒适的地方。位置找对后不要随便移动，以免影响速度。

(2) 握笔正确。运算时将笔握在手中。握笔方法是：将笔横握在右手手心，书写一端朝右侧，运算中靠大拇指控笔，这样可以节省拿笔、放笔时间，提高运算效率。

三、传票盲打的技巧

盲打是人们在长期的实践工作中逐步摸索、总结出来的快速计算方法，是指用小键盘或计算器运算时，只看数字不看键盘，强调手、眼、脑的协调配合，做到眼到手就到，通过指法定位操作来完成计算、统计工作。由于盲打速度快、效率高，因而被广泛采用，尤其是财会人员必须掌握。练习盲打的最基本方法是记住键盘指法。

（一）盲打的具体步骤

1. 练准确

(1) 要求：从基准键位 4、5、6 练习起，再延伸到其他键位，每一次打完数字后，食指、中指、无名指都要回到 4、5、6 基本键位上。手掌上下浮动带动手指敲击键位，手指微贴键盘有节奏地敲击，指尖抬起幅度 1 厘米以内，幅度不要过大。

(2) 方法：通过训练熟悉键盘，最终达到盲打。下面介绍几种练习方法：

① 竖式练习：敲打 147、258、369。

② 食指练习 1、4、7 键：147 + 147 + 147 + … + 147 连加 10 次再连减 10 次最后归 0。

③ 中指练习 2、5、8 键：258 + 258 + … + 258 连加 10 次再连减 10 次最后归 0。

④ 无名指练习 3、6、9 键：369 + 369 + … + 369 连加 10 次再连减 10 次最后归 0。

⑤ 食指、中指、无名指分别强化练习。

⑥ 横排练习：敲打 123、456、789。

⑦　食指练习 1 键、中指练习 2 键、无名指练习 3 键。

2. 练找页

(1) 要求：熟悉传票，首先进行找页练习。找页关键是练手感，通过摸纸的厚度就能一次翻到临近的页码。

(2) 训练手感：摸 50 页、100 页的厚度，再摸 20 页、60 页、80 页的厚度。

(3) 训练准确：要求翻动传票两三次就能找到需要的页数，最好一次找到。

(4) 方法：训练形式灵活多样，有序与无序找页相结合。

3. 练翻页

(1) 要求：票页不宜翻得过高，角度以能看清数据为宜，同时翻页应保持连贯，拇指翻一页，食指立即挡住一页。

(2) 方法：先看翻后盲翻。盲翻是不看票面，不计数，凭手感，翻动 10 页、20 页、60 页。

训练速度：传票本从第一页翻到最后一页，时间不超过 1 分钟；训练准确：连续翻页训练，由少至多(20 页、40 页、60 页)，循序渐进。

4. 传票翻打

(1) 要求：手、眼、脑协调配合，精神集中，翻打同步。

(2) 方法：传票翻打要求眼、手、脑并用，将以上的练习结合起来并用。

例如：某题 A 面"起止页"为 22～41，"行数"为(二)，则运算步骤为：找页——左手熟练找到 22 页的位置；翻页、输入——左手快速翻页与右手准确输入相结合。

(二) 盲打的基本要求

掌握盲打技能，要做到以下几点：

1. 坐姿端正

正确的坐姿不仅能提高输入速度，还能减少长时间训练引起的疲劳。

2. 放置适当

传票放置的位置要与计算工具尽量接近，以便看数、敲键。

3. 精力集中

注意力高度集中，做到眼到手到。

4. 把握节奏

在整个操作过程中，注意掌握好节奏，不要时快时慢甚至停顿，要动作连贯。

四、技能实训

【实训 1】 单项练习。

(1) 练翻页：从第一页翻到最后一页，记录时间；从最后一页退至第一页，记录时间。

(2) 练习找页：从第一页每隔五页找一次，如 5、10、15、…，95，100，记录时间；

从第一页每隔十页找一次，如 10，20，…，90，100，记录时间。

【实训 2】 单项练习：使用爱丁九位传票，20 题一组，将"传票算测试"成绩记录在下表。

序号	AB CD 面	测试时间（分钟）	起始页	起始行	得分	序号	AB CD 面	测试时间（分钟）	起始页	起始行	得分
1	A	10	10	（一）		11	C	10	11	（三）	
2	B	10	15	（二）		12	B	10	15	（四）	
3	C	10	20	（三）		13	D	10	17	（二）	
4	D	10	25	（四）		14	A	10	23	（五）	
5	D	10	30	（五）		15	B	10	38	（一）	
6	B	10	40	（二）		16	C	10	25	（五）	
7	A	10	50	（四）		17	D	10	36	（二）	
8	C	10	65	（一）		18	A	10	41	（四）	
9	D	10	55	（三）		19	C	10	54	（三）	
10	A	10	70	（五）		20	B	10	48	（一）	

【实训 3】 传票翻打训练，将答案写在空白位置。

序号	起讫页数	行数	答案	序号	起讫页数	行数	答案
1	7～26	（一）		11	18～37	（四）	
2	30～49	（二）		12	52～71	（二）	
3	28～47	（四）		13	45～64	（一）	
4	31～50	（五）		14	30～50	（五）	
5	47～66	（三）		15	18～37	（三）	
6	22～41	（二）		16	35～54	（一）	
7	71～90	（五）		17	43～62	（四）	
8	30～49	（四）		18	26～45	（三）	
9	72～91	（一）		19	50～69	（五）	
10	52～71	（三）		20	11～30	（二）	

【实训 4】 强化训练。

(1) 加百子，从 $1+2+3+4+\cdots+99+100=5{,}050$。

(2) 减百子，先输入数字 5,050，然后依次 $-1-2-3-\cdots-99-100=0$。

(3) 连加连减练习。

把 1,234,567,890 连加 9 次，和为 11,111,111,010，随后再逐笔减 1,234,567,890，直到减完为 0。

(4) 传票翻打训练。

序号	起讫页数	行数	答案	序号	起讫页数	行数	答案
1	15～34	(一)		11	66～85	(二)	
2	63～82	(二)		12	58～77	(三)	
3	5～24	(四)		13	12～31	(四)	
4	21～40	(五)		14	19～38	(一)	
5	36～55	(三)		15	29～48	(五)	
6	47～66	(二)		16	14～33	(三)	
7	25～44	(四)		17	71～90	(二)	
8	70～89	(一)		18	76～95	(四)	
9	68～87	(三)		19	53～72	(五)	
10	57～76	(五)		20	72～81	(一)	

任务二 账表计算技能

一、账表算概述

在实际计算业务中，更多涉及的是账簿和表格中的数据计算，我们称之为账表算。账表算可使用算盘、计算器及计算机小键盘。

(一) 账表算的题型

账表算的形式很多，如账簿余额算，会计、统计报表的分组算等，主要有20行5列和10行7列两种标准格式。

账表格式是横行7笔数，纵行10笔数，即每张账表纵向7个算题，每笔10个数字；横行10个算题，每题7笔数字。每笔数字均为金额单位(有两位小数点)。纵向第三、七题中各有两笔负数，分别排列在横向四个题中，不设减法题。

账表算共设初、中、高三个级别(见表4-4)。

表4-4 初、中、高三级

项目\级别	8位	7位	6位	5位	4位	3位	每题字数	全题总字数
初级				1	8	1	40	280
中级		2	7		1		60	420
高级	3	4	3				70	490

(二) 账表算的计分

账表算(见表 4-5)纵横每答对一题计 10 分，在纵横计算无误的情况下，轧平再加 30 分，每张账表满分为 200 分。

表 4-5 账 表 算

序号	一	二	三	四	五	六	七	合计
1	29,185.27	92,6801.73	401,856.97	279,045.31	86,903.42	29,874.56	359,147.23	
2	844,701.32	350,681.94	-44,725.09	300,689.72	90,273.14	17,356.82	876,262.45	
3	85,654.93	94,204.71	276,901.38	194,538.16	54,168.27	395,407.12	-53,301.78	
4	504,792.06	286,013.52	81,635.46	72,109.34	294,016.54	133,842.65	827,549.36	
5	2,222,198.73	741,250.98	83,491.03	43,658.71	744,952.38	728,456.09	90,063.84	
6	745,913.25	57,143.76	257,914.36	376,759.84	548,306.81	56,902.73	964,841.02	
7	693,058.74	432,971.08	-96,658.07	734,402.51	24,976.41	863,305.72	41,759.36	
8	723,146.83	595,086.47	136,057.24	95,271.34	419,257.68	60,712.49	236,158.07	
9	543,138.62	938,172.86	1,296,743.05	62,053.48	66,536.87	215,574.98	-89,024.36	
10	4,321,017.25	577,069.82	83,605.19	76,294.87	857,230.49	831,306.59	265,508.71	
合计								

二、账表算的计算方法

账表的计算不论横向还是纵向，只要有一题出现错误，则轧平栏不得分。这对计算提出了很高的要求，既要速度，又要准确。

(一) 珠算账表算

珠算作为一种计算技术，结合心算技巧，可以提高账表算的计算效率。

1. 算盘的摆放

若使用小算盘，计算时可以采用算盘上下移动压下法进行计算；若使用中型算盘，则把账表放在算盘底下。

2. 横向计算

横向题目一般采用一目一笔的传统加减法，或一目一笔穿梭打法。为提高技术也可采用心珠结合的一目二笔法或一目三笔法。

一目二笔法计算是先将前两笔数心算求和拨入算盘对应档位，然后将第 3~4 笔和第 5~6 笔数分别心算求和与算盘数相加，最后加上第七笔数并将结果抄写在横行合计栏内。

一目三笔法计算是先将前三笔数心算求和拨入算盘对应档位，然后再将第 4~6 笔数心算求和与算盘数相加，最后加上第七笔数并将结果抄写在横行合计栏内。

3. 纵向计算

纵向题目可以采用一目一行加减法。为提高速度，大多采用一目多行加减法。

4. 轧平栏计算

当纵向第七题算完并抄完数后，不清盘，立即加上前六个纵向题目的合计数，将结果写入右下角总计栏内。

(二) 计算器账表算

计算器简便易学，准确性高，在账表算中具有独特的计算优势。

1. 计算器摆放

计算器与账表摆放位置要合理，一般计算器放在账表右上方，这样看数方便，计算速度快。

2. 横向计算

左手指向所算题目的首位数字，右手用规范指法录入该数，然后左手右移至第二个数字并录入，如此往复，直到录完最后一个数字将结果抄写在横行合计栏内。

3. 纵向计算

左手指向所算题目的首位数字，右手用规范指法录入该数，然后左手下移至第二个数字并录入，如此往复，直到录完最后一个数字，将结果抄写在纵行合计栏内。

4. 轧平栏计算

当纵向最后一题算完并抄完数字后，不清零，立即加上前面纵向题目的合计数，将结果写入右下角总计栏。

例如：某集团各子公司 7～12 月实现现金流量资料(见表 4-6)。

表 4-6 某集团各子公司 7～12 月现金流量资料 单位：百万元

日期\类别	7 月	8 月	9 月	10 月	11 月	12 月	合计
A 公司	10.65	74.39	30.18	95.62	86.15	-78.23	
B 公司	9.24	87.03	-45.16	74.35	37.61	319.84	
C 公司	52.19	16.72	70.49	6.27	127.59	26.45	
D 公司	61.23	31.85	35.96	259.75	93.68	16.79	
E 公司	542.37	58.12	62.59	43.56	80.42	9.13	
F 公司	75.38	369.81	82.94	58.13	2.65	30.76	
G 公司	53.26	17.45	7.89	21.78	75.94	51.87	
H 公司	34.52	20.93	83.06	15.74	78.43	-39.24	
I 公司	24.15	7.36	237.84	39.81	50.48	27.06	
J 公司	60.57	26.58	-34.01	51.92	67.04	39.18	
合计							

（1）计算 A 公司下半年的现金流量额。左手指向 A 公司 7 月份数据 10.65，右手用规范的指法按键，然后左手向右移动，右手连续计算，直至减完 12 月份数据 78.23，算出 A 公司下半年的现金流量额。然后用相同的方法计算出该集团其余子公司下半年的现金流量额。

（2）计算该集团 7 月份现金流量额。左手指向 A 公司 7 月份数据 10.65，右手用规范的指法按键，然后左手向下移动，右手连续计算，直至加完 J 公司 7 月份数据 60.57，算出该集团 7 月份的现金流量额。然后用相同的方法计算出该集团其余各月的现金流量额。

（3）当计算完该集团 12 月份现金流量额并抄完数后，不清零，立即加上前面该集团 7～12 月份的现金流量额即为该集团下半年的现金流量总额。也可以通过加总各子公司下半年的现金流量额得到相同的结果。计算结果见表 4-7。

表 4-7　某集团各子公司 7～12 月现金流量计算结果　　　单位：百万元

日期 类别	7 月	8 月	9 月	10 月	11 月	12 月	合计
A 公司	10.65	74.39	30.18	95.62	86.15	-78.23	218.76
B 公司	9.24	87.03	-45.16	74.35	37.61	319.84	482.91
C 公司	52.19	16.72	70.49	6.27	127.59	26.45	299.71
D 公司	61.23	31.85	35.96	259.75	93.68	16.79	499.26
E 公司	542.37	58.12	62.59	43.56	80.42	9.13	796.19
F 公司	75.38	369.81	82.94	58.13	2.65	30.76	619.67
G 公司	53.26	17.45	7.89	21.78	75.94	51.87	228.19
H 公司	34.52	20.93	83.06	15.74	78.43	-39.24	193.44
I 公司	24.15	7.36	237.84	39.81	50.48	27.06	386.70
J 公司	60.57	26.58	-34.01	51.92	67.04	39.18	211.28
合计	923.56	710.24	531.78	666.93	699.99	403.61	3936.11

（三）小键盘账表算

随着计算机的普遍应用，账表算的数字小键盘形式成为衡量会计及相关人员计算能力的重要标志。

1. 用具摆放

计算机小键盘与账表摆放位置要合理，一般账表放在键盘左下方，这样看数录入比较方便。

2. 计算方法

小键盘账表算与计算器账表算的方法基本相同，只是两者键位略有差别，指法稍有不同，计算的关键都是右手的盲打技术和左右手的配合。

（四）翰林提账表算

翰林提技能训练机具有方便、快捷、随机出题、自动显示成绩等优点。其账表格式为

9 行 5 列。

1. 用户设置

时间为倒计时方式 1~60 分钟，随机系数为 0~99，1~99 代表不同套题，0 代表随机出题。

2. 计分方法

纵向每打对一题计 3 分，5 题共 15 分；横向每打对一题计 1.5 分，9 题共 13.5 分；在纵横计算无误的情况下，轧平再加 5.5 分。每张账表满分 34 分。

3. 训练方式

翰林提账表算训练分为练习方式和测试方式，两者大体相同，不同的是练习方式下，当输入错误时，计算结果会返黑显示。

设置完毕后回车键进入账表计算，输入数字和计算结果都显示在计算区域，该区域相当于一个小型计算器，当计算完毕后按回车键，计算结果会自动显示在指示图标位置。本套题全部计算完毕，按"*"或"Page down"键(可在账表算设置中选择)进入下一题。时间到显示成绩界面。

三、技能实训

【实训 1】　账表算指法训练。

分别用算盘、计算器、小键盘进行下列计算。

(1) 加百子：$1 + 2 + 3 + \cdots + 99 + 100$。

(2) 减百子：$5050 - 1 - 2 - 3 - \cdots - 99 - 100$。

【实训 2】　选用小键盘录入软件或技能训练机进行右手盲打测试，平均每秒准确录入 3 个数码以上为合格。

【实训 3】　计算表 4-8。

表 4-8　账　表　算

序号	一	二	三	四	五	六	七	合计
1	69,185.27	92,801.73	40,856.97	27,045.31	86,903.42	29,874.56	35,147.23	
2	84,701.32	35,681.94	-4,725.09	30,689.72	90,273.14	1,356.82	87,262.45	
3	87,654.93	96,204.71	27,691.38	19,458.16	66,368.27	39,547.12	-5,301.78	
4	50,472.06	28,013.52	81,635.46	72,109.34	29,316.54	17,842.65	82,749.36	
5	23,198.73	74,250.98	86,691.03	4,658.71	7,952.38	72,456.09	9,063.84	
6	74,913.25	5,143.76	25,914.36	37,659.84	54,306.81	47,902.73	96,841.02	
7	36,905.74	43,297.08	-9,658.07	73,402.51	23,476.41	86,015.72	41,759.36	
8	72,146.83	59,086.47	13,057.24	93,271.34	41,257.68	60,712.49	23,618.07	
9	5,138.62	93,172.86	12,973.05	62,053.48	14,536.87	21,574.98	-8,024.36	
10	43,017.25	5,069.82	83,605.19	7,294.87	85,723.49	8,306.59	26,50871	
合计								

项目五　会计档案整理与保管技能

【学习目标】

专业能力：了解会计档案保管的意义；熟悉会计档案保管的具体要求；能够正确、及时、整齐、规范的整理会计档案。

方法能力：能够准确规范填写会计档案封面，并独立完成会计档案的装订；培养发现问题的能力，独立学习新知识并运用新知识解决问题的能力。

社会能力：培养学生的团队合作意识和沟通能力。

个人能力：通过会计档案规范保管养成严谨认真，做事规范，追求完美的职业习惯。

【学习准备】

黑色或蓝色水笔；装订机；装订线；装订针；记账凭证封面封底。

【引导问题】

(1) 你能装订会计凭证吗？电子会计档案是否需要打印？

(2) 你知道如何调阅会计档案吗？

(3) 会计档案最少保管多长期限可以销毁？

任务一　会计档案的整理技能

会计档案管理工作，包括会计档案的收集、整理、保管、利用和鉴定销毁等，各单位要采取可靠的安全防护技术和措施，保证会计档案的真实、完整、可用、安全。

会计档案是指单位在进行会计核算等过程中接收或形成的，记录和反映单位经济业务事项的，具有保存价值的文字、图表等各种形式的会计资料，包括通过计算机等电子设备形成、传输和存储的电子会计档案。

应当进行归档的会计资料包括：

(1) 会计凭证，包括原始凭证、记账凭证；

(2) 会计账簿，包括总账、明细账、日记账、固定资产卡片及其他辅助性账簿；

(3) 财务会计报告，包括月度、季度、半年度、年度财务会计报告；

(4) 其他会计资料，包括银行存款余额调节表、银行对账单、纳税申报表、会计档案移交清册、会计档案保管清册、会计档案销毁清册、会计档案鉴定意见书及其他具有保存价值的会计资料。

预算、计划、制度等文件材料，系文书档案，不属于会计档案。

　　会计档案是由单位的档案机构负责管理的，也可以委托具备档案管理条件的机构代为管理会计档案。

一、纸质会计档案的整理

（一）案卷（册）封面的填写及编号

　　单位要建立会计资料档案簿、会计资料档案目录；将会计凭证装订成册，报表和文字资料分类立卷，其他零星资料按年度排序汇编装订成册。

　　案卷（册）封面一般包括单位名称、标题、卷内文件的张数和起止日期、保管期限及案卷（册）号等。填写时，要求字迹端正醒目，文字简练准确。

　　案卷（册）号一般是按年进行编号。编号时，还应对卷内文件编定页号；记账凭证按月编号已在日常填制记账凭证时完成；会计账簿未编写页号的，要在右上角编定页号；年度报表要逐张编定页号。

（二）案卷（册）装订

1. 会计凭证的装订

　　会计凭证一般以月为单位，财务人员需要对每月的会计凭证及时装订，以便于查找与保存。凭证装订的时间一般在当月结账工作完成之后。

　　首先应配备装订用工具，如装订机、装订线、装订针等，以及凭证封面、封底。

　　装订主要包括以下几个具体步骤：

　　第一步：分类整理，按顺序排列，检查日数、编号是否齐全；根据凭证编号大体分册；摘除凭证内的金属物（如订书钉、大头针、回形针），以防腐蚀。对大的张页或附件要折叠成同记账凭证大小，且要避开装订线，以便翻阅保持数字完整；

　　第二步：逐份逐页地对所有材料进行复查核对，确保无差错，以避免不必要的返工。整理检查凭证顺序号，如有颠倒要重新排列，发现缺号要查明原因。再检查附件有否漏缺，领料单、入库单、工资表、费用报销单等是否随附齐全；核实记账凭证上有关人员（如财务主管、复核、记账、制单等）的印章是否齐全。

　　第三步：把材料理齐，要求每册材料左方、上方整齐，右方、下方基本整齐，力求美观。

　　第四步：用大铁夹对材料上、下、右三方加以固定，在左方用扎眼工具扎眼装订。扎眼时，要注意整齐、均称，装订区域不宜过宽或过窄，以免遮住材料内容或装订不扎实。

　　第五步：装订时，将封皮、记账凭证放好，检查是否整齐有序，然后将左上角订牢，完成装订。最后把封面凭证起止日期、册数、凭证号数等等相关内容填写完整，加盖公章。具体操作如下：

　　① 用"三针引线法"装订，装订凭证应使用棉线，在左上角部位打上三个针眼，实行三眼一线打结，并放在凭证封皮的里面，装订时尽可能缩小所占部位，使记账凭证及其附件保持尽可能大的显露面，便于事后查阅；

　　② 凭证外面要加封面如图5-1所示，规格略大于所附记账凭证。封面上填写好凭证种类、起止号码、凭证张数、会计主管人员和装订人员签章；编好卷号，按年分月按编号顺

序入柜，并要左侧标明凭证种类编号，便于调阅。

③ 装订凭证厚度一般 1.5 厘米，方可保证装订牢固，美观大方。

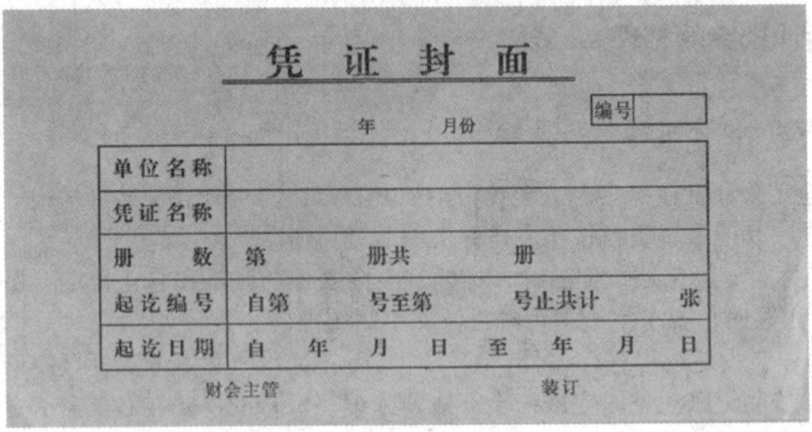

凭　证　封　面

编号

年　　月份

单位名称	
凭证名称	
册　　数	第　　册共　　册
起讫编号	自第　　号至第　　号止共计　　张
起讫日期	自　年　月　日　至　年　月　日

财会主管　　　　装订

图 5-1　凭证封面

2. 会计账簿的装订

会计账簿年度结账后，除跨年使用的账簿外，其他账簿应按时整理立卷。基本步骤是：账簿装订前，首先按账簿启用表的使用页数核对各个账户是否相符，账页数是否齐全，序号排列是否连续；然后按会计账簿封面、账簿启用表、账户目录、按页数顺序排列的账页、会计账簿封底的顺序装订。

具体活页账簿装订要求：

① 保留已使用过的账页，将账页数填写齐全，去除空白页和撤掉账夹，注意不得有折角、缺角，错页、掉页等现象，之后装订成册。会计账簿应牢固、平整。会计账簿的封口要严密，封口处要加盖有关印章。

② 多栏式活页账、三栏式活页账、数量金额式活页账等不得混装，应按同类业务、同类账页装订在一起。

③ 在账簿的封面上填写账目的种类，编好卷号，会计主管人员和装订人(经办人)签章。封面应齐全、平整，并注明所属年度及账簿名称、编号。编号为一年一编，编号顺序为总账、现金日记账、银行存款日记账、分类明细账、辅助账。

3. 会计报表的装订

会计报表编制完成及时报送后，留存的报表按月装订成册。小企业可按季装订成册。

具体会计报表装订要求：

① 会计报表装订前要按编报目录核对是否齐全，整理报表页数，上边和左边对齐压平，防止折角，做到完整无缺地装订；

② 会计报表装订顺序为：会计报表封面、会计报表编制说明、各种会计报表按会计报表的编号顺序排列、会计报表的封底；

③ 编制卷号。

4. 其他会计核算资料

其他与会计核算、会计监督紧密相关的，由会计部门负责办理的有关数据资料。如银行存款余额调节表、银行对账单、纳税申报表等其他应当保存的会计核算专业资料。应认真做好保管工作，定期整理立卷，装订成册。

二、电子会计档案的整理

随着各单位信息化水平和精细化管理程度的日益提升，电子会计凭证的获取、报销、入账、归档、保管等均可以实现电子化管理，新《会计档案管理办法》明确将电子会计档案纳入会计档案范围，企事业单位可以利用计算机、网络通信等信息技术手段管理会计档案。这将大大推动电子凭证的在线传递和线上应用，推动电子会计数据的深度开发和有效利用，为政府决策和管理提供更多维度、更具参考价值的会计信息，为互联网创新经济发展提供了有力的政策支持。

为了确保电子会计档案的真实、完整、可用、安全，对于电子会计资料仅以电子形式归档保存的方式，《会计档案管理办法》提出了如下要求：

(1) 形成的电子会计资料来源真实有效，由计算机等电子设备形成和传输；

(2) 使用的会计核算系统能够准确、完整、有效接收和读取电子会计资料，能够输出符合国家标准归档格式的会计凭证、会计账簿、财务会计报表等会计资料，设定了经办、审核、审批等必要的审签程序；

(3) 使用的电子档案管理系统能够有效接收、管理、利用电子会计档案，符合电子档案的长期保管要求，并建立了电子会计档案与相关联的其他纸质会计档案的检索关系；

(4) 采取有效措施，防止电子会计档案被篡改；

(5) 建立电子会计档案备份制度，能够有效防范自然灾害、意外事故和人为破坏的影响；

(6) 形成的电子会计资料不属于具有永久保存价值或者其他重要保存价值的会计档案。

(7) 单位从外部接收的电子会计资料指除了满足上述 6 条规定条件，还需附有符合《中华人民共和国电子签名法》规定的电子签名。

以上要求中：第一、七项规定是确保电子会计档案的真实，第二、三、六项是确保电子会计档案的准确、完整、可用，第四、五项规定是确保电子会计档案的安全。

电子会计档案包括单位内部形成的电子会计档案和从外部接收的电子会计档案两种：

单位内部生成的电子会计资料仅以电子形式归档保存必须同时满足第一至六项规定；单位外部接收的电子会计资料仅以电子形式归档保存必须同时满足第一至七项规定。

为加快建立生态文明制度，《会计档案管理办法》明确规定电子会计档案可仅以电子形式归档保存。符合条件的会计凭证、账簿等会计资料不再打印纸质归档保存，这些规定将节约大量纸质会计资料的打印、传递、整理成本以及归档后的保管成本，减少社会资源耗费，推动节能减排，有利于形成绿色环保的生产方式。

【知识窗】

"帐""账"的由来

"帐"字本身与会计核算无关，在商代，人们把帐簿叫作"册"；从西周开始又把它更名为"籍"或"籍书"；战国时代有了"簿书"这个称号；西汉时，人们把登记会计事项的帐册称为"簿"。据现有史料考察，"帐"字引申到会计方面起源于南北朝。

南北朝时，皇帝和高官显贵都习惯到外地巡游作乐。每次出游前，沿路派人张记帏帐，帐内备有各种生活必需品及装饰品，奢侈豪华，供其享用，此种帏帐称之为"供帐"。供帐内所用之物价值均相当昂贵，薪费数额巨大，为了维护这些财产的安全，指派专门官吏掌管并实行专门核算，在核算过程中，逐渐把登记这部分财产及供应之费的簿书称为"簿帐"或"帐"，把登记供帐内的经济事项称为"记帐"。以后"簿帐"或"帐"之称又逐渐扩展到整个会计核算领域，后来的财计官员便把登记日用款目的簿书通称作"簿帐"或"帐"，又写作"账簿"或"账"。从此，"帐""账"就取代了一切传统的名称。现在又统一改作"账"。

三、会计档案整理技能实训

【实训 1】 选择题。

1. 会计档案是指会计凭证、会计账簿和会计报表等会计核算专业资料。下列资料中，不属于会计档案的是(　　)。

    A. 银行存款余额调节表　　　　　　B. 固定资产卡片

    C. 会计移交清册　　　　　　　　　D. 月度财务收支计划

2. 单位会计机构对会计档案立卷归档之后，在保管(　　)期满后移交单位的会计档案管理机构。

    A. 3 个月　　　　　　　　　　　　B. 半年

    C. 1 年　　　　　　　　　　　　　D. 2 年

3. 根据《会计档案管理办法》的规定，下列各项中，属于会计档案的有(　　)。

    A. 单位内部控制制度　　　　　　　B. 会计档案销毁清册

    C. 辅助账　　　　　　　　　　　　D. 银行存款余额调节表

【实训 2】 练习装订《会计基础》课程作业中的记账凭证。

请同学们课前准备好会计专业课作业中填写好的会计凭证，使用教师准备好的装订机、装订线、装订针、以及凭证封面、封底进行装订。

任务二　会计档案的保管技能

会计档案材料经过整理组装、装订成册，形成若干个案卷。会计人员应根据这些案卷，编制会计档案保管清册、会计档案移交清册、会计档案销毁清册、会计档案鉴定意见书等。

实行会计电算化单位存储在磁性介质上的会计数据、程序文件及其他会计核算资料均应视同会计档案一并管理。

单位委托中介机构代理记账的，应当在签订的书面委托合同中，明确会计档案的管理要求及相应责任。

一、会计档案的保管

单位的会计部门按照归档范围和归档要求，负责定期将应当归档的会计资料整理立卷，编制会计档案保管清册。

当年形成的会计档案，在会计年度终了后，可由会计部门临时保管一年，再移交单位档案管理部门保管。因工作需要确需推迟移交的，应当经单位档案管理部门同意。会计部门临时保管会计档案最长不超过三年。会计档案的保管应当符合管理的有关规定，且出纳人员不得兼管会计档案。

会计档案的保管要求主要有：

1. 会计档案的移交手续

会计部门在将会计档案移交本单位档案部门时，应按下列程序进行：

(1) 编制会计档案移交清册，填写交接清单；

(2) 纸质会计档案移交时应当保持原卷的封装，在账簿使用日期栏填写移交日期；电子会计档案移交时应当将电子会计档案及其元数据一并移交，且文件格式应当符合国家档案管理的有关规定。特殊格式的电子会计档案应当与其读取平台一并移交。

(3) 交接人员按移交清册和交接清单项目核查无误后签章。档案管理部门接收电子会计档案时，应当对电子会计档案的准确性、完整性、可用性、安全性进行检测，符合要求的才能接收。

2. 会计档案的具体保管要求

(1) 会计档案室应选择在干燥防水的地方，并远离易燃品堆放地，周围应备有适当的防火器材；室内应经常保持清洁卫生，经常用消毒药剂喷洒，以防虫蛀鼠咬。

(2) 会计档案室保持通风透光，并有适当的空间、通道，以利查阅，并防止潮湿。

(3) 设置归档登记簿、档案目录登记簿、档案借阅登记簿，严防毁坏损失、散失和泄密。

(4) 会计电子档案保管要做到"九防"，即：防盗、防火、防潮、防虫、防鼠、防尘、防高温、防强磁场、防冻。会计数据的备份软盘应分别存放在三个不同地点，并定期复制。

3. 会计档案的借阅

会计档案只供本单位使用，原则上不得借出，有特殊需要须经单位领导批准。在进行会计档案查阅、复制、借出时履行登记手续，严禁篡改和损坏。具体要求如下：

(1) 单位内部人员借阅会计档案时，应经会计主管人员或单位领导人批准后，办理借阅手续。

单位保存的会计档案一般不得对外借出。确因工作需要且根据国家有关规定必须借出的，应持有单位正式介绍信，经单位领导人批准后，方可办理借阅手续。

单位的会计档案及其复制件需要携带、寄运或者传输至境外的，应当按照国家有关规定执行。

借阅时，借阅人应认真填写档案借阅登记簿，将借阅人姓名、单位、日期、数量、内容、归期等情况登记清楚。

(2) 会计档案借用单位应当妥善保管和利用借入的会计档案，确保借入会计档案的安全完整，并在规定时间内归还。借阅会计档案人员不得在案卷中乱画、标记，拆散原卷册，也不得涂改抽换、携带外出或复制原件(如有特殊情况，须经领导批准后方能携带外出或复制原件)。电子档案未经许可不得复制、转移，更不准进行删改、更换内容。任何人不得擅自将会计档案带离档案室，不得泄露会计核算软件资料。借出的会计档案，会计档案管理人员要按期如数收回，并办理注销借阅手续。

4. 会计档案的保管期限

会计档案的保管期限分为永久、定期两类。凡是在立档单位会计核算中形成的，记述和反映会计核算的，对工作总结、查考和研究经济活动具有长远利用价值的会计档案，应永久保存。定期最低保管期限分别为 10 年、30 年两种(见表 5-1、表 5-2)。会计档案的保管期限，从会计年度终了后的第一天算起，例如：2015 年度终了日为 12 月 31 日，保管期限按 2016 年 1 月 1 日开始计算。

此外，为了全面反映会计档案情况，档案部门应设置"会计档案备查表"及时记载会计档案的保存数、借阅数和归档数，做到心中有数、不出差错。

表 5-1　企业和其他组织会计档案保管期限表

序号	档 案 名 称	保管期限	备 注
一	会计凭证		
1	原始凭证	30 年	
2	记账凭证	30 年	
二	会计账簿		
3	总账	30 年	
4	明细账	30 年	
5	日记账	30 年	
6	固定资产卡片		固定资产报废清理后保管 5 年
7	其他辅助性账簿	30 年	
三	财务会计报告		
8	月度、季度、半年度财务会计报告	10 年	
9	年度财务会计报告	永久	
四	其他会计资料		
10	银行存款余额调节表	10 年	
11	银行对账单	10 年	
12	纳税申报表	10 年	
13	会计档案移交清册	30 年	
14	会计档案保管清册	永久	
15	会计档案销毁清册	永久	
16	会计档案鉴定意见书	永久	

表 5-2　财政总预算、行政单位、事业单位和税收会计档案保管期限表

序号	档案名称	保管期限			备注
		财政总预算	行政单位事业单位	税收会计	
一	会计凭证				
1	国家金库编送的各种报表及缴库退库凭证	10 年		10 年	
2	各收入机关编送的报表	10 年			
3	行政单位和事业单位的各种会计凭证		30 年		包括：原始凭证、记账凭证和传票汇总表
4	财政总预算拨款凭证和其他会计凭证	30 年			包括：拨款凭证和其他会计凭证
二	会计账簿				
5	日记账		30 年	30 年	
6	总账	30 年	30 年	30 年	
7	税收日记账(总账)			30 年	
8	明细分类、分户账或登记簿	30 年	30 年	30 年	
9	行政单位和事业单位固定资产卡片				固定资产报废清理后保管 5 年
三	财务会计报告				
10	政府综合财务报告	永久			下级财政、本级部门和单位报送的保管 2 年
11	部门财务报告		永久		所属单位报送的保管 2 年
12	财政总决算	永久			下级财政、本级部门和单位报送的保管 2 年
13	部门决算		永久		所属单位报送的保管 2 年
14	税收年报(决算)			永久	
15	国家金库年报(决算)	10 年			
16	基本建设拨、贷款年报(决算)	10 年			
17	行政单位和事业单位会计月、季度报表		10 年		所属单位报送的保管 2 年
18	税收会计报表			10 年	所属税务机关报送的保管 2 年
四	其他会计资料				
19	银行存款余额调节表	10 年	10 年		
20	银行对账单	10 年	10 年	10 年	
21	会计档案移交清册	30 年	30 年	30 年	
22	会计档案保管清册	永久	永久	永久	
23	会计档案销毁清册	永久	永久	永久	
24	会计档案鉴定意见书	永久	永久	永久	

注：税务机关的税务经费会计档案保管期限，按行政单位会计档案保管期限规定办理。

二、会计档案的销毁

单位应当定期对已到保管期限的会计档案进行鉴定，并形成会计档案鉴定意见书。经鉴定仍需继续保存的会计档案，应当重新划定保管期限；对保管期满，确无保存价值的会计档案，可以销毁。

会计档案鉴定工作应当由本单位档案管理部门牵头，组织单位会计、审计、纪检监察等部门共同进行。

1. 经鉴定可以销毁的会计档案，应当按照以下程序销毁：

(1) 档案管理部门编制会计档案销毁清册，列明拟销毁会计档案的名称、卷号、册数、起止年度、档案编号、应保管期限、已保管期限和销毁时间等内容。

(2) 单位负责人、档案管理机构负责人、会计管理机构负责人、档案管理机构经办人、会计管理机构经办人在会计档案销毁清册上签署意见。

(3) 档案管理部门负责组织会计档案销毁工作，并与会计部门共同派员监销。监销人在会计档案销毁前，应按会计档案销毁清册所列的项目逐一清查核对；在会计档案销毁后，应当在会计档案销毁清册上签名或盖章。

电子会计档案的销毁还应当符合国家有关电子档案的规定，并由单位档案部门、会计部门和信息系统管理部门共同派员监销。

会计档案销毁后经办人在"销毁清册"上签章，注明"已销毁"字样和销毁日期，以示负责，同时将监销情况写出书面报告一式两份，一份报本单位领导，一份归入档案备查。

2. 暂时不能销毁的会计档案

(1) 会计档案保管期满，但未结清的债权债务会计凭证、涉及其他未了结事项的会计凭证均不得销毁。纸质会计档案应当单独抽出立卷，电子会计档案单独转存，由档案部门保管到未了事项完结时为止。

单独抽出立卷或转存的会计档案，应当在会计档案鉴定意见书、会计档案销毁清册和会计档案保管清册中列明。

(2) 建设单位在项目建设期间形成的会计档案不得销毁，需要移交给建设项目接受单位的，应当在办理竣工财务决算后及时移交，并按照规定办理交接手续。

三、公司合并、分立与解散的会计档案管理

(1) 单位合并的，原各单位的会计档案应当由合并后的单位统一保管。单位合并后原各单位仍存续的，其会计档案仍应当由原各单位保管。

(2) 单位分立后原单位存续的，其会计档案应当由分立后的存续方统一保管，其他方可以查阅、复制与其业务相关的会计档案。

单位分立后原单位解散的，其会计档案应当经各方协商后由其中一方代管或按照国家档案管理的有关规定处置，各方可以查阅、复制与其业务相关的会计档案。

单位分立中未结清的会计事项所涉及的会计凭证，应当单独抽出，由业务相关方保存，并按照规定办理交接手续。

单位因业务移交其他单位办理所涉及的会计档案，应当由原单位保管，承接业务单位可以查阅、复制与其业务相关的会计档案。对其中未结清的会计事项所涉及的会计凭证，应当单独抽出由承接业务单位保存，并按照规定办理交接手续。

(3) 单位因撤销、解散、破产或其他原因而终止的，在终止或办理注销登记手续之前形成的会计档案，由上级财务部门派员协助终止单位的财务部门进行整理立卷，装订成册，编制会计档案移交清册，经上级财务部门主管审核后移交上级部门档案室统一保管。

四、单位之间会计档案的交接

单位之间交接会计档案时，交接双方应当办理会计档案交接手续。移交会计档案的单位，应当编制会计档案移交清册，列明应当移交的会计档案名称、卷号、册数、起止年度、档案编号、应保管期限和已保管期限等内容。

交接会计档案时，交接双方应当按照会计档案移交清册所列内容逐项交接，并由交接双方的单位有关负责人负责监督。交接完毕后，交接双方经办人和监督人应当在会计档案移交清册上签名或盖章。

电子会计档案应当与其元数据一并移交，特殊格式的电子会计档案应当与其读取平台一并移交。档案接收单位应当对保存电子会计档案的载体及其技术环境进行检验，确保所接收电子会计档案的准确、完整、可用和安全。

【知识窗】

我国最早的专门档案馆库

1986年9月—1987年5月，中国社会科学院考古研究所汉长安城考古队发掘了汉长安城未央宫第三号建筑遗址，出土了6万多件骨签。其中刻有字的骨签5.7万件。1996年出版的中国社科院考古所《汉长安城未央宫——1980—1989年考古发掘报告》(中国大百科全书出版社，1996年版)中发表了部分"骨签"及其有关情况的报告，即第二节中的"七、骨签"和"第三节中央官署建筑遗址的时代与性质"(以下简称《报告》)。继而考古所所长、现全国政协委员、中国社会科学院学部委员刘庆柱先生，对骨签做了进一步研究，在他2000年出版的研究成果《古代都城与帝陵考古学研究》(科学出版社，2000年版)中，专章阐述"汉代骨签与汉代工官研究"(以下简称《研究》)。

未央宫第三号建筑遗址的发掘，不仅为汉代官署、兵器制造管理、皇城建筑以及汉代的历史研究提供了大量的实物资料，也为汉代档案工作以及古代档案史研究提供了重要依据。根据《报告》和《研究》的阐述，联系到西汉时期社会政治、经济、科学文化以及档案工作情况，可以看出大量骨签的收藏处，既是汉中央皇室管理汉工官的官署，又是汉代收藏保管骨签的专门档案馆库。

一、骨签——一种专门档案

未央宫第三号建筑遗址出土的骨签，系动物骨，主要是牛骨制作而成的文字载体，形制基本相同，为长条骨片，上下端加工成圆弧形，下端较尖，一般长5.8～7.2厘米，宽

2.1～3.2 厘米，厚 0.2～0.4 厘米。骨签横截面，正面微呈圆弧状，背面平。正面上部为磨光平面，供刻字用。骨签中腰一侧有一半月形凹槽，或左或右，视骨签种类而异。其正、背面均留有竖行锯痕。这说明当时制作骨签是较为规范的，有一批制作骨签的工匠，就像竹简、木牍等文书载体的制作一样。

骨签的内容，大体上分两种：

第一种，多为物品代号、编号、数量、名称、规格等。这种骨签一般为一行字，字数 3～7 个。

这里所指物品主要是兵器。兵器的名称主要有服、弩等。还有一些皇室其他用物。

例：服，如"3：00041 服六石"。服通箙，用于盛箭矢。《〈周礼〉司弓矢》郑玄注："箙，盛矢器，以兽皮为之"。"石"，汉代计算弩机强度的单位。

弩，其种类不同，有：

力，如"3：04562 力四石"。即引满四石之弩。它是表示弩机强度的称谓。

大黄，如"3：13142 大黄廿石"。20 石及其以上的弩，冠以"大黄"之称，色黄而体大。

乘舆，如"3：37919 乘舆六石"。"乘舆"即皇帝使用的弩机。

射，如"3：06250 射三百步"。射即射程。这里的"射"类是属皇帝使用的特大射程的汉弩。

骨签代号或批号，有甲、乙、丙、丁、第。

例：甲，如"3：12688 甲一"

乙，如"3：53042 乙八十四"

丙，如"3：00193 丙百七十一"

丁，如"3：54607 丁十六"

第，如"3：14659 第二"。

这里的数字：一、八十四、百七十一、十六、二，均为数量。

第二种，为制作年代、工官或官署名称、各级官吏或工匠的名字。这种骨签一般有二至四行字。字数少则十余个，多则三四十个不等。

骨签所见工官有："河南工官""南阳工官""颍川工官"。

西汉时代的工官是中央设在郡的官吏，主持官办手工业生产的机构。

工官类骨签中均有纪年，但有的有年号，有的无年号。有年号纪年的以汉武帝太初元年(前 104)者为最早。太初以前的年号骨签均未发现。无年号者其纪年均为一至六年。

两种内容的骨签，形成了两种类型，分别记录着各个物品的不同情况。也就是说，记载同一物品的骨签，有着不同内容的两片。这两片有着不可分割联系的骨签被绳索捆系在一起，形成一组，架搁存放。这是当时文件、档案的分类、整理和保管工作。充分体现了保持文件、档案之间的自然联系和安全保管的原则。在当时能做到这一点很不容易，反映和说明了当时文件、档案的管理工作的严谨、规范和较高的水平。

记录同一物品的骨签为什么要用两片，不用一片，也不用三片。或许是因为骨签小，难于刻下，或许还有别的原因。刘庆柱先生说，除此之外，尚没有发现过出土的骨签，历史文献也未见这方面的记载。这说明它是西汉特有的。

骨签制成材料特殊，内容单一，刻制规范，而且延续使用了 100 多年。因此，有理由说它是西汉时期类似物资登记册一类的账簿专门档案。民国时期民间使用的账簿仍为两栏，上为收入，下为支出。不同的只是骨签是单片，账册是簿式。它为什么用骨签，而不用当时盛行的竹简、木牍或布帛之类，或许受殷商甲骨文的影响，便于长久保存，或许还有其他用意。

二、收藏骨签遗址——专门档案馆库

关于汉长安城未央宫第三号建筑遗址，刘庆柱先生《研究》有详细叙述。它位于未央宫内，西距西宫墙110米，东至前殿遗址850米。建筑遗址东西135.4米，南北71.2米，面积9640.48平方米。为一大型院落，院墙夯筑，一南北向排水渠将院子分为东、西两院。

东院，东西57.2米，南北64.6米，院东北角、西南角都有一门。院内有南、北两排房屋。二者相距23.3米。两排房屋之南各有天井、回廊。南排房屋自东向西，并列三座，编号为F1、F2、F3。北排房屋自东向西，并列三座，编号为F4、F5、F6。院的东北角，即F6东北面还有一座小房，编号为F7。

西院，东西73.2米，南北64.6米，东南角有东门和南门各一座。东门与东院西门隔排水渠东西相对。南门在南墙东端。院内亦有南北两排房屋，两者相距19.5米。两排房屋之间为天井、亭子和回廊。南排房子与院子南墙之间为天井和回廊。南排房屋东西并列三座，自东向西依次为F9、F10、F11。F9东南处有一小房编号为F8。北排房屋东西并列4座，自西向东依次为F12、F13、F14、F15。

6万多件骨签大多出土于F2、F3、F4、F5、F6、F9、F10、F11、F12、F13、F14和F15号房中，主要分布于上述房屋的墙壁之旁。推测骨签原来放在靠墙的架子上。

据《报告》"第三节未央官署建筑遗址的时代与性质"叙述：该建筑应属西汉王朝中央政府或皇室管辖有关郡国工官的官署。

第一，从遗址的布局和规模看，绝非生活起居之处。南北两排房屋排列整齐，除了具有"门房"性质的F1、F7、F8之外，房屋规模较大，最大的F3室内面积215.04平方米，最小的房屋F5，室内面积也有109.2平方米。这些房屋应为官署建筑用房。

第二，整个建筑平面为长方形，周围夯筑院墙，院子的西北角有用于安全防卫的建筑墙体。西院东南角和东院东北角各置一进出官署的门道，在其门道附近各有一"门房"。这种防卫设施恰是官署建筑所必须。

第三，建筑遗址内出土的一些汉代兵器其种类有弹丸、镞、戟、弩机、镞等。但每类数量不多，少者一件，多者百件，但后者又分为若干类型。从这些兵器出土时的情况看，它们应系卫兵们所使用的。如遗址中的两个铁戟分别出土于F3北门外两侧，应为守门卫士所执，因而说此处不可能是兵器库。建筑物的房门之外设置士兵守卫，也反映出建筑物是官署性质。

第四，从骨签文字内容认定，它的主要职能是管理中央设在有关郡国的工官的。那些骨签主要应是有关郡国工官向中央政府"供进之器"的记录。骨签中大量的"乘舆"记载说明，该官署所管辖各地工官的"供进之器"有相当数量是供皇室使用的。

该建筑位于未央宫之内，因此认为属中央政府或皇室管辖有关郡国工官的官署。

以上几点充分论证了它是官署建筑，但也在客观上论证了它是档案馆库建筑和中央档案馆库保卫工作的实际需要。刘庆柱先生说在那些空旷的房间里，除了骨签和卫兵用的兵器没有别的，而且房门少，又狭窄。这倒更像档案馆库，特别是那条南北向的排水渠，是不是像石渠阁的石渠一样有意为防盗、防火、保护档案专门开凿的。如果是那样，那就更有理由说它是档案馆库。那里兵器总数不多，但类型多，是否有作样品的可能？

再者它既是中央的官署，又存有"工官向中央'供进之器'的记录。"记录就是档案，中央形成的"记录"肯定就是中央的档案。储存中央官署形成档案的地方，无疑就是中央专门档案馆库。

骨签类型中不仅有三工官的、还有"中央官署"的"光禄"、"卫尉"、"少府"属官、"列侯"的。工官的主要产品是兵器，其次还有车马器、铜器、金银器、漆器等。"中央的少府属官考工室、尚方、寺工、供工、左弋、东园等也从事类似工官的生产内容"，但"却是仅为皇室生产其专用品。"(见《报告》P120)。这进一步说明了两点，一是它接收了有关的"中央官署"的产品，并建立了档案，二是它的专一性和中央地位。加之骨签的数量之多，延续时间之长，客观上已经确立了它中央专门档案馆地位。

三、西汉社会政治、经济、科学文化——孕育档案馆库的社会基础

刘邦灭了项羽之后，吸取秦的教训，立即采取与民"休养生息"政策，发展农业、手工业，减轻徭役，使社会经济逐步恢复和发展。同时在财政上采取盐铁官营等措施，增加国家财政收入；派张骞通西域，稳定周边，促进汉与西域各族人民之间的经济、文化交流；在政治上扩大与巩固中央权力，实行"岁举孝廉"选拔"博士弟子"为官吏；科学技术得到迅速发展；史学、文学艺术也很有成就，使西汉帝国出现了强盛繁荣景象。社会的繁荣，档案工作也随之发展，最明显的有三点：

一是档案多了。"汉代档案的集中较前代无论从数量、种类、规模看都是空前的"(周雪恒主编《中国档案事业史》人民大学出版社，1994年12月版，P123、124)。太史公马迁"紬史记石室金匮之书"(郭沫若先生说，司马迁亦是档案工作者，他管理过档案)，就是在国家收藏档案、图书的地方阅读、整理历史资料。"因为从汉初'挟书律'解除到汉武帝这时候，国家的藏书(包括档案，当时档案图书是不分的。作者注)已经非常丰富；天下遗文古事，靡不毕集太史公"。(见季镇淮《司马迁》，上海人民出版社，1955年3月版，P46)

二是中央、皇室官员档案意识增强，采取了加强档案工作的措施。"汉统治者对于前代留下的档案不是毁灭，而是采取了收集、保留、利用的政策"(周雪恒主编《中国档案事业史》P124)。刘邦攻下咸阳后，大臣萧何抢先入秦官府收集地图、律令、书籍等档案、图书史料，并在财政困难的情况下，修筑档案馆库石渠阁。朝中的丞相府、御史府总揽全国政务，收受天下文书，颁发皇帝诏令，亦是中央政府主管文书档案的机构。《文献通考》记载"古者官府皆有主簿一官，上至三公及御史府，下至九寺五监，以至郡县，多置之"，所职者簿书，即典领一府的文书档案人员，总管阁下之事。"阁下"即衙署中主管文书档案的机构。

三是加强了档案的保管，档案馆多了。汉代的宫廷内外都建有保存档案图书的馆库。"著名的有石渠阁、兰台、东观；西汉的麒麟阁、天禄阁等，东汉的石室、宣明、鸿都等处。这些既是王朝的中央档案库，又是皇家藏书阁，也是群儒校勘经籍，从事著述的处所。"(周雪恒主编《中国档案事业史》P126)各个档案图书收藏馆库还有了大体的收藏分工，从档案史料的来源和使用的情况看，萧何建造的石渠阁，主要是收藏刘邦攻进咸阳后萧何收集秦朝的图书档案以及历代的档案图籍。司马迁写《史记》，上至"五帝"下到汉武帝，贯穿三千年的通史，主要依据了这类馆库之所藏。兰台收藏的主要是汉代"皇帝诏令、

臣僚章奏、国家重要律令、地图和郡县计簿等"，所以班固任兰台令史撰述了我国第一部断代史《汉书》，仅记述两汉一代。

骨签档案馆库应是当时中央档案馆库之列，而且更为专一，符合中央馆库收藏的大体分工。同时，当时的中央官署管理自己形成的档案，亦是一种很自然的现象，就像清朝编清史的文献部收藏清代档案史料，民国时期编纂民国史的国史馆收藏民国时期的档案，现今的房地产部门管理房地产档案，医院管理病历(案)档案一样。文献上缺乏它的记载，或许同该建筑早就被毁有关。《报告》记述："中央官署建筑遗址发掘中，建筑物及其中遗物被火烧痕迹清晰可辨，一些骨签被火焚后与其他瓦片、土块等炼结成一团。推测中央官署建筑毁于王莽末年未央宫内的战火之中。"(《报告》P122)

这里骨签保管处用了"馆库"的称谓，并非历史上有这个词，而是考虑到它既像馆，又不像馆，既像库又不像库。说它是馆是考虑到人们习惯的称呼。你到安阳去参观甲骨发掘地，讲解员会称出土的甲骨坑为"我国最早的档案馆"。老子当过东周的守藏史，一般都称他为图书馆长。余秋雨说他也是博物馆长。而档案工作者称他为档案馆长。但它又不完全像馆，缺乏馆的一些功能，主要是保管，像仓库，但又不完全像仓库，它做了大量档案收集、保管和提供利用等工作。馆库兼而有之，又都不完全，所以称之为馆库。妥否，请读者评说。

五、会计档案保管技能实训

【实训1】　选择题。

1. 会计档案保管期限分为永久和定期两类。定期保管会计档案的最长期限是(　　)

　　A. 5 年　　　　B. 10 年　　　　　　C. 15 年　　　　　　D. 30 年

2. 根据会计法律制度的规定，会计档案保管期满需要销毁的，应当由(　　)在会计档案销毁清册上签署意见。

　　A. 总会计师　　　　　　　　　B. 会计机构负责人

　　C. 主管会计人员　　　　　　　D. 单位负责人

3. 现金和银行存款日记账的保管期限是(　　)年。

　　A. 10　　　　B. 5　　　　　　　C. 15　　　　　　D. 30

4. 下列关于会计档案的表述中，符合《会计档案管理办法》规定的有(　　)。

　　A. 单位会计档案经本单位会计机构负责人批准后可以对外提供查询

　　B. 单位会计档案销毁须经单位负责人批准

　　C. 保管期满但未结清债权债务的原始凭证，不得销毁

　　D. 正在项目建设期间的建设单位，其保管期满的会计档案不得销毁

【实训2】　判断题。

1. 会计档案的保管期限分为永久和定期两类，保管期限从会计年度终了后第一天算起。(　　)

2. 甲公司因特殊情况需要借用乙公司原始凭证，经乙公司会计机构负责人批准，可以将原始凭证借给甲公司。(　　)

参 考 文 献

[1]　王伟，李东菊. 会计基本技能[M]. 北京：中国商业出版社，2015.

[2]　尹玲燕，侯建潮. 点钞与珠算[M]. 西安：西北工业大学出版社，2012.

[3]　陈燕，张俊利. 实用会计基本技能[M]. 北京：科学出版社，2007.

[4]　魏晓玲，王立朋. 会计基本技能[M]. 石家庄：河北科学技术出版社，2012.

[5]　姜燕，曲焕波，刘洪亮. 新编会计基本技能[M]. 北京：电子工业出版社，2010.

[6]　徐雷. 传票算技能强化训练[M]. 北京：高等教育出版社，2011.

[7]　迟荣，邵亮. 珠算与点钞技术[M]. 北京：化学工业出版社，2012.

[8]　侯雁，汪莉莉. 珠算与点钞[M]. 大连：东北财经大学出版社，2011.

[9]　关晓云. 珠算与点钞实训教程[M]. 北京：电子工业出版社，2013.